개정판

관계중심으로 이해하는

부모교육

정경미 저

양성원

“부모님들을 어떻게 대해야 할지 모르겠어요.”

부모교육 첫 시간에 늘 듣는 예비 영유아 교사들의 걱정입니다. 부모를 마주 대하는 일은 영유아 관련 전공을 결정할 때 예상하지 못했던 일일 겁니다. 교사가 되기 위해 준비하는 지금도 실감나지 않을 겁니다. 현장경험이 없기 때문에 더욱 ‘부모 대하기’에 두려움을 갖게 되는 건 당연한 일입니다.

그런데 부모 대하기가 어려운 건 현장 교사도 마찬가지입니다. 경력이 쌓이면 괜찮아질 법한데 그렇지 않습니다. 부모의 마음과 입장을 공감하기 어려울 뿐 아니라 매해 만나는 아이와 부모는 달라지고, 부모 관련 험한 뉴스라도 접하면 부모를 만나는 일 자체가 부담스럽게 여겨집니다.

영유아 교사는 유치원이나 어린이집에서 부모와 관계를 맺게 됩니다. 관계란 ‘둘 이상의 사람, 사물, 현상 따위가 관련이 있는 것’을 말합니다. 관계는 입장, 감정, 욕구, 필요 등이 역동적으로 상호작용하면서 형성됩니다. 또한 서로의 노력 여하에 따라 개선되기도, 악화되기도 합니다.

교사로서의 자신과 부모의 관계를 바르게 인식하고 형성하면, ‘부모 대하기’에 대한 두려움이 줄어듭니다. 올바른 관계성을 기초로 부모와 대화할 때 영유아 및 양육에 대한 대화가 매끄러워지고 부모교육과 상담이 안정적으로 이루어질 수 있습니다.

사람 간 좋은 관계를 ‘칼집’에, 유용한 이론과 기술을 ‘칼’에 비유해 보면, 좋은 부모교육 이론과 기술이 칼집없은 칼이 되어 의도치 않게 서로에게 상처를 줄 수 있습니다. 유용한 부모교육 이론과 기술이라 할지라도 관계성을 고려하지 않은 채 사용되면, 서로 불편감을 느끼게 되고 교육 효과는 나타나기 어렵습니다.

2019년 본 서의 초판 이후, 코로나19가 우리 사회의 다양한 분야에 변화를 일으켰습니다. 물리적 공간에 대한 제약으로 자연스레 실시간 비대면 교육이 확산되었습니다. 유아 및 부모교육 분야도 마찬가지 상황을 겪었고, 앞으로도 사라지지 않을 실시간 비대면 교육환경에 대한 긍정적인 효과도 입증되었습니다.

이번 개정증보판에는 기존 내용에 코로나19 동안 이루어진 실시간 비대면 부모교육 내용이 추가 집필되었습니다. 기관 부모교육에 관심을 갖지 않던 부모들은 이동상 불편이 적은 실시간 비대면 부모교육에 참여했습니다. 채팅을 사용해 질문과 의견을 공유할 수 있는 형태에 높은 선호도와 만족도를 보였습니다.

이 책 1부는 부모교육 이론, 2부는 부모교육 실제, 3부는 부모상담 실제로 구성되었습니다. 1부는 기본적으로 이해해야 할 현대사회 부모교육관련 이론과 생각해 볼거리를 제시하였습니다. 무엇보다 2부와 3부는 구체적으로 활용할 수 있는 부모교육과 상담의 실제적인 방법과 상호작용을 다루고자 했습니다.

남달리 이른 결혼과 출산으로 생물학적 부모에서 진정한 부모가 되어가기까지 잘 자라준 세 자녀 설아, 정환이, 정아에게 고마움을 전하고 싶습니다. 일찍이 부모됨에 따른 무수한 시행착오가 있었지만 있는 그대로 자녀를 인정하는 참된 부모의 본을 보여주시며 부모의 길을 걷게 하신 하나님 아버지께 감사합니다.

이 책을 통해 영유아 교사의 인격과 전문성 그리고 이 시대 부모의 존재와 권위가 존중받기를 바랍니다. 교사와 부모가 아이의 행복한 성장을 위한 진정한 협력적 동반자가 되길 소망합니다. 일시적 교육이나 대응책이 아닌 품위있는 교육문화를 함께 형성해 아이, 부모, 교사, 원장, 기관 모두가 행복하면 좋겠습니다.

2023년 8월

열매실험실에서 정경미 드림

차 례

PART 02 실제편 : 부모교육

PART 03 실제편 : 부모상담

14 부모상담 절차와 사례 / 237

PART

01

이론편

PARENT EDUCATION

contents

CHAPTER

01

PARENT EDUCATION

부모교육의 개념과 역사

contents

"한 명의 부모가 백 명의 선생보다 낫다"

\- 작자 미상 -

1. 부모교육의 개념

가정은 아이에게 최초의 사회이다. 아이들은 부모 - 자녀 관계로 세상에 첫 발걸음을 내딛는다. 아이들은 생애 초기 환경에서 부모로부터 총체적인 문화양식과 생활규범을 배우게 된다. 아이들의 바람직한 발달을 위해 부모에게는 부모역할 인식과 양육 기술이 요구된다.

영유아교육기관은 부모교육을 실행하기 가장 좋은 접점이다. 아이의 바람직한 발달을 위해 영유아교육기관은 첫째, 부모에게 필요한 양육 지식 및 기술을 공유하고, 둘째, 부모가 영유아교육기관의 교육철학 및 프로그램을 이해하여 가정에서도 연계하도록 지원할 수 있다. 부모교육은 목적과 방법, 범위 등에 따라 다양한 유형을 포괄한다.

1) 부모교육(parent education)

- 개념 : 부모들을 대상으로 양육태도, 기술, 전략 등을 가르치는 포괄적인 활동
- 목적 : 자녀양육 및 가족생활 개선에 대한 지식을 얻거나 일반교양을 강화함
- 유형 : 형식적 유형(강연회, 워크숍, 세미나 등), 비형식적 유형(가정통신문, 도서관 · 웹 사이트 방문 및 소개 등)

2) 부모참여(parent participation)

- 개념 : 자녀양육 및 가족생활과 관련된 교육 프로그램 구성과 운영에 참여하는 활동
- 목적 : 전문가와 지식이나 정보를 교환하면서 부모로서의 책무성을 받아들이도록 함
- 유형 : 보조교사, 학부모 운영위원회 등

3) 부모개입(parent involvement)

- 개념 : 부모의 정신적·실천적 역할 가능성을 실현하는 과정으로 교육 현장에 직접 개입하는 활동
- 목적 : 교육현장 개입으로 자녀교육에 직접적 관심을 갖도록 함
- 유형 : 급식지도, 등하교 지도, 도서관 봉사 등

4) 부모훈련 워크샵(parent traning work-shop)

- 개념 : 구체적이고 실제적인 부모역할 훈련으로 부모역할 수행에 필요한 대화기술, 행동지도 방법에 익숙해지도록 함
- 목적 : 가정의 실제상황에서 적용가능한 부모역할을 훈련함
- 유형 : (놀이, 발달, 상호작용 등) 어머니 역할하기, 아버지 역할하기

5) 부모상담(parent consultation)

- 개념 : 기관의 원장 혹은 교사가 상담자가 되어 내담자 부모와 대화를 통해 개별자녀의 양육지도 및 성장에 대한 교육적 도움을 제공하는 활동
- 목적 : 자녀양육 및 지도방향에 대한 도움을 받고, 양육자로서 격려와 지지를 얻도록 함
- 유형 : 집단에 따른 개별상담·집단상담, 방식에 따른 대면상담·비대면상담 등

6) 부모지지(parent support)

- 개념 : 가정 내에서 해결되지 않는 사안들에 대해 지역사회의 기관이나 단체 및 전문가의 적극적인 도움을 받는 것

- 목적 : 가정의 다양한 상황에 도움을 제공함으로써, 가정을 유지하고 바람직하게 개선할 수 있도록 함
- 유형 : 학습지원, 시간별 양육, 위기에 처한 가정에 대리가정 · 교회 · 사회기관 · 복지사의 지원 등

2. 부모교육의 역사

태초부터 부모-자녀 관계가 있었다. 부모라면 모성애와 부성애를 갖는다. 그러나 세계와 우리나라 모두 시대의 국가관, 양육관, 교육관, 상황 등에 따라 부모역할의 범위와 정도, 방식 등이 다르게 변화해 왔다.

1) 서양의 부모교육

(1) 근대 이전

BC 300년경 플라톤은 그의 저서 『국가론』에서 아동은 사회의 요구에 부합되도록 길러져야 한다고 하였다. 아리스토텔레스도 아동이 자신이나 가족을 위해서가 아닌 강력한 국가 형성을 위해 양육되어야 한다고 보았다.

그리스, 로마, 스파르타 시대에는 아동을 문화 전달자, 미래의 주역으로 보고 이들을 섬세하게 보살펴야 한다고 하였다. 키케로(Cicero, BC 106-43)는 훌륭한 시민의 성장을 위해 가족의 역할이 중요하고 첫 번째 교사는 어머니라고 보았다. 이 시대의 어머니는 딸에게 가정에 대한 역할과 책임을, 아버지는 아들에게 읽기, 쓰기, 경제관념, 시민정신 등을 가르쳤다.

중세시대에는 로마를 중심으로 성경이 부모교육의 기초가 되었으나 문서적 · 문자적 기능만 이루어졌을 뿐 양육은 주로 부모의 계급에 따라 이루어졌다. 중세 말 루터는 부모가 아동을 교육하는 것이 성경적 가르침이라고 설파하면서 종교개혁과 더불어 아동양육사상에 영향을 주었다.

(2) 근대 이후

근대 이전 부유층은 다른 사람이 자신의 자녀를 기르고 가르치도록 유모나 선생을 고용하였다. 왕족이나 귀족은 지도자 양성의 일환으로, 부유층은 교육보다는 양육과 보호를 위해 자녀교육을 해왔다. 인쇄술이 발명 및 보급된 근대 이후에는 중세의 계급사회가 붕괴되면서 상인 및 평민에게도 교육기회가 생겼다.

코메니우스(1592~1670)는 어머니의 무릎학교를 강조하면서 어머니들을 위한 양육지침서 『유아학교』를 저술하여 아이의 존재에서 방향까지 유아교육 및 부모교육의 중요한 기초를 제시하였다. 여기에는 어린이 존재에 대한 천명, 어린이 교육의 방향, 교육의 내용, 공립학교에 보낼 준비 등의 내용이 실려 있다.

로크(1632~1704)는 「교육에 대한 생각」(1683)에서 편지형식으로 부모를 위한 충고를 썼다. 로크는 가정을 교육의 실행 장소라고 보았다. 어린 시기일수록 주변환경에 영향을 많이 받으므로 가정교육과 환경이 중요하며 이 때문에 교육은 실제생활이 보이는 가정에서 행해짐이 바람직하다고 강조하였다.

루소(1712~1778)는 「에밀」(1762)에서 아동의 선함을 주장하고 어머니 양육의 필요성을 강조하였다. 에밀의 성장과정을 통해 아동이 자연발달에 따라 자유롭게 성장해야 함을 강조하였다. 아동의 성향과 자유의지에 민감하게 반응하는 순수한 성인의 손에서 아동이 바람직하게 자랄 수 있음을 설명하였다.

페스탈로치(1746~1827)는 에밀을 자신의 교육 지침서로 삼으면서 「게르트루트는 어떻게 그녀의 아이들을 가르치는가?」(1801)에서 어머니의 중요성과 훈육방법을 설명하고 환경으로서의 부모를 강조하였다. 아동은 잠재력과 가능성을 지니고 있으며 이 때 부모의 양육역할이 매우 중요하다고 보았다.

프뢰벨(1782~1852)은 독일의 교육자로 초등교육을 보다 더 어린 아이들의 교육에 적용시키고, 유아에게 있는 신성(神性)을 어떻게 해야 키워나갈 수 있는지를 고민하였다. 초등학교에 취학하기 전(前)에 해당하는 아이들을 위한 교육에 일생을 바쳤다. 「어머니와 아기의 노래」(1844)를 쓰고 최초의 유치원을 만들었다.

(3) 현대

제1차 세계대전 이후, 유럽은 초토화된 대륙을 정비해야 했다. 이 시기 미국과 소련을 중심으로 인간발달, 아동과 교육에 대한 연구가 이루어지면서, 주양육자인 부모에 대한 관심도 높아지기 시작했다. 미국에서의 부모교육 발달 역사를 살펴보면 다음과 같다.

1889년 스탠리 홀은 아동연구센터를 설립하고 아동연구를 시작하였다. 자료를 모으기 위한 질문지법에 대학교수 및 전국의 교사들이 협력하였고, 부모들은 자녀의 말과 행동을 관찰하였다. 부모가 연구보조자로 참여하면서 자연스레 부모역할에 관심을 갖게 되었다. 이에 아동연구 체계와 함께 부모교사연합회가 설립되었다.

1901년 아동보호를 위한 백악관 회의가 소집되었고 정부 주도로 육아정보가 보급되었다. 1914년 연방정부는 『영아보호』를 출판하였고 같은 해 가정관리와 영양상태 향상 및 육아에 교육을 본격 포함시킨 '스미스 레버(Smith-Lever Act)' 법이 통과되어 미국 내 많은 대학에 연구소가 설립되고 연구원들이 양성되었다.

1916년에는 미국 최초의 부모협동조합이 시카고대학의 교직원 부인들을 중심으로 설립되었다. 이 조합은 맥밀란 자매가 설립한 영국의 유아학교 전통을 따랐다. 저소득층 가정의 유아들의 건강, 안전, 영양, 신체 발달에 역점을 두고 이들을 양육하고자 한 데 뜻을 두어 개방학교, 놀이, 부모교육 등을 강조하였다.

1920년대 구텐베르크는 「유아연구의 개요(부모와 교사를 위한 지침서)」를 발행하였고 각 단원에 어린이 발달에 대한 부모교육 지도자 훈련의 필요성이 부각 되어 있어 컬럼비아 대학에 부모교육과목이 최초로 개설되었다.

미국 부모교육위원회는 부모교육 프로그램을 통합하고 1934년부터 1938까지 「부모교육」이라는 전문저널을 출간하였다. 1930년대부터 1950년대 성숙주의와 행동주의, 제2차 세계대전과 아버지의 부재에 대한 영향, 동물행동학의 애착실험, 1950년대와 1960년대 프로이드와 에릭슨의 심리학 연구로 영유아의 사회정서 발달에서 부모의 역할이 더욱 강조되었다.

이전과 달리 1960년대 이후 지금까지 세계는 영유아를 둘러싼 모든 환경에 관심을 기울였다. 1997년, 2001년 백악관 회의를 비롯하여 부모와 자녀에 관한 연구들이 지속적으로 이루어지면서 영유아의 발달과 양육에 부모가 중요한 존재임을 확인하고 있으며, 가족중심 프로그램에 부모의 적극적인 참여를 권장하였다.

2) 우리나라의 부모교육

(1) 조선시대 이전

세계의 역사가 흐르는 동안 우리나라의 역사도 흐르고 있었다. 조선시대 이전까지의 기록은 거의 남아 있지 않아 우리나라의 부모교육 역사를 정확히 알 수는 없다. 그러나 현존하는 역사서 내용 중 생활양식, 인간관계 등에서 아동 및 자녀를 대하는 성인의 태도와 역할을 짐작할 수 있다.

불교를 숭상했던 고려시대에는 석가모니가 가르친 '부모의 자식에 대한 도리'를 강조하였다. 아동에 대한 의무와 책임이 부모에게 있었고, 아동은 부모의 보호와 가르침을 받았다. 정몽주의 어머니는 태중훈육문, 태중명심기 등 태교에 관한 책을 저술하였다. 이로 보아 태아의 생명을 존중하였으며 태내기도 양육과정에 포함한 것을 알 수 있다.

명심보감에서는 '손님이 오지 않으면 집안이 낮아지고 시서(詩書)를 가르치지 않으면 자손이 어리석어진다' 하여 사회관계와 배움을 중요시 하였다. '귀한 아이는 매를 많이 주고 미운 아이는 밥을 많이 주라'고 하여 아동을 엄하게 교육할 것을 강조했다.

또한 '남자를 가르치지 않으면 장성해서 반드시 거칠어지고 여자를 가르치지 않으면 장성해서 반드시 거칠고 솜씨가 없다'고 하여 남녀 모두의 교육을 강조하면서도 성별에 따른 다른 교육을, '엄한 아버지는 효도하는 아들을 길러내고 엄한 어머니는 얌전한 딸을 길러낸다'고 하여 아버지와 어머니의 역할을 구분하였다.

(2) 조선시대 이후

조선시대에는 가문, 가계 계승, 가업 계승 등을 목적으로 자녀를 낳아 기르는 것을 중요하게 생각했다. 가문의 전통을 이어받을 장자나 장손을 귀하게 여겼고 많은 자녀를 출산하는 것을 미덕으로 여겼다. 농업사회에서 자손은 노동력과 직결되어 있었기 때문에 일찍 결혼하는 조혼(早婚)과 다산(多産)이 장려되었다.

유교에서 보는 결혼의 의미는 '장차 두 성이 좋게 합하여 위로는 종묘를 섬기고 아래로는 후사를 잇는 것'이라 하였다. 또한 '골기는 아버지를 닮고, 성품은 어머니를 닮는다'고 하여 부모의 모습이 태내부터 있다고 보고 태중의 영양과 몸가짐 마음가짐을 모두 중요하게 여겼다.

조선 후기에는 학문의 실용성이 강조되면서 아동 양육에 대한 실용적인 지침들을 담은 교육서들과 여성용 교훈서들이 출간되었다. 계녀서(戒女書)에서는 '어린아이가 비록 잘못한 일이 있더라도 함부로 꾸짖지 말고 마구 때리지 말라. 마구 때리는 사람은 중요한 점을 분별하지 못하는 것이다'라고 하여 아동에 대한 체벌이 감정적으로 주어지는 것에 대해 경계하고 있다. 이는 체벌의 대상이 아동 자체가 아니라 아동의 잘못에 있어야 함은 인식했던 것으로 보인다.

또한 산림경제에서 '기(氣)가 많고 방봉하여 놀기를 좋아하는 아이를 날로 매질을 하여 그 천성에 상처를 주어서는 안 되고'라고 하여 체벌의 목적이 잘못을 뉘우치기 위함이므로 아이의 천성에 상처를 입히는 체벌은 금하고 있음을 알 수 있다. 7세 이전의 아동에 대한 구체적인 양육방법은 조선 후기에 출판된 『동의보감』 '양아십요(養兒十要)'에서 볼 수 있다.

동의보감 양아십요(養兒十要)

一. 등을 따뜻하게 하는 것이요.
二. 배를 따뜻하게 하는 것이요.
三. 발을 덥게 하는 것이요.
四. 머리를 차게 하는 것이요.
五. 가슴을 서늘하게 하는 것이요.
六. 괴이한 것을 보지 않는 것이요.
七. 위장과 비장을 항상 따뜻하게 하는 것이요.
八. 울음을 갓 그치면 젖을 먹이지 말 것이요.
九. 경분주사(經粉朱砂)가 든 약을 함부로 쓰지 말 것이요.
十. 너무 자주 목욕시키지 말 것이다.

이로 볼 때 조선시대의 부모는 태내기부터 부모 됨을 인식하고 있었다. 태아를 인격체로 보고 태교에 힘썼으며 3세 이전의 아이들은 자신이 타고난 생태에 따라 생활하도록, 7세 이전의 아이들은 양육과 보살핌을 받도록, 7세 이후의 아이들에게는 옳고 그름과 사리분별을 가르쳤다. 성별에 따라 다른 교육이나 체벌 등은 현대사회의 인간관 및 가치관으로 이해하기 어려울 수 있으나 참되고 깊은 사랑을 기초로 체벌, 가르침, 보살핌의 방식과 정도를 권장하고 있음을 알 수 있다.

CHAPTER

02

PARENT EDUCATION

부모교육과 현대사회

contents

"면허가 있는 사람만 운전하잖아요. 부모도 그러면 안 되나요?"

- 2018년 부모교육 토론수업 중 내용 -

1. 현대사회의 부모

과거로부터 지금까지 부모와 자녀는 늘 있어왔다. 세상이 변해도 변하지 않는 관계성. 천륜이라 불리우는 부모-자녀관계지만 현대문화 및 환경에 따라 또 다른 역할이 요구되고 있다. 1960년대 이후 본격화 되는 가족구조 변화, 무분별한 양육정보, 부모 세대교체 등은 부모의 역할에 중요한 변수로 작용하고 있다.

1) 변화된 가족구조

현대 대부분의 가정은 핵가족화되었다. 핵가족화는 대가족제에서 수행되었던 부모의 역할과 책임에 변화를 가져왔다. 대가족에서 관찰할 수 있었던 양육 모델을 접할 기회는 축소되었고, 양육 문제를 상담할 수 있는 인적 자원들도 줄어들었다.

또한 농촌인구의 도시 유입이 시작되던 1970년대와 80년대 이후 조손 가족, 한부모 가족, 재혼 가족이 늘었으며, 가치관의 변화로 동성애 가족, 십대 부모 가족 등의 다양한 가족 유형이 나타났다. 과거의 가족 개념으로 설명되지 않는 부모유형과 요구되는 역할이 생긴 것이다.

생각해 보세요.

영유아 부모 중 한 사람이 다른 나라 국적일 때 생길 수 있는 어려움은 어떤 것일까요?
그 때 어떤 도움을 제공할 수 있을까요?

2) 어머니의 경제활동

1960년대 이후 여성해방운동의 영향으로 세계 여성들은 사회로 진출하기 시작했다. 여성은 남성과 동등한 교육을 받고 성별과 관계없이 자아실현을 할 기회를 얻었으며, 변화된 산업구조의 중요한 축이 되었다. 우리나라에서도 여성의 사회진출은 가족 구성원들의 역할과 사회복지 기능에 변화를 요구하게 되었다.

우리나라의 여성에 대한 전통적인 가치관으로 비추어 보면 여성의 사회진출은 고무적으로 증가하였다. 그러나 2019년 기준 우리나라 만 15~64세 여성의 경제 활동 참가율은 69.3%로 OECD 36개 회원국 중 30위에 머물고 있다(오정숙, 2022).

사회적 인식 변화와 다양한 복지 서비스에도 불구하고, 출산과 양육에 대한 어머니 역할은 일정 부분 변하지 않는다. 사회생활과 양육을 병행하는 어머니, 결혼과 육아로 경력이 단절된 여성을 의미하는 '경단녀'라는 신조어가 이 현상을 보여준다. 이러한 현대가정의 상황은 사회가 함께 고민해야 하는 과제가 되었다.

3) 아버지의 역할변화

과거 가정의 경제적 책임은 주로 아버지의 몫이었다. 그러나 1960년대 이후 여성의 사회참여로 이전보다 평등한 부부관계가 형성되었고, 아버지의 경제적 책임과 부담이 줄었다. 또한 1970년대 이후 아버지도 어머니 못지 않게 자녀를 잘 돌볼 수 있으며 자녀의 성장과 발달에 매우 큰 영향을 미친다는 연구 결과가 보고되면서 아버지 역할에 대한 인식이 변화하였다.

전통사회의 아버지는 부모의 권위로 명령하고 자녀는 복종했다. 그러나 현대사회의 아버지는 가정 경제를 책임질 뿐 아니라 자녀 양육에 참여하여 자주 대화하며 애정과 신뢰를 표현한다. 이러한 아버지 역할은 성역할 고정관념의 영향으로부터 자녀를 자유롭게 해줄 수 있다.

대다수의 선진국들은 아버지가 양육자 역할을 원활하게 수행하도록 육아 휴직제와 같은 사회적 지원을 하고 있다. 현재 우리나라는 정책적·사회적 측면에서 자녀 양육에 대한 아버지의 역할을 강조하고 있으나 그 기능이 미약한 실정이며, 늘고 있는 한부모 가정 아버지의 경우 부모 역할에 대한 관심이 더욱 필요하다. 현재 우리나라 유치원과 어린이집은 아버지의 자녀교육에 대한 관심을 불러일으키고 자녀와의 친밀감을 더욱 강화해주고자 아버지가 참여하는 수업이나 활동을 실시하고 있다.

4) 부모 세대의 변화

영유아의 부모 세대가 변화했다. 지난 부모 세대는 60년대, 70년대에 태어나고 자랐다. 우리나라 60년대는 농업으로부터 산업화와 도시화가 이루어지는 시기였고, 학교 교육과정 초창기였으며, 전쟁 후 혼란한 국내 상황을 수습해야 하는 시기였다. 이때, 대부분의 부모에게는 자녀교육보다 생계문제가 시급했다.

2023년 현재 30대~40대 부모 세대는 80년대생~90년대생이다. 이들이 사는 시대의 교육과 문화는 2000년대와 맞닿아 있고 이전과는 다르게 변화했으며 그 속도 또한 빠르다. 안정기에 들어선 학교교육을 받았으며, 무엇보다 합리적이고 민주적인 시대에 살았다.

현대 부모는 이전 부모들과 사고방식에서도 차이를 보이고, 능동적이고 적극적으로 자신을 표현하며, 부모의 유형이나 요구도 다양해지고 있다. 또한 '모든 것이 옳다'라고 보는 포스트모더니즘의 영향도 작용한다. 따라서 이들의 시대와 문화, 교육 등을 토대로 현대사회의 부모를 이해하면서 부모교육과 상담을 적용해야 한다.

5) 무분별한 양육정보

현대사회는 정보통신과 인터넷 발달로 빠르게 변화하고 있으며, 정보의 일반적 공유는 더욱 가속화되고 있다. 특히 정보량의 증가와 보편화로 인해 정보가 과장되고, 왜곡되고, 거짓을 양산하기도 한다. 따라서 정보의 진실성과 정보의 질적 수준, 정보의 적용 가능성 등을 중요시하게 되었다.

1960~80년대 부모들이 양육정보를 전문가의 부모교육이나 가까운 친인척 및 이웃

을 통해 습득했다면, 현대 부모들은 다양한 매체를 통해 얻고 있다. 매체에서 제공되는 정보들은 모든 상황에 동일하게 적용하는 데는 한계가 있다. 이에 수많은 양육 정보 속에서 맥락에 맞지 않게 확신없이 이루어지는 부모교육이 오히려 혼돈스러운 상황이다.

2. 부모교육의 필요성

1) 부모에게 필요한 부모교육

부모에게는 연습이 없다. 생물학적 부모가 되는 순간 원하든 원하지 않든 그 역할을 감당해야 한다. 자녀를 사랑하고 잘 키우고 싶지만 대부분의 부모들은 그 방법을 알지 못해 수많은 시행착오를 경험하면서 자녀를 양육한다. 아래의 이유로 부모에게는 부모교육이 필요하다.

- 부모 됨과 역할 이해가 필요하기 때문
- 부모 역할 수행에 타인으로부터의 도움, 지지와 격려가 필요하기 때문
- 바람직한 역할모델을 찾아 자신과 자녀에게 적합한 방식을 실천하기 위해
- 다양한 정보 속에서 내 자녀를 위한 정보와 활용에 접근하기 위해
- 자녀의 성장 및 발달에 따른 부모 역할의 변화를 이해하고 적용하기 위해
- 미래사회를 살아가야 할 자녀에게 올바른 방향성을 안내하기 위해

2) 사회에 필요한 부모교육

부모세대는 사회적 · 정치적 · 경제적으로 국가의 중심축 역할을 담당하는 연령대이다. 가정교육을 통해 형성되는 기본적인 인성 및 성격은 사회문화와 정서에도 영향을 미친다. 자녀들은 장성하여 사회인이 되기까지 생활 및 문화양식을 가정으로부터

가장 많이 습득하게 되므로 미래의 인적 자원으로서의 자녀세대에게 가정과 부모는 매우 중요한 문화 전달자 및 안내자이다.

캐나다의 경제학자인 클리블랜드와 크래시스카이(Cleveland & Krashinsky, 2003)는 영유아 서비스는 직접적인 개인의 이익이나 소비의 효과를 넘어선 공적인 효과를 가지므로 공공재로 인식해야 한다고 주장했다. 쿠나와 노벨 경제학상 수상자인 헤크먼(Cunha & Heckman, 2005)은 "어렸을 때 투자한 1달러에 대한 수익이 나중에 투자한 1달러에 대한 수익보다 크다"라며, 영유아기는 인적 자원 투자를 위한 절호의 기회라고 하였다(교육과학기술부, 2006).

영유아 교육을 공공재로 인식할 때, 영유아 교육은 공익, 즉 국가 아동들의 일반적인 건강수준, 미래의 교육성취도, 노동시장의 크기와 유연성, 사회적 결속 등과 관련되며 소중한 인적 자원인 영유아와 부모를 위해 국가는 공적 재원과 양질의 프로그램을 제공해야 한다.

아래의 이유로 사회에는 부모교육이 필요하다.

- 양육의 1차적 책임이 있는 부모를 교육함으로써 건강한 인적 자원을 기를 수 있기 때문.
- 건강한 부모를 통해 바람직한 가치관을 가진 국가경쟁력이 있는 사회 인적 자원이 양육되기 때문.
- 효율적인 부모교육은 사회적 비용을 경감시키기 때문.
- 성숙한 부모는 영유아교육기관과 협력하여 영유아의 바람직한 발달에 기여할 수 있기 때문.
- 자녀양육에 대한 사회적 책임과 공적 책임을 강조하여 성숙한 시민의식을 함양할 수 있기 때문.

work sheet

최근 보도된 가정 관련 뉴스 한 편을 보고, 생각해 봅시다.

1. 뉴스에 보도된 '사실'을 기록해 보세요.

2. 왜 이러한 일이 벌어졌을까요? 이 가정의 24시간 전의 상황을 유추해 보세요.

3. 이 가정의 부모가 안고 있는 문제들을 적어 보세요.

4. 이 부부에게 부모교육이 필요한가요?
   이 부부에게 해 주고 싶은 부모교육 내용 다섯 가지를 적어 보세요.

CHAPTER

03

PARENT EDUCATION

부모 됨과 가족의 성장

contents

"다 잊어도 되는데, 엄마 뱃속에서 나온 건 잊으면 안 돼..."

\- 세상에서 가장 아름다운 이별 (2011 作) -

1. 부모 됨

가족은 결혼에 의해 성립되고 부부의 사망으로 해체된다. 최근에는 생물학적 부모뿐 아니라 입양을 통해 법적 부모가 되기도 한다. 부부는 자녀가 태어나면서부터 부모라는 이름과 역할을 새로 부여받는다. 가족이 존속하는 기간 중 부부에게 자녀가 생기고 자녀가 독립할 때까지 부부는 부모기(parenthood)를 보내게 된다. 결혼하는 모든 부부에게 자녀가 있는 것도 아니며, 사람들은 다양한 동기에 의해 부부가 되고 부모가 되어간다.

1) 부모 됨의 동기

(1) 숙명론적 동기

부모가 되는 것을 숙명으로 보는 경우이다. 자녀를 갖는 것이 숙명이라고 생각하여 피임을 죄악시하며, 가계 계승을 위해 남아선호 경향성을 나타내기도 한다.

(2) 이타적 동기

부모가 되어 애정과 관심을 주고자 하는 대상이 자연스럽게 자녀가 되는 경우이다. 이는 에릭슨의 생산성 개념과도 일맥상통한다.

(3) 자기애적 동기

부모 자신이 자녀 출산과 양육에 적합할 만큼 성숙하다는 것을 표출하고 싶어하는 동기가 작용하는 것이다. 자녀를 가짐으로 선한 자기가치가 표현된다고 보는 것이다.

(4) 도구적 동기

자녀를 통해 자신의 이루지 못했던 꿈을 이루거나 자기 부모와의 관계에서 아쉬웠던 부분들을 극복하기 위한 기대가 작용하는 경우이다. 자신의 부모에게 손자녀가 선물이 된다고 보거나, 자녀의 수가 자신의 권력이나 힘이라고 보는 경우가 이에 해당된다.

2) 부모 됨을 위한 준비

부모가 되기 위해서는 준비가 필요하다. 결혼을 통해 개인이었던 남녀의 신체적・정신적 생활 전반에 변화가 일어나는데 이러한 변화에 대해 준비된 부모와 준비되지 않은 부모의 차이는 매우 크다(김미경 외, 2016).

(1) 신체적 준비

부모가 되고자 하는 사람은 몸을 건강하게 돌보아야 한다. 좋지 않은 건강 상태 혹은 질병 상태의 임신은 태아기와 출생 후에도 심각한 영향을 끼친다. 양쪽 가계의 가족력 및 유전적 질병 유무를 확인하여, 이를 개선하거나 극복하기 위한 방안을 강구하고 결혼을 준비해야 한다.

(2) 심리적 준비

결혼이 가져오는 변화와 함께 자녀를 출산하면 부모라는 이름으로 인해 또 다른 변화를 맞이하게 된다. 이에 부모가 되기 위한 부부의 정서적 상태와 관계가 안정되도록 노력해야 한다. 부부는 자녀 출산과 양육에 대한 계획을 세우고 가정의 크고 작은 문제들을 해결하는 방식을 서로 연습해 나가야 한다. 부부 서로 간의 성격이나 기질, 대화나 표현방식에 대한 이해와 장애요인을 제거해 나가려는 노력을 통해 부모가 되기 위한 심리적・정서적 준비를 할 수 있다.

(3) 정신적 준비

결혼은 제2의 인생이라고 할 만큼 인간 생애주기에서 중요한 결정이다. 만남에서 사랑하는 관계로 발전하여 결혼에 이르지만, 결혼 관계는 서로에 대한 신뢰와 책임을 바탕으로 유지될 수 있다. 결혼은 두 사람뿐 아니라 두 가정의 연합이다. 따라서 자녀의 출산과 성장기 동안 예상치 못한 문제 상황들이 발생할 수 있다.

결혼한 부부들은 이러한 문제를 만났을 때 해결방안으로 이혼을 택하기도 한다. 최근에 이혼하는 부부들이 증가하고 있다. 이혼이 쉬운 결정은 아니겠으나 결혼 관계 또한 쉬운 결정으로 이루어진 것이 아니며, 서로의 삶과 자녀에 대한 책임을 전제로 하고 있다는 사실을 기억해야 한다.

긴 호흡으로 결혼생활을 바라보고, 가정의 안녕과 행복에는 서로의 의무와 역할이 있다는 사실 또한 기억해야 한다.

(4) 경제적 준비

경제적으로 극심하게 궁핍한 상황은 부모가 되기 위한 과정에 장애 요인이다. 경제적 어려움은 산모에게 스트레스와 긴장을 주며, 충분한 영양공급을 저해한다. 또한 이는 태아 및 영유아기 자녀에게 안정된 환경을 제공하는데 어려움을 준다. 태아를 원만히 출산하고 자녀를 건강하게 양육하기 위해서는 기본적 비용에 대한 경제적 준비가 필요하다.

3) 부모 됨에 따른 변화

부모가 되면, 여성은 어머니로, 남성은 아버지로의 변화를 경험한다. 이는 신체적 · 심리적 · 정서적으로 겪는 큰 변화이다.

(1) 임신과 출산

자녀를 임신하고 출산하는 과정은 여성만이 누릴 수 있는 행복이다. 자녀가 태어나면 사랑스럽고 만족스러운 마음도 있지만, 여성은 남성에 비해 임신과 출산, 모유 수유 등으로 신체적 변화를 경험하면서, 신체 변화에 대한 적응, 손상된 신체적 · 심리적 복지감 회복, 불확실한 양육 행동에 대한 두려움 극복, 호르몬 변화에 따른 정서 조절 등의 과제를 만난다. 이러한 변화는 여성의 생애과정에 없었던 경험이기에 혼란과 스트레스가 되어 산전 및 산후우울증으로 나타나기도 한다.

최근에는 산후우울증을 호소하는 남편들도 있다. 갑작스러운 생활의 변화와 아내의 산후우울증 영향으로 함께 고통받고 있는 것이다. 그러나 온몸과 마음으로 출산을 경험한 여성에게 가장 큰 버팀목이자 위로는 남편의 양육 참여이다. 따라서 부부는 임신과 출산에 대한 예비 부모교육이나 출산 교육 등을 통해 함께 인지하고 이 시기를 극복해 나갈 필요가 있다.

출산 영상을 보고 이야기 나누어 보아요.

1. 나는 어떤 아내 혹은 남편이 되고 싶은가요?
2. 나는 어떤 엄마 혹은 아빠가 되고 싶은가요?

(2) 부모가 되어 겪는 어려움

부모가 되면 결정하고 실행해야 하는 일들이 많아진다. 과거의 부모들이 자녀를 언제 낳을지, 몇 명 낳을지, 자녀 간 터울은 어떻게 할 건지에 대해 고민했다면, 현대 부모들은 어떻게 양육할 것인지, 어디에서 양육할 것인지, 여성의 경우 직장을 계속 다닐 것인지, 만약 그렇다면 아이는 누구에게 혹은 어떤 기관에 몇 개월, 몇 세부터 맡길 것인지 고민한다.

부모가 되는 것은 많은 선택과 결정 속에서 갈등하는 과정이다. 양육과정과 상황,

자녀의 성장과 발달에 따라 기쁨, 슬픔, 분노, 애증, 만족감, 긴장감 등의 여러 정서를 경험하고, 전에 없이 증가되는 노동량을 경험하게 된다.

좋은 부모가 되기 위해서는 자녀를 지켜보고 기다릴 수 있는 인내심이 필요하다. 자신의 계획대로 양육 상황이 순조롭게 실행되지 않을 때도 있으므로 융통성과 유연성도 필요하다. 자녀로 인해, 자신의 일이나 정서가 침해받는 경우도 생기므로 이에 대한 자기 희생과 참을성도 필요하다.

이러한 많은 요구들을 감당할 자신이 없어 부모 되기를 포기하는 사람들이 늘어나고 있다. '내가 할 수 있을까?'라는 걱정이 앞서기 때문이다. 그러나 신기하고도 다행스러운 것은 부모가 되면 '눈에 넣어도 아프지 않은' 자녀 존재에 대한 특수함이 모든 인내와 자기 희생을 감당할 수 있도록 하는 원동력이 된다. 부모로서 기꺼이 자녀에게 시간과 열정과 물질을 내어주고 희생할 수 있는 마음이 생겨나는 것이다. 부모가 되는 일은 사람의 생애에서 맛볼 수 있는 가장 큰 기쁨이며 한 개인이 인격적으로 성장하는 가장 좋은 통로이다.

2. 가족의 형성과 발달

가족의 형성과 발달은 자녀의 성장과 발달에 따라 부부 및 가족 생활이 여러 가지 변화를 겪으면서 진행된다. 부부로부터 가족이 시작되고, 자녀의 출산과 양육과정에서 가족의 모습이 갖추어진다.

1) 개인 생애의 심리발달단계

프로이드와 에릭슨은 인간의 심리를 성과 사회적 자아를 중심으로 설명하고 있다. 인간의 심리 사회적 발달을 따르면, 가족도 자녀의 성장에 따라 특정한 주기를 지나게 된다. 프로이드와 에릭슨의 심리적 발달단계를 살펴보면 다음과 같다.

〈표 3-1〉 프로이드와 에릭슨의 심리적 발달단계

단계	연령범위	주요사건	중요기관	프로이드	에릭슨
1	출생~1세	수유	어머니	구강기	기본적 신뢰감 : 불신감
2	1~3세	배변	부모	항문기	자율성 : 수치감
3	3~6세	운동성	가족	남근기	주도성 : 죄책감
4	6~12세	학교	교사와 또래	잠복기	근면성 : 열등감
5	12~20세	동료관계	친구	초기 생식기	정체감 : 역할혼미
6	20~40세	애정관계, 출산과 양육	애인, 배우자, 자녀, 친구	생식기	친밀감 : 고립감
7	40~65세	출산과 양육, 생산적 활동	배우자, 자녀, 문화규범	생식기	생산성 : 침체성
8	65세~	생에 대한 반성과 수용	일생의 사회적 규범	생식기	자아통합 : 절망감

2) 가족생활주기 발달단계

(1) 로시(Rossi, 1986)의 부모기 적응 4단계

① 1**단계 예상, 준비단계**(anticipatory stage)

임신과 출산, 부모 됨에 대한 준비를 하는 단계이다.

① 2**단계는 착수단계**(honeymoon stage)

부모 됨의 착수, 부부의 역할에 대해 감지하는 단계이다.

③ 3**단계는 역할이행기**(plateau stage)

부모의 역할을 이행하는 단계이다.

④ 4**단계는 종결단계**(termination stage)

부모의 역할을 정리하는 단계이다.

(2) 갈린스키(Galinsky, 1987)의 부모역할수행 6단계

① 1**단계는 이미지 형성기**(image making stage)

임신기간 동안 태어날 자녀를 중심으로 부모 자신의 이미지를 형성하고 수정해가는 시기이다. 임신의 수용, 부모가 될 준비, 출산 준비 등이 포함된다.

② 2**단계는 양육단계**(nurturing stage)

자녀 출생 후부터 약 2년까지로 형성했던 부모 이미지와 실제의 경험을 비교하며 부모로서의 정체감을 확인하고 지속하는 단계이다.

③ 3**단계는 권위적 단계**(authority stage)

2세부터 5세의 자녀에게 한계를 설정하고 강화하기도 하면서 자율과 책임의 양면성 사이에서 부모로서의 권위를 형성하는 시기이다.

④ 4**단계는 설명단계**(interpreative stage)

초등시기의 자녀에게 여러 가지 현실을 설명하고 연결해주는 역할을 하는 시기이다. 분리와 결속, 걱정과 기대를 반복적으로 경험한다.

⑤ 5**단계는 상호의존단계**(interdependent stage)

성인이 되어가는 자녀의 행동과 감정변화를 경험하면서 새로운 부모의 권위와 부모 - 자녀 관계를 수립하는 시기이다. 이러한 의존과 결속을 통해 자녀를 독립된 인격체로 인정하게 된다.

⑥ 6**단계는 떠나보내는 단계**(departure stage)

여러 상황으로 떠나가는 자녀에 대한 통제를 완화하고 상황을 수용하고 적응해야 하는 시기이며 자신의 부모기에 대한 평가가 필요한 단계이다.

(3) 듀발(DuVall, 1977)의 가족생활주기 8단계

① 1단계 신혼가정 (가족형성기 : 아이 없음)

이 시기는 부부 상호 간 결혼에 대한 적응기이다. 서로 다른 문화, 배경, 전통 속에서 자란 성인 남녀가 가족이라는 조직체를 처음으로 만드는 때이다. 이 시기에 부부는 새로운 가정에 대해 깊이 의논하며, 양가의 유대관계를 넓혀간다.

② 2단계 영아기 자녀 가정 (첫 아이 출생~30개월)

이 시기는 첫 자녀가 출생하면서 새로운 역할이 부여된다. 어머니와 아버지 역할 수행으로 인해 혼란과 스트레스가 가장 많이 발생할 수 있는 시기이다. 부모 됨에 대한 체계적 교육이나 훈련이 없었던 경우, 양육에 대한 정신적·신체적 고통은 헤아릴 수 없이 크다. 부부 상호 간의 어려움을 이해하고 양육과정에 함께 참여하면서 자녀 양육은 즐겁고 보람되며 삶의 활력소가 될 수 있다.

③ 3단계 유아기 자녀 가정 (첫 아이 30개월~6세)

이 시기는 첫 자녀가 30개월에서 6세가 되는 시기로 자녀의 흥미, 욕구, 발달적 특성을 양육을 통해 알아가는 시기이다. 또한 다양한 교육적 경험과 자극을 위해 영유아 교육기관에 자녀를 입소시키는 때이기도 하다. 부모의 대부분의 에너지가 자녀에게 집중되는 시기이므로 부부 간 충분한 애정적·심리적 관계를 유지할 만한 여유가 적어진다. 이를 유의하여 지속적인 부부 간 관계성을 관리해 나가야 한다.

④ 4단계 학령기 자녀 가정 (첫 아이 6세~13세)

이 시기는 자녀가 초등학교에 진학하여 학업을 진행하는 시기이다. 부모는 자녀의 학교 적응과 학습에 관심을 기울이게 된다. 부모의 인적 관계망도 자녀의 학교를 중심으로 형성될 수 있다. 이 시기의 자녀는 또래관계 형성에 관심을 갖게 되므로 건전하고 우호적인 친구관계를 형성할 수 있도록 지원해 주어야 한다.

⑤ 5단계 청소년기 자녀 가정 (첫 아이 13세~20세)

이 시기는 첫 자녀가 13세부터 20세가 되는 시기로 자녀가 부모로부터 심리적인 독립을 추구한다. 자아정체감의 혼란으로 부모와 대립하거나 일시적인 반항적 행동이 나타나는 시기이기도 하다. 이 시기의 자녀들은 자신의 미래와 진로에 대한 고민이 많으며, 이상과 현실에 대한 적절한 조화를 유지하지 못하는 경우 정신적 공허함을 경험할 수 있다. 따라서 청소년기 자녀를 둔 가정에서는 자녀 곁에서 지지하고 격려하는 부모의 역할이 매우 중요하다.

⑥ 6단계 자녀 독립기 가정 (첫 아이부터 막내까지 가정을 떠나는 시기까지)

첫 자녀의 취업, 대학진학, 군 입대, 결혼 등으로 자녀의 독립된 삶의 실제가 일어나는 시기이다. 미래에 대한 구체적 준비기이므로 이 시기의 부모들은 자녀에게 다양한 정보와 자원들을 안내하고 성인으로서 함께 대화를 나누는 것이 중요하다.

⑦ 7단계 중년 부부 가정 (막내 아이가 떠나고 퇴직 시기까지)

이 시기는 모든 자녀가 출가하고 부부만 가정에 남는 시기이다. 직장에서의 퇴직은 제 2의 삶을 준비하는 시간이 되기도 하며, 부부만의 새로운 시간을 계획하는 시기이기도 하나 이혼이나 별거를 결정하기도 한다.

⑧ 8단계 노년 부부 가정 (퇴직 이후부터 배우자 사망까지)

사회생활의 일선에서 물러나 노인 삶의 발달적 과업을 경험하는 시기이다. 신체적・정신적 기능이 쇠약해지거나, 배우자 중 한 쪽의 사망으로 사별을 경험하기도 한다. 이 시기는 삶과 죽음이라는 자연의 섭리를 수용하는 태도와 지나온 삶을 슬기롭게 통합하며 살아가는 지혜가 필요한 시기이다.

가족발달단계 표를 완성해 보세요.

자녀연령	듀발	갈린스키	로시
자녀없음			
~30개월			
30개월~6세			
6세~13세			
13세~20세			
자녀들 가정 떠남			
퇴직 시기까지			
배우자 사망까지			

영상에 나오는 가족은 어느 단계에 해당하나요?

CHAPTER

04

PARENT EDUCATION

자녀발달에 따른 부모역할

contents

"저는 루시를 돌볼 자신은 없지만
누구보다도 많은 사랑을 줄 자신은 있습니다."

\- I'm Sam (2001 作) -

1. 영아기 부모역할

1) 영아기 주요발달

태아기와 출생에서 24개월의 영아기는 가장 급격하고 왕성한 발달이 일어나는 시기이다. 유전적 · 환경적 요인에 민감한 시기로 이때 좋지 않은 영향을 받게 되면 장기적인 손상이 나타날 수도 있다.

영아기 대부분의 생활은 양육자에게 의존되어 있으며, 오감각이 발달하는 과정에서 친숙하고 익숙한 것에 애정을 느끼기 시작한다. 주변의 반응정도에 따라 비언어적 · 언어적 상호작용을 배워 사용하기 시작하고, 상대방의 요구와 반응에 따라 자신의 반응정도를 결정하기도 한다.

걸음을 걷기 시작하면서 사물에 대한 탐색이 활발해지면 안전사고가 발생할 수 있다. 위험으로부터 자신을 지키는 방법을 조금씩 연습하면서 세상을 배우고, 주변의 반응에 따라 사회 상황을 파악해 나간다. 자신의 의지를 점차적으로 표현하고 자신과 타인, 가까운 사람과 그렇지 않은 사람을 구별하기 시작한다.

에릭슨에 의하면 영아는 주 양육자와의 경험으로부터 세상에 대한 신뢰감 혹은 불신감을 형성하게 된다. 영아기는 신체발달을 중심으로 사회정서, 인지, 언어 등에 대한 발달이 이루어지며, 이 시기의 애착경험은 영아의 자아존중감, 타인과의 관계 맺음 등에 큰 영향을 미친다.

2) 영아를 위한 부모역할 - 신뢰감과 애착 형성

출산 직후 여성에게서는 모유가 나온다. 분유를 먹이는 것이 유행처럼 번지던 시기도 있었다. 그러나 모유의 효과와 특수성들에 대한 연구결과들이 발표되면서 '모유는 아기에게 주는 최고의 선물'이라는 인식이 다시금 자리를 잡았다. 출산을 마친 여성이 아기를 안고 수유를 하는 것은 쉽지 않다. 그러나 모유수유는 별다른 노력없이 자녀와 스킨십을 하도록 유도하며, 자녀가 여전히 엄마와 연결되어 있다는 안도감 뿐 아니라 건강한 끼니를 제공한다. 6개월 혹은 1년 정도의 모유수유를 통해서 자연스럽게 신뢰감과 애착 형성이 이루어질 수 있다.

영아의 부모는 아이와 많은 시간을 보내는 것이 좋다. 양보다는 질이 중요하다고 하는 관점이 맞벌이 부부나 자녀를 이른 시기에 기관에 맡기는 부모들에게 위로가 되었던 시기도 있으나, 기본적인 시간의 양이 충족된 후에 양육의 질 또한 빛을 발할 수 있다.

애착에 대해 논할 때, 대부분의 사람들은 자녀가 부모에게 갖는 애착을 떠올리지만, 부모도 자녀에게 안정 애착 혹은 불안정 애착을 형성한다. 부모는 자녀와 나누는 온정적 시간 경험 안에서 자녀와 애착을 형성할 수 있다. 영아와 충분한 시간을 함께 하면서, 아이의 성향, 기질, 반응성 등을 알아갈 때, 자녀에게 애정이 생기고 민감하게 반응할 수 있다.

충분한 스킨십을 통해 아이가 사랑받고 있으며, 누군가 항상 곁에 있다는 안도감을 경험할 수 있도록 해야 한다. 관찰을 통해 영아의 기질을 파악하고 영아가 반응을 요구할 때 적절하게 반응하면 영아 자녀는 이를 자신에 대한 격려로 인식하여 건강하게 성장할 수 있다. 이에 부모에게도 애착을 형성할 만한 시간이 필요하다.

모든 아이는 부모와 좋은 애착관계를 갖고 싶어한다. 부모가 자녀에게 애착이 없으면 그 관계는 만들어질 수 없다. 자녀에게 애착이 없는 부모를 둔 영아는 관계 만들기의 열쇠를 잃은 것이다. 애착이 잘 형성되지 않았을 경우(불안정, 회피, 혼돈애착), 울거나 짜증을 내고 신경질을 부리거나 공격하는 방식으로 애착 욕구를 표현한다. 따라서 영아의 애착 이상으로 부모의 애착은 매우 중요하며 부모가 얼마만큼 노력하고 시간을 함께 보냈느냐에 따라 영아의 신뢰감 및 애착상태는 달라진다.

2. 유아기 부모역할

1) 유아기 주요발달

대상영속성이 형성되었다는 것은 많은 것을 말해준다. '~한 척'하는 상징놀이가 가능해졌음을 말하며, 내가 처한 상황과 다른 사람이 처한 상황을 분리할 수 있는 인지적 특성이 나타나고 있음을 보여준다.

걸음이 자유로워지고 출발하고 멈추는 것에 능숙해지면서 이전과 달리 독립적으로 행동하고자 한다. 이 독립성은 유아 초기언어에서 볼 수 있다. '내꺼야', '싫어', '혼자 할거야' 등의 언어는 독립하고자 하는 의지를 보임과 동시에 나와 남에 대한 구별이 있음을 의미한다.

또래에게 관심을 가지며, 다양한 상황 속에서 자신과 타인을 시험한다. 자신의 능력의 정도를 끊임없이 알고자 하고, 타인에 대해 알아가는 것을 즐긴다. 자신이 좋아하는 사람들의 권위에 순종할 줄 알며, 옳고 그름에 대한 인식이 생긴다. 성별이나 문화에 대해서도 이해하며 적응한다. 호기심이 많고 탐색적이며, 비현실적이고 창의적인 사고력이 왕성하다.

2) 유아를 위한 부모역할 - 세상을 안내하는 사람 '부모'

유아기는 자신의 의사표현이 왕성한 시기이다. 이는 언어 뿐 아니라 표정이나 행동으로 더 많이 나타난다. 이에 유아가 자율성을 가질 수 있도록 안내하는 것이 좋다. 유아기 자녀가 미숙하다고 생각하여 부모가 많은 것을 해 주다 보면, 이전 시기와 달리 애착이 형성되기보다는 의존성이 강화된다. 유아 입장에서는 자신의 능력을 시험해 볼 기회를 제거당하는 것이며, 부모가 자신의 능력을 믿지 않는다는 신념을 갖게 될 수 있다.

유아는 완성된 인격체가 아니다. 꿈과 현실을 혼돈하기도 하고, 원하는 일을 사실처럼 말하기도 한다. 이 시기 옳고 그름에 대한 것을 가르칠 때 수치심을 느끼지 않도록 대화해야 한다. 유아가 하는 행동 중에는 고의보다는 실수가 많다는 점도 인식해야 한다. 부정적인 행동보다 긍정적인 행동, 행동의 결과보다는 유아의 의도를 파악하면서 대화를 나누는 것이 좋다.

매우 위험한 상황이 아니라면 자연적인 결과를 경험하도록 하는 것도 좋은 안내법이다. 이를 통해 자신의 행동반경을 정하고 힘을 조절하는 능력을 키울 수 있다. 자발성을 존중하되 한계를 정해 줄 필요도 있다. 타인에게 피해를 주거나, 돌이킬 수 없는 상황을 발생시키는 일들에 대해서는 단호하고 일관성 있는 훈육이 필요하다.

유아기는 성격이 형성되는 시기이다. 양육자와 세상에 대한 신뢰감을 확대하고 심화하면서 자신을 둘러싼 관계와 반응성을 경험해 보는 시기이다. 따라서 부모는 세상에 대한 안내자가 되어 유아가 호기심을 유지하며 세상을 탐구하고 자신의 성격과 세계를 만들어 나가도록 도와야 한다.

work sheet

여러분은 '○○부모칼럼'의 기자입니다. 인터뷰를 해 봅시다.

부 모 칼 럼

안녕하세요. 저는 ○○부모칼럼의 __________기자입니다. 오늘은 좋은 부모역할에 대해 __________ 선생님과 만나 이야기 나누어 보겠습니다.

1. 첫 번째 질문입니다. 어떤 엄마가 좋은 엄마라고 생각하시나요?
   그 이유는 무엇인가요? 관련된 에피소드를 들려주실 수 있나요?

2. 두 번째 질문입니다. 어떤 아빠가 좋은 아빠라고 생각하시나요?
   그 이유는 무엇인가요? 관련된 에피소드를 들려주실 수 있나요?

3. 세 번째 질문입니다. 이런 엄마는 정말 나쁘다!라고 생각하신 적 있나요?
   그 이유는 무엇인가요? 관련된 에피소드를 들려주실 수 있나요?

4. 네 번째 질문입니다. 이런 아빠는 정말 나쁘다!라고 생각하신 적 있나요?
   그 이유는 무엇인가요? 관련된 에피소드를 들려주실 수 있나요?

5. 좋은 부모는 [   ]다. 정의를 내려주세요.
   그 이유는 무엇인가요?

오늘은 ________선생님을 모시고 좋은 부모와 그렇지 않은 부모에 대해 이야기를 나누어 보았습니다. 지금까지 ○○부모칼럼의 __________기자였습니다.

3. 부모의 양육태도

바움린드(Baumrind)는 부모의 양육방식을 애정과 통제라는 두 차원으로 분류하였다. 애정이 높은지 낮은지(민감성), 통제의 강도가 높은지 낮은지(성숙 요구도)에 따라 부모의 양육방식을 총 네 가지 유형으로 나누었다(최영희, 2017).

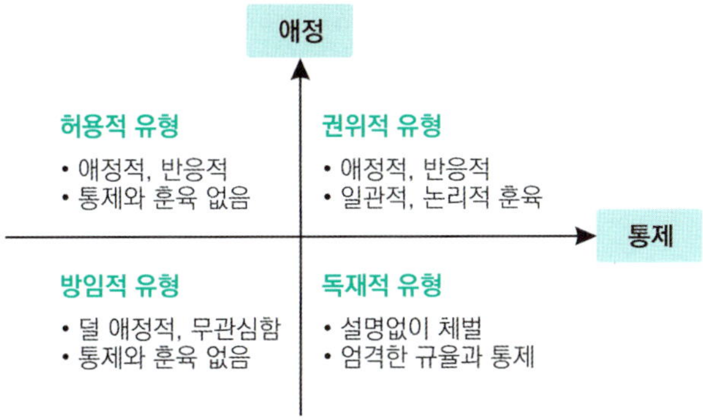

[그림 4-1] 부모의 양육행동(Baumrind)

1) 권위있는 유형

부모의 권위를 바르게 사용하는 유형으로 애정과 통제가 모두 높은 유형이다.

(1) 부모의 특징

애정과 통제를 적절히 사용하는 민주적인 부모이다. 자녀의 의견을 존중하고 자율성을 인정하려고 노력한다. 때로 자녀와 의견대립이 있을 시에는 대화와 타협을 통해 논리적으로 문제를 해결한다. 자녀에게 사랑의 표현을 자주 사용하고 자유를 허용하지만 한계 설정이 분명하여 부모가 양보할 수 없는 부분에 대해서는 일관성있는 양육태도를 취하고, 자녀가 지켜야 하는 규칙과 기준에 대해서는 엄격하다. 자녀의 말과 상황에 공감을 표현하고 잔소리보다는 질문을 하면서 자녀를 기다릴 줄 안다. 자녀에게 선택의 결정권을 주고 결과에 대해 책임있는 자세를 갖도록 지도한다.

(2) 자녀의 특징

자녀는 부모의 민주적인 태도를 그대로 배운다. 자녀는 매사에 자신감이 있고 도전하고 노력한다. 규율을 지키고 기다릴 수 있는 힘이 있으며, 책임감이 있다. 또래 모임에서 리더십을 발휘하고 또래 내 인기, 어른들의 칭찬과 같은 긍정적인 사회적 피드백을 자주 경험한다. 이러한 유형의 자녀는 자아존중감이 높고 사회적으로 유능하므로 긍정적이고 바람직한 발달이 기대되는 편에 속한다.

교사 입장에서 생각해 보세요.

권위있는 민주적인 부모의 양육을 받은 우리 반 혜선이 ... 칭찬을 많이 받다보니, 칭찬받을 것 같은 일들을 도맡아 하고, 너무 잘 하려고만 해요. 교사인 내가 혜선이를 위해 할 수 있는 일 한 가지를 적어 보세요.

2) 허용적 유형

애정은 높지만 통제가 거의 없는 유형이다.

(1) 부모의 특징

애정이 과잉되어 자녀가 원하는 대로 다 해주는 유형이다. 자녀가 하고자 하는 대로 내버려 두는 허용적이고 방임적인 양육태도를 가지고 있다. 자녀의 행동을 거의 통제하지 않고, 문제가 발생하면 자신의 자녀를 보호하는 방식으로 부모가 나서서 해결하려고 한다.

(2) 자녀의 특징

허용적인 부모의 자녀는 부모의 말이나 다른 사람들의 말에 귀를 기울이지 않는 특징을 나타낸다. 항상 원하는 대로 되어 왔기 때문에 타인의 생각이나 뜻을 받아들여야 할 필요성을 느끼지 못한다. 자기 맘대로 할 수 있다는 사고방식은 때로 비현실적인 자신감을 갖게 한다. 친구도 동물도 원하면 마음대로 할 수 있다고 생각하는 것이다.

이러다 보니 원만한 대인관계가 대인관계에 어려움을 느낄 수 있는데 이를 해결하는 방법을 알지 못해 폭력이나 울음으로 문제를 해결하려고 한다. 통제에 대한 경험이 거의 없어 자신의 말과 행동 반경을 알지 못한다. 따라서 충동적이거나 타인에게만 의지하는 경향을 나타내기도 한다.

교사 입장에서 생각해 보세요.

허용적인 부모의 양육을 받은 우리 반 민지 ... 점심시간에 먹여달라고 하고 '스스로 먹자'라고 하면 계속 버티며 밥을 먹지 않아요. 어떻게 지도해야 하나요? 교사인 내가 민지를 위해 할 수 있는 일 한 가지를 적어 보세요.

____

3) 방임적 유형

애정과 통제가 모두 낮은 유형이다.

(1) 부모의 특징

방임형 부모의 대표적인 특징은 무관심이다. 일정한 질서와 규칙이 없어 자녀의 행동에 따르는 부모들도 이에 속한다. 애정을 갖지도, 통제를 하지도 않는 이 유형에서 사회 정서적 어려움을 갖는 자녀들이 많이 나타난다.

(2) 자녀의 특징

방임형 부모의 자녀는 무관심에 대한 대응으로 관심을 끌기 위한 행동을 나타낸다. 이러한 행동들은 사회적으로 바람직한 방식이라기보다 자극을 가하는 형태로 표출되기 때문에 또래관계나 교사와의 관계에도 어려움을 발생시킨다. 일정한 규칙이나 질서를 거의 경험하지 못했기 때문에 안정감이 없으며, 애정을 받아보지 않았기 때문에 긴장되어 있거나 과잉행동이 자주 드러나 집단생활에 어려움을 겪는다. 감정을 크게 표출해야 부모의 관심을 받을 수 있기 때문에 그러한 방식을 학습하여 타인에게도 사용한다.

교사 입장에서 생각해 보세요.

방임적인 부모의 양육을 받은 우리 반 희철이 ... 친구 장난감을 뺏고 도리어 큰 소리로 울어요. 어떻게 지도해야 하나요? 교사인 내가 희철이를 위해 할 수 있는 일 한 가지를 적어 보세요.

4) 독재적 유형

애정은 낮고 통제는 높은 유형이다.

(1) 부모의 특징

독재형 부모는 자녀에게 엄격한 규칙을 강요하고 훈육 시에는 논리적이기보다는 과잉감정 표출과 처벌을 사용하는 경향이 있다. 자녀의 입장에서 생각하기보다는 자녀를 궁지에 몰아넣고 반항을 할 때에는 체벌을 하기도 한다. 자신의 의견에 자녀가 무조건적으로 따라야 한다고 생각하며 일방적인 지시를 한다. 간혹 완벽주의적인 성향을 나타내고 자녀의 수준에 비해 이상적이거나 높은 기대치를 갖고 있다.

(2) 자녀의 특징

독재형 부모의 자녀는 자신을 표현하는데 어려움을 나타낸다. 말을 할 때도 눈치를 보거나 더듬을 수 있다. 항상 부모의 말을 듣고 따랐기 때문에 수동적이며 매사 의사 결정에 어려움을 갖는다. 자신감과 자율성이 결여되어 있고 위축되어 있다. 기질이나 성향에 따라서는 힘을 과도하게 사용하여 자신을 표현한다. 가정에서 사용하지 못했던 힘을 기관의 또래나 교사에게 사용한다. 가정에서 힘의 능력을 증명받았기 때문에 그 힘을 기관에서 시험하며, 눌린 감정과 에너지를 바람직하지 못한 방향으로 해소하려고 한다.

교사 입장에서 생각해 보세요.

독재적인 부모의 양육을 받은 우리 반 태규 … 블록놀이하는 친구들의 작품을 웃으면서 파괴하고 다녀요. 어떻게 지도해야 하나요? 교사인 내가 태규를 위해 할 수 있는 일 한 가지를 적어 보세요.

출생순위에 따라서도 부모의 양육태도는 달라질 수 있다. 첫 아이는 모든 부모에게 '처음'이기 때문에 부모들은 첫 아이를 통해 수많은 시행착오를 경험하면서 부모가 되어간다.

대부분의 부모들이 첫째 아이는 곧이곧대로 키운다. 즉, 책에 나온 대로 키우려고 하며, 자녀가 책에 나온 대로 혹은 옆집 아이처럼 자라지 않는 경우에는 비교하거나 노심초사하며 안절부절한다. 이러다 보니, 첫째들은 부모와 관심과 애정, 기대를 많이 받으며 자란다. 책임감이 강하고, 보수적이며, 완전함을 추구하는 경향성을 나타낸다. 부모는 주변에 선배 부모들의 경험에 귀를 기울이고 첫째 아이의 실수에 대해 유연해질 수 있도록 여유를 가질 필요가 있다.

둘째 이후 아이는 첫째 아이를 키워 본 여러 가지 노하우들을 바탕으로 양육된다.

둘째 아이는 오히려 첫째 아이보다 못하다고 생각되면 비교당하는 경우가 생겨, 경쟁적이거나 반항적으로 될 수 있다. 반면, 첫째에 비해 부모의 기대가 적어 자율성이 높고 창의적일 수 있다. 부모는 둘째를 첫째 아이와 비교하지 말고 독특성과 자율성을 격려하고 지지해 줄 수 있다.

막내 아이는 부모에게 귀엽고 소중하게 여겨지는 경우가 많다. 간혹 막내의 미성숙한 행동을 마냥 귀엽게만 여겨 의존성을 강화하는 경우가 있다. 부모는 막내 아이를 객관적으로 바라보고 스스로의 일을 처리할 수 있도록 격려하여 해내는 과정을 통해 능력향상이 이루어지도록 할 수 있다.

CHAPTER

05

PARENT EDUCATION

현대 가족 유형과 부모역할

contents

"가족은 너무너무 예쁜 거야"

- 가수 타블로 딸 '하루'의 말 중 -

1. 맞벌이 가족

1) 맞벌이 가족의 개념 및 현황

맞벌이 가족이란 부부가 모두 직업을 가지고 가정을 위한 경제활동에 참여하는 가족이다. 맞벌이 가족은 생계유지 및 안정을 위해, 가족의 더 나은 경제적 · 사회적 지위 획득을 위해, 서로의 자아실현을 위해 나타나는 가족 유형이다(신성철, 2018).

우리 사회는 여성 노동력에 대한 의존도가 높아졌으며 기혼 여성인력을 노동시장으로 끌어내는 사회적 차원의 유인도 증가하고 있다. 육아 담당자의 부재, 육아 대행자 교육의 어려움, 육아 시설의 질적, 양적 부족은 맞벌이 가족이 부모 됨의 단계에 들어서면서 경험하는 중대한 위기가 되고 있다.

기혼 취업 여성들은 경제활동과 육아하는 두 영역에서의 노동으로 역할과중과 역할갈등을 경험하게 하므로 직업적 안정을 위해 출산을 미루는 부부가 드물지 않게 나타나고 있다. 통계청의 2018년 기준으로 맞벌이 가구의 비율은 46.3%이고 자녀의 연령이 어리거나 자녀 수가 많을수록 맞벌이 가구의 비율은 낮은 것으로 나타났다(통계청, 2019). 신혼부부 통계 결과에 따르면 혼인신고를 한 지 5년이 지나지 않은 초혼 신혼부부 110만 3천 쌍 가운데 현재 자녀를 출산하지 않은 부부는 37.5%로 전년도에 비해 1.2% 포인트 증가하였다. 이는 맞벌이 가족의 육아 부담, 여성의 경력 단절 등의 염려로 인해 출산에 부담을 갖는 현실을 반영한다.

2) 맞벌이 가족의 현실적 어려움

맞벌이 가족은 보다 나은 가족 경제의 안정이나 부부의 자아실현을 이룰 수 있지만, 자녀 출산과 양육과 관련한 여러 가지 문제를 안고 있다.

(1) 자녀양육 및 교육문제

맞벌이 가족의 부모는 자녀들을 돌볼 시간적 여유가 없어 부모를 대신할 대리 양육자를 결정하게 되는데 일반적으로 조부모, 전문적 아이 돌보미, 어린이집이나 유치원과 같은 교육기관을 이용하게 된다. 이 때 자녀양육방식에 대한 의견차, 대리양육자에 대한 양육 신뢰감, 기관에 대한 정보와 선택 등에서 심리적 갈등과 어려움을 경험할 수 있다. 맞벌이 가족의 부부에게는 양육과 관련하여 빈번한 의견교환과 의사소통, 그리고 자녀 이해를 바탕으로 하는 다양한 정보수집이 필요하다.

(2) 가사분담 및 역할

통계청 자료에 의하면 맞벌이 가구 여성의 가사 노동시간은 평균 194분으로 하루 평균 40분을 하는 남성에 비해 약 5배 정도 많은 것으로 나타났다(최혜순, 이미현, 2019). 이러한 현실은 여성의 삶의 만족도에 영향을 끼친다. 여성의 삶에 대한 정서적 평가는 가정의 행복과 안녕에도 중요한 요소가 되므로 남성의 적극적 가사 역할, 직무 특성 및 출퇴근 시간 등을 고려한 탄력적인 기업 정책과 취업에 대한 불평등한 사회적 분위기 개선 등으로 여성의 피로감과 가사에 대한 부담감을 경감시켜 주어야 한다.

(3) 부부의 심리적 상황

여성은 출산 후 경제활동을 할 때, 여러 심리적 갈등을 겪는다. 전통적인 가치관에 따라 여성의 취업에 대한 사회적 인식 및 주변 분위기, 부부 역할 갈등, 자녀 양육에 시간을 할애하지 못 하는 미안함 등은 여성의 사회생활을 쉽지 않게 한다. 또한 직장생활과 업무로 인한 스트레스나 양적으로 충족되지 않은 시간들이 가족생활이나 자녀양육에 영향을 미치는 경우도 발생한다.

남성은 여성이 경제활동을 시작할 때, 전통적인 가치관을 가진 남성들은 남성다움을 잃거나 가정의 주도적인 영향력을 빼앗길 지도 모른다는 불안감을 가질 수 있다.

과거와 달리 남성들의 양육이나 가사 참여가 여성을 도와주는 역할이 아닌 처음부터 공동의 역할로 인식하는 예비 부모세대가 늘고 있다. 최근 우리나라도 양성평등, 일・가정 양립 등의 제도를 앞세워 양성의 육아참여를 돕고 있다. 한 연구에서는 '사회적 남성의 양육 참여에 대한 인식개선'이 필요하다는 응답이 24.1%, '경영진과 중간관리자의 적극적인 의지와 지원이 필요하다'는 응답이 59.1%로 나타났다(이선형, 2015, 최혜순, 이미현, 2019, 재구성). 이는 가정에서의 가사분담과 같은 작은 시작도 사회적으로 실천하는 기업들이 늘어날 때 가능하다는 것을 보여준다.

3) 맞벌이 가족의 부모역할

맞벌이 가족은 현대 사회의 대표적 가족형태로서, 가족과 함께 지내는 시간이 부족한 현실에 적합한 부모역할을 모색해야한다.

(1) 죄책감 벗기

여러 가지 동기에 의해 맞벌이 가족이 될 수 있다. 여성은 자녀를 방치하고 돌보지 않았다는 죄책감을 갖기 쉽다. 남성에 비해 출산과 육아에 대한 책임감이 크기 때문이다. 특히 자녀가 기관이나 또래관계에서 어려움을 느끼는 경우, 이는 여성의 자아존중감이나 부모로서의 효능감에 좋지 않은 영향을 끼친다.

여성은 자녀와 시간을 함께 보내지 못한다는 죄책감에서 벗어나 주어진 시간에 친밀감을 형성하고 함께 시간을 보내야 한다. 남성은 가사 및 육아에 대한 어려움을 여성과 공유하고 공동 육아 참여자가 되도록 인식과 행동적 노력을 기울여야 한다. 다른 가족의 상황과 비교하여 자녀에게 교육적으로 필요한 부모초청행사에 참여하지 않는다거나 남성으로서 적극적인 양육참여는 부끄러운 일이라는 과거의 인식에서 벗어나 현대적 아버지의 건강한 가정생활상을 추구해야 한다.

(2) 가족과 함께 있기

맞벌이 가족은 자녀와 시간을 함께 보내지 못한다는 죄책감에서 벗어나 주어진 시간에 친밀감을 형성하고 함께 시간을 보내야 한다. 주말이나 공휴일 등 가족이 함께 보낼 수 있는 시간이나 기념일을 정하여 여가시간을 활용하거나 취미생활을 공유할 수 있다. 양적으로 부족한 시간들에 대해 보상하려는 마음가짐보다는 적은 시간이지만 가족 간에 진심으로 서로의 이야기를 들어주고 공감하며 친밀감을 형성하고 가족이라는 테두리를 즐거워 할 수 있다.

(3) 가족 간 지지하기

맞벌이 부부에게는 직장생활에서 경험하는 스트레스가 있다. 서로 간의 직업 영역과 특성을 존중하면서 대화할 필요가 있다. 출퇴근이나 업무로 인한 중압감으로 판단력이 흐려질 때도 서로를 격려하면서 자존감을 높여줄 수 있다. 또한 서로의 일을 통해 성장하는 모습, 가족에 기여하는 서로에 대한 감사를 표현하면서 건강하고 행복한 가정을 만들어 갈 수 있다. 또한 맞벌이 가족 및 자녀 관련 정책 등에 대한 정보를 공유하여 가정생활에 사회적 · 제도적 지원을 활용할 수 있다.

2. 한부모 가족

1) 한부모 가족의 개념 및 현황

「한부모가족지원법」 제4조 제2호에서 '한부모 가족'은 모자가족 또는 부자가족을 말한다. 부모 중 한 쪽의 사망, 이혼, 별거, 가출, 유기, 실종 등으로 양친 중 한 쪽과 보호를 필요로 하는 미혼자녀로 구성된 가족형태이다.

한부모는 과거 편부모라는 이름으로 불리었다. 편부모의 편(偏)은 치우치다, 반, 절반, 한쪽의 뜻을 갖고 있어 결손의 의미가 가족의 이미지와 사회적 지위에 부정적 영향을 끼쳤다. 이에 '온전한', '하나'의 의미가 담긴 한부모라는 명칭으로 바뀌어 불리고 있다.

통계청 자료에 따르면, 한부모 가족 중 18세 이하의 자녀를 둔 부자가족은 28만 가구, 모자가족은 95만 가구로 모자가구는 부자가구의 약 3배에 이른다(통계청, 2019). 현대에는 이혼이나 별거에 의한 한부모 가족이 늘고 있으며, 모자 혹은 부자가족 구성은 자녀의 연령 및 성별, 양육권 및 경제적 지원 능력과도 관련 있다. 한부모 가족 용어 및 사회적 변화 추세에 따라 제도가 개선되어 1989년 「모자복지법」, 2002년 「모・부자복지법」, 2007년 「한부모가족지원법」으로 개정되었다(신성철, 2018).

2) 한부모 가족의 현실적 어려움

한부모 가족은 한부모 가족의 생성 배경 및 동기와 현실적 어려움이 함께 맞물려 있다. 모자가족 및 부자가족은 자녀의 연령 및 성별, 자녀수, 경제적 수준, 사회적 환경 등에 따라 여러 가지 어려움을 갖는다.

(1) 가족형태변화에 따른 심리적 어려움

한부모 가족에 대한 편견은 자녀의 건강한 성장을 저해한다. 최근 이혼 증가로 인한 한부모 가족이 많아지면서 양부모 가족에 비해 비도덕적일 것이라는 사회적 낙인도 문제가 되고 있다. 일반 가족에서 한부모 가족으로의 변화에 따르는 긴장으로 스트레스에 시달리기도 한다. 배우자 상실이나 이별로 상실감, 소외감, 심한 경우 무기력감과 우울감, 사회에 대한 거부감, 자괴감 등을 경험할 수도 있다. 감정적・심리적 어려움은 부모역할 수행에 영향을 끼친다.

(2) 경제적 어려움

한부모 중 모자가정의 경우 아버지 부재에 따른 소득 감소로 주택문제, 생계비, 교육비, 양육비 등 경제적 어려움에 직면한다. 모자가정 여성의 경제참가율은 80%에 달하나 대부분 불안정한 직종에 종사하고 있는 경우가 많다. 소득 수준이 일반 가구의 49.1%에 불과하고 양육 및 교육비 지출이 생계비 지출에 비해 높아 경제적인 스트레스를 받는다. 이혼한 경우 양육권을 갖게 되지만 양육비를 지급해 주지 않는 경우라 78%에 달하여 이는 경제적 어려움을 악화시킨다.

대부분의 부자가정의 경우 저학력과 저소득 상황에 놓여있다. 소득이나 직업이 불안정한데다 자녀양육과 가사를 수행해야 하므로 직업선택의 기회가 적을 수 있다. 이러한 경제적·상황적 어려움은 부모역할 수행에 영향을 끼친다.

(3) 양육에 대한 어려움

대부분의 한부모 가족은 어머니 혹은 아버지 존재와 그들이 수행했던 역할 공백으로 긴장과 공허함을 경험하게 되며, 이러한 상황은 자녀의 성장에 영향을 준다. 자녀의 성별에 따라 부모 성별의 부재로 인해 성장기에 정서적·사회적으로 필요한 지원을 가족으로부터 공급받기 어려운 경우도 발생한다.

모자가정의 경우 아버지의 통제권 및 감독권의 상실을 겪을 수 있다. 또한 경제사정에 따른 양육의 어려움이 가중될 수 있다. 부자가정의 경우 다양한 가사 문제를 스스로 조정하고 관리해야 하는 상황에 직면한다. 양육에 대처하는 유연성 부족으로 감정표현이나 애정표현 등에 대한 어려움을 겪을 수 있다.

3) 한부모 가족의 부모역할

한부모 가족은 최근 늘어나고 있는 가족형태로서, 배우자 및 모성·부성 부재를 인식하고 적응하는 과정이 필요하다. 자녀는 모성 및 부성 부재에 의해 자연히 종전과 같지 않은 애정상태를 경험할 수 있다. 이에 부모는 자녀로 하여금 사랑하는 마음이 느껴질 수 있도록 애정을 표현하고 함께 가치 있는 시간을 보내야 한다. 초기 적응

단계에서 부모가 보이는 자신감이나 자아 존중감, 안정감이 자녀의 적응에 중요한 요인이다. 간혹 한부모의 부재를 상쇄하기 위해 과도한 통제적 태도를 보이는 것이 자녀의 건강한 성장을 저해하고 문제를 악화시킬 수 있으므로 유의해야 한다(정옥분, 정순화, 2016).

3. 재혼 가족

1) 재혼 가족의 개념 및 현황

재혼가족이란 '이미 한번 또는 그 이상 결혼하여 가정을 이룬 남성이나 여성이 다른 배우자와 새롭게 가정을 재구성하는 것'이다. 비슷한 의미로 의붓 가족, 계부모 가족, 재결합가족, 혼합가족 등의 용어가 사용된다(김애란 외, 2015).

이힝거 톨맨과 페이즐리(Ihinger-Tallman & Pasely, 1987)는 자녀의 유무와 자녀의 동거 여부에 따라, 클리겜벨, 브랜드와 시걸(Clingempeel, Brand & Segal, 1987)은 전혼 자녀 유무와 양육권 유무에 따라 재혼가정을 구분하였다. 이처럼 재혼 가족의 구조는 복잡하다. 우리나라 인구동태 통계연보에서는 1993년부터 혼인지위(초혼, 재혼)와 재혼이유(사별, 이혼)에 따라 재혼가족을 구분하고 있다.

혼인 현황에 대한 통계청 자료에 따르면 2017년 기준으로 남녀 모두 초혼인 부부는 전체 혼인자의 78.5%, 남녀 모두 재혼은 11.4%로 나타났다. 남성 초혼자는 84.5%, 재혼자는 15.4%, 여성 초혼자는 82.5%, 재혼은 17.4%로 여성의 재혼율이 높게 나타났다. 또한 2018년 기준 남성과 여성 모두 40대 후반 재혼율이 높게 나타났다(통계청, 2019).

초혼 연령이 높아짐에 따라 재혼 연령대는 점차 높아지고 있는데, 이혼 후 재혼의 경우 남성은 1993년 80.6%에서 2012년 93.5%로, 여성은 1993년 82.4%에서 2012년 92.6%로 각각 증가했다. 사별 후 재혼의 경우 남성은 1993년 19.4%에서 2012년 6.5%로, 여성은 1993년 17.6%에서 2012년 7.4%로 각각 감소했다.

2) 재혼 가족의 현실적 어려움

재혼 가족은 두 가정이 여러 가지 사정에 의해 결합된 가족의 형태로 복잡한 가족 역사를 가지고 있기 때문에 가치, 기대, 경험 등의 서로 다른 배경으로 인해 어려움을 겪는다.

(1) 가족관계의 복잡성

재혼가족은 혈연적 관계로만 이루어진 것이 아니라 재혼에 의해 인위적으로 성립된 관계이다. 자녀의 연령, 성별, 수, 전(全)가정의 경험, 재혼 부부의 양육권 등에 계부모와 자녀의 관계는 영향을 받으며, 자녀 간 갈등을 발생시킬 수도 있다. 재혼가족은 기 존재했던 가족관계가 연장되어 있기 때문에 가족역할과 경계에서 긴장감과 스트레스를 경험할 수 있다. 재혼 가족의 결정에 의해 혹은 다양한 경로를 통해 자녀가 전(前)부모를 주기적으로 만나거나, 친부모가 재혼가족의 양육에 심리적·실제적으로 간섭할 수 있다. 또한 가족으로 인정하고 수용하는 경계에서 역할혼돈과 모호성을 경험할 수 있다. 가족관계의 복잡성으로 인해 가족 내 지위 및 경계, 역할을 정하는 데 어려움을 느끼게 되며 이러한 과정이 안정되는데 시간이 필요하다.

(2) 비현실적 기대

재혼가족은 새로운 가족에 대한 낙관적인 기대감으로 재혼을 결정하지만 현실적으로 직면하게 될 자녀들 문제를 간과하게 되는 경우도 있다. 냉엄한 현실과 비현실적 환상의 괴리가 클수록 죄책감과 좌절감을 경험할 수 있다. 사별 혹은 이혼에 의한 재혼과정에는 상처와 회복의 과정이 있다. 양 가정에 대한 이러한 부분이 간과된 채 애정적이고 화목한 생활만 기대하는 것은 자녀들에게도 직접적인 어려움이 된다.

(3) 사회의 인식

재혼에 대한 사회의 부정적인 인식과 편견은 재혼가족의 적응을 어렵게 한다. 재혼이 점차 증가하고 있음에도 현실적으로 재혼가족 관계에 대한 해결책이나 인식개선은 거의 없다. 이혼의 경우 전혼을 실패로 인식하는 재혼부부와 사회, 계부모에 대한 부정적인 인식과 계자녀에 대한 동정과 편견은 재혼가족의 안녕과 복지를 저해한다.

3) 재혼 가족의 부모역할

재혼가족은 가족 간 역할과 경계를 명확히 하여 자녀들과 좋은 관계를 형성해 나가야 한다. 새로운 배우자 및 자녀의 특성을 수용하여 역할설정과 수행을 위한 노력을 기울여야 한다.

(1) 배우자 지지하기

재혼 가족의 부부는 재혼 결정의 주체이다. 자녀의 연령이나 관계성에 따라 자녀들의 의사를 참여시키는 경우도 있고 그렇지 않은 경우도 있다. 재혼가족이 형성되는 과정에서 겪는 어려움이나 갈등을 서로 이해하고 지지하면서 재혼가족은 안정적으로 유지될 수 있다. 서로에 대한 강한 유대와 신뢰는 긍정적인 부모 - 자녀 관계, 자녀의 성장, 갈등해결 면에서 가장 중요한 요인이다(김효순, 하춘광, 2011).

(2) 전혼 가정의 부모 - 자녀 관계 이해

재혼 가족에게 자녀가 있는 경우, 자녀가 연령 및 양육권 여부에 따라 재혼가족으로 편성되었다 하더라도 자연적 관계를 맺은 친부모와의 혈연과 기억은 유효하다. 재혼 가족의 계부모가 새로운 자녀의 배경과 친부모와의 관계를 인정하고 배려할 때 긍정적인 관계를 맺을 수 있다. 자녀에 대한 주도권을 빼앗겼거나 새 자녀에게 인정받지 못했다는 생각으로 친부모와 경쟁하지 않고 새로운 부모역할을 시도하며 친부모와의 관계에서 보완적 역할을 한다면 건설적인 관계를 형성할 수 있다.

(3) 서두르지 않고 알아가기

재혼가족 구성으로 발생할 수 있는 어려움들에 대해 재혼 초기 단계에 인식할 수 있다면 딜레마 상황이나 여러 가지 갈등과 혼란을 피할 수 있다. 가족 구성원 간 신뢰를 쌓을 수 있는 시간을 가지며 친밀감의 빈도와 강도를 점차적・순차적으로 높여가는 것이 좋다. 그 과정에서 서로의 욕구와 특성들을 알 수 있다. 신뢰감과 친밀감이 형성된 후에는 재혼가족이 구성된 후 겪을 수 있는 여러 가지 문제들과 해결되지 않는 사안들을 공유할 수 있다.

4. 조손 가족

1) 조손 가족의 개념 및 현황

조손 가족이란 조부모와 18세 이하의 손자녀로만 구성된 가족을 말한다(여성가족부, 2007, 2010). 조손 가족은 부모세대 없이 미성년 손자녀가 동거하면서 조부모가 일차적 양육자가 된다. 조손가족 형성의 원인은 부모의 사망, 이혼, 가출, 실종, 경제난, 실직, 신체 및 정신질환, 미혼부모 증가 등이다.

가족해체로 나타나는 조손가족을 일시적으로 나타나는 양육의 형태로 보기도 한다. 이에 우리나라 여성가족부에서는 2007년부터 조손가족을 보호대상에 포함하고 가족기능을 유지하고 건강한 생활을 영위할 수 있도록 한부모가족 지원사업을 통해 다양한 지원을 하고 있다(여성가족부, 2018).

통계청과 보건복지부의 조사에 따르면, 조손가족은 2005년 5만여 가구에서 2015년 15만여 가구로 3배 가까이 급증했고, 20년 후인 2035년 32만여 가구가 될 것이라고 추산했다(최혜순, 이미현, 2019, 재구성). 여성가족부의 조손가족 실태조사에서 손자녀 양육 이유는 자녀의 이혼 및 재혼이 53.2%, 부모의 가출 및 실종이 14.7%, 부모의 질병과 사망이 11.4% 순으로 나타났다.

어떠한 이유에서 형성되었든, 조부모와 손자녀가 개방적으로 의사소통하고 조부모가 손자녀를 지지하고 수용적인 양육태도로 키울 때 손자녀는 긍정적인 자아개념을 갖고 성장할 수 있다(이윤화, 2010). 또한 최근에는 손자녀를 양육하는 조부모의 연령대가 낮아지고, 교육수준 및 생활수준도 상승하여 부모 못지않게 자녀양육 유능성을 발휘하는 조부모도 늘고 있다.

2) 조손 가족의 현실적 어려움

(1) 조부모의 신체적 · 경제적 어려움

조부모는 노년기에 손자녀 양육을 감당하면서 양육 스트레스를 경험한다. 신체적 능력의 소진으로 인해 손자녀의 연령에 따라 적절한 시기에 필요한 지원을 충분히 할 수 없는 경우가 많다. 유아기 손자녀의 경우 신체적 · 정서적 돌봄이 필요하다. 초등기 손자녀에게는 학업을 격려하고 지원하며 또래관계에 대한 관심을 두는 조부모의 역할이, 청소년기 손자녀에게는 적절한 의사소통과 감정교류가 필요하다.

하지만 조부모는 기본적인 의식주 외에 신체적 여력이 없어 손자녀에 대한 마음을 따라가지 못하는 신체적 소진과 능력에 좌절하며, 조손가족 형성 배경에 따라서는 자녀와 손자녀에 대한 죄책감에 시달리기도 하여 이중 혹은 다중적인 고통을 겪는다.

(2) 양육태도의 혼란

조부모는 자신의 자녀를 양육했던 시기의 양육태도와 현재 손자녀를 대하는 양육태도에서 혼란을 겪는다. 대부분의 조부모는 무조건 감싸주는 애정과잉과 엄격하게 훈계하는 권위적 · 통제적 양식의 양극단의 양육태도를 취하게 된다. 조손가족 형성의 배경에 따라 불안정한 상태에서 손자녀 양육을 시작하게 되고 손자녀의 상황을 동정하거나 이를 자신의 탓으로 돌리는 경향도 빈번하다. 이 때 애정과잉의 양육태도를 취하기 쉽다.

그러나 손자녀는 이러한 조부모의 방식을 사랑이라고 여기기보다는 불분명한 경계로 여겨 정서면·행동면 안정감을 갖기 어렵다. 또한 현재의 상황을 탈피하기 위한 방안으로, 혹은 일반가정과 비교하여 비교되지 않는 가정상황을 유지하기 위해 권위적이고 엄격하게 손자녀를 관리하는 양육태도를 취하기 쉽다. 그러나 손자녀는 이러한 조부모의 방식에서 자신의 속내와 깊은 정서를 털어놓을 수 있는 대상을 잃게 된다. 지나치게 조속하지만 낮은 자아 존중감으로 우울이나 일탈에 시달릴 수 있는 우려가 있다.

(3) 경제적 어려움

조손가족의 경우에도 빈곤의 문제가 심각하다. 조손가족은 다른 가족 형태와 달리 계획에 없이 돌연히 형성되는 경우가 많기 때문에 이미 사회적·경제적 일선에서 물러난 조부모에게는 경제적인 부담이 갑작스레 가중된다. 또한 조손가족을 일시적인 가족 형태로 인식하는 경우 조손가족의 빈곤문제를 간과하기 쉬워 다른 가족형태에 비해 정책적·제도적인 지원이 미흡한 실정이다.

3) 조손가족의 부모역할

(1) 조부모 간 상호교류 지원

조손가족의 조부모는 다중의 스트레스를 경험한다. 그럼에도 자녀와 손자녀에 관한 일이기 때문에 이를 표현하기 어려워하고 자신의 치부를 드러낸다고 생각하는 경향이 크다. 이러한 조부모들의 형편을 헤아려 조부모들이 상호 교류하는 집단 프로그램을 적극적으로 안내하고 참여를 유도할 필요가 있다. 최근 우리나라도 고령시대에 걸맞게 국가지원사업으로 50+, 60+ 등의 다양한 실버 프로그램이 늘고 있다(강원경제신문, 2019.5.28., 중부뉴스통신, 2019.4.2.). 조부모들 간 상호교류를 통해 조부모 삶에 대한 시야를 넓히고 조부모 스스로의 자존감을 높이며 스트레스를 해소하여 활력을 찾을 수 있도록 하는 프로그램들을 실행해야 한다.

(2) 영유아 교육기관 내 조부모 배려시설 및 프로그램 확충

영유아 교육기관들은 조부모의 신체적 · 인지적 상황을 인식하고 이를 지지하고 배려해야 한다. 등 · 하원 시 앉을 수 있는 자리를 마련하거나, 자신의 스마트 폰으로 양육정보를 얻을 수 있도록 큐알코드를 제공하여 양육 및 교육에 대한 접근성과 수월성을 높일 수 있다.

다양한 기관의 안내사항에 대해 가독성을 높여 조부모가 잘 이해하고 손자녀에 유능감을 갖도록 도울 수 있다. 맞벌이로 인한 조부모의 양육도 늘고 있으므로 조부모를 위한 교육 프로그램을 고안하여 영유아 성장과 발달에 유능한 양육자로 참여할 수 있도록 지원해야 한다.

5. 다문화 가족

1) 다문화 가족의 개념 및 현황

다문화가족은 「다문화가족지원법」(법률 제14702호, 시행 2017.3.21.)의 제2조)상 '결혼이민자와 한국인으로 이루어진 가족', 「재한외국인 처우 기본법」 제2조 제3호의 결혼이민자와 「국적법」 제2조부터 제4조까지의 규정에 따라 대한민국 국적을 취득한 자로 이루어진 가족이다. 이에 다문화가족의 범주는 '결혼이민자와 한국인으로 이루어진 가족', 귀화허가를 받은 자와 한국인으로 이루어진 가족으로 정의할 수 있다(법제처, 2019).

통계청 자료에 따르면 2017년 기준 전국의 다문화 가족은 약 32만 가구로 추정된다. 다문화가족의 비율은 매년 증가하고 있는 추세이며, 결혼 이민자와 귀화자의 출신국적은 중국(한국계)의 비율이 30.8%로 가장 높게 나타났으며, 그 다음으로 중국(22.4%), 베트남(20.8%), 필리핀(6.0%), 일본(4.5%) 순으로 아시아권의 다문화 인구가 유입된 것으로 나타났다(통계청 2019).

국제결혼 건수가 증가함에 따라 신생아의 32%는 다문화가족 2세대일 것으로 예측되고 있다. 국제결혼가족은 이중문화가족(dual culture family), 온누리안, 다문화가족(multy culture family) 등 다양하게 불린다. 이 가운데 다문화가족이라는 용어사용을 권장하는 것은 혼혈인, 코시안, 온누리안 등의 용어는 혈통, 민족, 국적의 차이를 내포하고 있으며, 다문화가족은 가족 내 다양한 문화가 있음을 표현한 용어이기 때문이다(이순형 외, 2010).

2) 다문화 가족의 현실적 어려움

(1) 문화 및 언어에 대한 어려움

이중문화와 언어는 가족 내 갈등의 주요 원인이 된다. 특히 단일민족으로 구성된 우리나라에서 특수한 가정의 상황이라는 인식은 이러한 갈등과 긴장감을 강화한다. 문화의 다름은 이해하고 인정하는 데는 시간이 필요하고 모국어가 아닌 언어를 습득하는데도 시간이 필요하다. 언어가 달라 일어나는 소통의 불편으로 인해 감정이나 마음을 표현하는 어려움을 겪는다. 이는 대화를 기피하는 현상으로 이어지고 가정 내 주된 언어를 사용하지 못하는 경우 스스로 혹은 가족에 의해 고립되는 경우도 발생한다. 다문화 가족 그리고 사회는 결혼이민자와 귀화자의 언어적 불편에 대해 공감하고 시간을 두고 소통하고자 하는 자세를 가져야 한다.

(2) 자녀교육의 어려움

결혼 후 한국으로 이주한 여성들은 대부분 불안정한 사회경제적 지위를 갖고 가정에서 자녀양육과 교육을 담당하게 된다. 또한 우리나라의 전통적 가치관에 따라 자녀

양육과 교육에 대한 책임감을 부여받게 된다. 문화 및 언어에 대한 어려움은 고스란히 자녀양육과 교육에 영향을 끼친다. 소통의 어려움으로 부모와 자녀 모두 상처를 받거나 대화를 기피하게 되고 이는 관계를 악화시켜 서로를 고립시키게 된다. 자녀가 겪는 어려움 이상으로 부모에게 새로운 문화 및 언어 적응에 대한 스트레스와 긴장감이 있어 일반가정의 부모 - 자녀관계 개선보다 복잡한 양상을 보인다. 이에 영유아 교육기관은 다문화 가정의 특수 상황을 인식하고 영유아의 성장 및 교육적 지원에 민감할 필요가 있다. 또한 부모는 영유아 교육기관에 높은 의존도 혹은 불필요한 경계심에서 벗어나 점진적이고 점차적인 양육협력자로 거듭나고자 노력할 필요가 있다.

(3) 경제적 어려움

다문화 가족의 52.9%가 최저생계비 이하의 수입을 보이고 있다. 다문화가족의 경제적 빈곤문제는 가정 내 자녀의 성장발달 및 생활이 어려워짐을 의미한다. 이는 정체성 혼란이나 학교생활 부적응과 같은 문제로 이어진다(교육인적자원부, 2006). 빈곤으로 인해 자녀에게 사회적 어려움이 연결되지 않도록 교육기관과 부모는 자녀의 정서적 · 심리적 상태에 관심을 기울여야 한다.

3) 다문화 부모의 부모역할

(1) 우리나라 다문화 교육의 흐름

다문화권 사람들은 우리나라 경제성장과 법적 · 정책적 변화에 따라 외화를 벌기 위해 혹은 한국 남성과 결혼하면서 우리나라에서 거주하게 되었다. 언어적 · 문화적으로 비교적 단일적 특성을 가진 우리나라에 다문화권 사람들이 함께 살면서 여러 시행착오와 인식개선의 시간들이 흘렀다.

과거에는 이들을'한국 사람처럼'만들고자 하는 방향의 다문화 교육들이 있었다. 한국의 생활에 적응을 시켜 생활면에서 불편을 줄여주고자 하는 현실적인 교육들이었다. 그러다 보니 한국생활에 빨리 적응하고, 언어를 신속하게 학습하는 것이 중요한 그들의 능력으로 여겨졌다. 즉, 본의 아니게 다문화 부모들 고유의 국가 정체성을 쉽게 인정하지 않고, 사회적 분위기는 다문화권 사람들에게 한국에서 살기 원한다면, '한국 사람처럼 되어야 한다'고 요구하게 되었다. 이에 따라 다문화권 사람들은 자신의 정체성 드러내기를 꺼리게 되고, 심각하게는 이에 적응된 다문화권 사람들이 자신의 정체성과 국적을 거부하는 경향도 나타났다. 현대는 다문화라는 말이 무색하리만치 다양한 문화권의 사람들이 공존하고 있으며, 세계 변화가 급변하여 문화에 있어 우월함도 열등함도 사라졌다.

(2) 다문화 부모의 정체성

본질적으로 결혼이민자와 귀화자는 한국 사람이 아닌데서 출발했다. 자신의 나라의 정체성을 잊고자 노력하면서 한국사회에 적응하고 생활양식을 습득하지만, 자신의 뿌리를 부정할 수는 없다. 이들의 정체성 인식은 자신이 절반은 본인의 원래 국적, 절반은 한국 국적을 가졌다고 보는 경우가 대다수이다. 여기에서 혼란과 열등감 등이 발생하며 자녀와의 관계에서도 문제 상황을 야기한다.

다문화 부모의 정체성은 자녀의 정체성에도 영향을 끼친다. 자녀는 자신의 정체성에 대해 절반인식(반은 한국사람, 반은○○사람)을 가진 채 성장한다. 가정 밖 사회환경에서 정체성 문제에 마주칠 때 정서적·심리적 혼란을 경험하고 이는 다문화 가족 자녀의 자아존중감 및 전인적 발달에 영향을 준다.

4) 다문화 부모를 위한 교육과 상담

다문화 가족의 부모가 스스로의 정체성에 대해 혼란을 겪는 것은 당연한 일이다. 이러한 부모들을 만나는 부모 교육자 및 상담가는 이들의 온전한 국적과 정체성을 인정해 줌으로써 이들을 지원할 수 있다.

예를 들어, 중국 어머니를 대상으로 정체성에 대해 이야기 할 때, 이렇게 말할 수 있다.

> "어머님은 100% 중국 사람입니다."
> "어머님의 나라는 좋은 나라입니다."
> "어머님은 한국의 문화와 언어를 배울 수 있지만, 한국 사람이 아닙니다."
> "어머님의 자녀는 100% 중국사람 이면서, 동시에 100% 한국 사람입니다."
> "어머님의 자녀는 50% 중국사람 50% 한국 사람이 아닙니다."
> "어머님의 자녀는 중국과 한국을 화목하게 하는 사람이 될 것입니다."
> "어머님의 자녀는 중국어와 한국어를 습득할 수 있는 환경에 있습니다."

이렇게 정체성에 확신을 줄 때 한국 사람이 되려고 노력해왔던 혼란으로부터 벗어날 수 있다. 다문화 부모들은 정체성에 대해 혼란스러운 부분이 해결될 때 양육태도, 대화법 등의 실제적인 부모 교육내용과 상호작용 기술을 적극적으로 배우고 효과적으로 적용할 수 있다.

다문화 가족의 부모를 만날 때는 그 문화에서의 부모 관련 문화를 이해할 필요가 있다. 그 나라의 교육관 및 교육 수준, 가치관 등을 이해하고 접근할 때 친밀감과 교육효과를 향상시킬 수 있다. 또한 교육내용에서 언어가 주로 사용되므로 타 문화 부모들이 이해하고 있는지에 대해 점검하고, 만약 두 나라의 언어에 능숙한 부모가 있다면 도움을 받으면서 천천히 진행해야 한다.

- 정체성에 대한 수용과 라포 형성
- 문화 차이 이해 : 이를 기반으로 교육내용을 구성해야 함
- 언어 전달 고려 : 교육내용과 속도 등을 조절해야 함

유아기·초등시기·청소년기 자녀를 둔 어머니들은 자녀가 무시하는 발언을 할 때 가장 많이 화가 나고 상처를 받는다고 하였다. 부모는 자녀에게 화를 내지 않고 자신의 정체성을 다음과 같이 이야기할 수 있다.

자녀에게 말해 보아요.

사랑하는 내 자녀 □□에게

~~야, 여기 앉아봐.
엄마는 중국 사람이야.
엄마는 중국에서 태어났고 거기서 자랐어.

엄마는 한국 사람인 아빠를 만났어.
한국으로 올 때 고민이 많았어.
한국에 와서 많이 힘들었어.

□□가 도와달라고 할 때마다
엄마가 잘 몰라서 미안한 마음이 있어.
엄만 한국 말이 어려워.

그런데 □□야. 그거 알아?
엄마는 중국 말을 잘 해. 들어볼래?

너는 한국 사람이야. 아빠가 한국 사람이니까.
그리고 너는 중국 사람이야. 엄마가 중국 사람이니까.

그래서 너는 한국말도 잘 할거고, 중국말도 잘 할거야.
엄마는 □□가 중국과 한국 두 나라의 중요한 사람이 될 거라고 믿어.

CHAPTER

06

PARENT EDUCATION

부모 - 자녀 관계 이론

contents

"너를 축복한다. 아무 조건없이"

- CoCo (2017 作) -

1. Dreikurs : 민주적 부모 - 자녀 관계 이론

1) 배경 및 목표

민주적 부모 - 자녀 관계 이론은 아들러(Adler, 1870~1937)의 개인심리학 이론을 부모교육에 적용한 것이다. 개인을 둘러싼 환경 중 부모는 자녀의 사회화 과정에 중요한 존재이다. 가정은 민주사회를 배우고 훈련하는 장이며 이에 민주적 부모 - 자녀 관계 이론은 과거의 권위적 · 일방향적 의사소통 방식보다 민주적 · 쌍방향적 의사소통 및 부모 - 자녀 관계의 평등을 강조하였다.

민주적 부모 - 자녀 관계 이론의 목표는 부모가 가정에서 민주적인 방식으로 자녀의 사고, 행동, 가치관, 습관, 책임감 등 자율성을 신장시키는 것이다. 부모는 자녀가 잘못된 행동목표를 갖지 않도록 자녀의 행동동기를 역동적으로 이해하고 적절한 행동을 격려해야 한다.

2) 양육원리

아들러와 드라이커스는 인간의 생활태도가 3~4세경에 거의 형성된다고 보았다. 또한 유아는 부모에게 상대적 열등감, 자신에 대해 기본적인 부정적 개념을 가지고 있으며, 자아개념이 생기면서 실제적 자아와 이상적 자아 사이에서 갈등을 느끼고 열등감을 가질 수 있다고 보았다. 이 견해에 따르면 유아는 이 과정에서 갖는 감정과 시행착오를 통해 자신의 위치를 발견하고 행동에 대한 신념을 발전시킨다.

자녀의 생활태도와 유형은 행동으로 나타난다. 자녀의 행동에는 바람직한 행동과 바람직하지 않은 행동이 있다. 유아기 자녀는 부모와의 관계에서 안정감을 유지하기 위해 자신의 행동에 대한 가상 목표를 설정한다. 따라서 부모는 자녀가 안정된 관계를 위해 잘못된 동기와 방식의 행동을 결정한 건 아닌지 살펴보아야 한다.

이러한 생각은 다음의 인간행동 원리에 의존한다.

첫째, 인간의 행동은 사회적 배경과 관계성을 토대로 이해해야 한다. 인간행동은 개인이 처한 사회적 맥락과 무관하지 않으며, 인적 관계의 양과 질과도 관계가 깊다.

둘째, 인간의 행동에는 원인과 목적이 있다. 이에 행동 결과를 관찰하면 행동의 동기와 목적을 유추할 수 있다.

셋째, 인간행동의 기본욕구에는 사회적으로 소속되고자 함이 있다. 다양한 기본욕구 가운데 사회적 기본욕구는 소속감이다. 인간은 의식적 · 무의식적으로 집단에 소속되어 안정감을 가지려고 한다.

넷째, 인간은 자신의 행동을 결정하며 그 결과에 따라 다음 행동을 결정한다. 부정적이거나 바람직하지 않은 결정이라 하더라도 이는 다음 행동의 동기와 결과에 영향을 미친다.

3) 자녀의 행동 목표

(1) 심리적(동기) 목표

자녀의 행동에는 자신의 위치를 발견하기 위해 심리적으로 설정되는 목표가 있다. 이 목표는 세 차원으로 이루어진다.

직접적 목표(immediate goal)는 상황에 따라 즉각적으로 설정하는 목표이다.

중간적 목표(intermediate goal)는 심리적 · 신체적 편안함, 다른 사람을 기쁘게 하고 조정하기, 다른 사람보다 우세하게 느끼기와 같이 덜 즉각적이지만 곧 감정적인 보상이 나타나는 것들이다.

장기적 목표(longrange goal)는 모든 상황에서 주의집중을 받아 중심이 될 수 있도록 목표를 설정하고 그것을 조정하려고 노력하며 항상 좋은 사람이 되려고 하는 것이다.

직접적 · 중간적 목표와 수행은 장기적 목표 설정에 기본이 되며, 장기적 목표도 직접적 · 중간적 목표 수행에 영향을 미친다. 특히, 유아는 발달 특성상 직접적 목표와 중간적 목표를 사용하게 된다.

(2) 행동적 목표

자녀는 직접적 · 중간적 목표에 의해 자신의 행동 목적을 설정하게 된다. 결국 집단 혹은 가정에서 소속감을 얻기 위해 자신의 행동 목표를 정한다. 그런데 즉각적이고 상황적인 목표설정은 대부분 잘못된 행동을 유발하게 된다. 여기에서는 드라이커스가 제시한 잘못 설정된 목표에 현대적 상황과 이해를 더하여 살펴보고자 한다.

① 관심끌기

대부분의 영유아들은 관심끌기를 사용한다. 이 또한 타인의 관심과 애정을 받고 싶은 인간의 본능 가운데 하나이다. 그러나 문제는 자신의 바람직하지 못한 행동이나 말이 부정적인 피드백을 받는 경우에도 이를 관심으로 여긴다는 것이다. 영유아는 관심끌기가 달성되었다고 인식하게 되면 바람직하지 못한 행동과 말을 계속적으로 사용할 수 있다. 이러한 행동이 관심과 애정을 끌어내는 데 유용하다고 생각되기 때문이다.

관심끌기 행동은 대부분 칭얼거리는 방식으로 나타난다. 자녀의 행동에 부모는 즉각적으로 짜증이 나거나 신경질이 날 수 있고, 반복되는 행동과 상황으로 지치고 귀찮아진다. 부모는 사소한 요구인 경우 들어주고 자녀를 달래고 상황을 종료시킨다. 자녀의 행동강도나 부모의 감정상태에 따라 위협이나 협박이 나타나기도 한다.

자녀의 행동목표	→	자녀의 행동양식	→	부모의 감정상태	→	부모의 행동양식
• 관심끌기		• 칭얼거림 • 눈치보기 • 행동 반복하기		• 짜증, 신경질 • 지침, 귀찮음		• 달래기 • 요구 들어주기 • 위협하기

[그림 6-1] 관심끌기 일반반응

이렇게 되면 자녀의 행동빈도나 강도는 줄어들지 않는다. 부정적인 반응도 관심끌기 성공의 지표가 되어 무의식적인 강화로 작용했기 때문에 자녀는 잘못된 행동목표를 수정하지 않고 계속적으로 관심을 끄는 방법으로써 잘못된 행동을 늘려나가거나 강도를 강하게 조정한다. 이에 부모는 자녀의 잘못된 행동양식이 반복되거나 강화되지 않도록 자녀의 행동을 이해하고 이를 대하는 행동양식을 수정해야 한다.

잘못된 행동의 결과만 바라보면 부모도 감정이 앞서게 마련이다. 이러한 행동이 나타나는 자녀의 심리적 과정을 이해할 때, 부모의 감정상태와 행동양식도 변화될 수 있으며 이를 통해 자녀의 잘못된 행동목표도 수정될 수 있다.

자녀의 행동목표	➡	자녀의 행동양식	➡	부모의 감정상태	➡	부모의 행동양식
• 관심끌기		• 징얼거림 • 눈치보기 • 행동 반복하기		• 짜증, 신경질 • 지침, 귀찮음 • 감정 가다듬기		• 행동이해 • 인내와 노력 • 긍정적 행동강화

[그림 6-2] 관심끌기 수정반응

드라이커스는 관심끌기를 행동목표로 정한 자녀의 잘못된 행동에 대해 관심을 보이지 말아야 한다고 조언한다. 바람직한 행동을 보일 때 칭찬과 격려를 통해 행동을 강화시켜 주라는 것이다. 그러나 관심끌기의 동기를 살펴볼 필요가 있다. 단순한 관심끌기가 아닌, 자녀에게 애정에 대한 욕구가 있을 때 무시하고 모른척하는 방법을 사용하면 잘못된 행동을 더욱 악화시킬 수 있으므로 단계적 · 장기적으로 이를 다루어야 한다.

[집에서의 관심끌기 행동] 친구가 오랜만에 놀러 왔다. 친구와 식탁에서 대화하고 있는데 만4세 자녀가 안방 문을 열었다 닫았다를 반복한다. 이때 무시하는 것이 좋은가? 다른 고려사항은 없는가? 구체적으로 어떻게 대응할 수 있는가?

많은 유아들이 관심끌기의 방식을 사용한다. 유아교육현장에도 관심끌기를 사용하는 유아들이 종종 있다. 이에 영유아 교사는 영유아의 관심끌기에 적절히 반응하는 방법을 이해하고 익혀야 한다. 그리고 이러한 영유아의 행동 동기와 목적을 부모가 이해할 수 있도록 양육지식을 제공하고 지도할 필요가 있다.

[기관에서의 관심끌기 행동] 자유선택놀이 시간이다. 미술영역에서 아이들의 놀이를 지원하고 있는데, 민서가 '아' 하고 넘어진다. 첫 날은 아픈지, 왜 넘어졌는지 물어보았다. 다음 날에도 민서는 내(교사) 주변에서 '아' 하고 넘어졌다. 전형적인 관심끌기 행동이었다. 어떻게 대응할 수 있는가?

② 힘 행사하기

힘 행사하기는 관심끌기에서 발전된 형태로 나타나기도 하며, 영유아의 기질에 따라 힘 행사하기로 즉각 나타나기도 한다. 이 또한 잘못된 행동 목표로 힘을 통해 원하는 것(소속감, 안정감)을 성취할 수 있다고 믿는 것이다.

영유아가 힘 행사하기를 사용하는 데는 다양한 배경이 존재하는데, 대부분 '힘'의 능력을 학습한 경우 강화된다. 가령, 가정에서 권위적으로 힘을 행사하는 아버지에게 가족들이 순응하는 상황을 자주 경험했거나, 큰 소리에 상황이 평정되는 것을 경험했다면, 힘에 의해 모든 것이 굴복하게 된다는 것을 저절로 학습하게 된다.

힘 행사하기는 대부분 공격적인 방식으로 나타난다. 자녀는 물건을 던지거나 부모를 때리는 공격적 행동을 나타내고 큰 소리로 울거나 소리를 지른다. 이에 대해 부모는 자녀로부터 권위가 도전받는다고 느껴 화가 나고 흥분된다. 부모는 즉각적으로 자녀보다 더 크게 소리를 지르거나 힘으로 제압하고, 일어나지 않을 상황에 대해 협박을 하거나 체벌하는 일도 발생할 수 있다. 그러면 자녀는 더 흥분하며 행동의 강도를 높이거나, 반항적인 순종을 선택한다.

자녀의 행동목표	자녀의 행동양식	부모의 감정상태	부모의 행동양식
• 힘 행사하기	• 공격적 행동 • 큰 소리로 울기 • 소리지르기	• 화가 남 • 흥분됨	• 소리지르기 • 체벌하기 • 협박하기

[그림 6-3] 힘 행사하기 일반반응

힘 행사하기가 강화되고 반복되면 자녀의 행동양식을 더욱 거칠어지고 공격적으로 발전한다. 앞서 말한 것처럼 이 과정에서 힘의 능력에 대한 확신이 더욱 커졌기 때문에 다른 문제 해결방법을 찾지 않는다. 이에 부모는 훈육의 과정에서 힘의 또 다른 양식을 경험시켜 주어야 한다.

자녀의 행동목표	자녀의 행동양식	부모의 감정상태	부모의 행동양식
• 힘 행사하기	• 공격적 행동 • 큰 소리로 울기 • 소리지르기	• 화가 남 • 흥분됨 • 감정 가다듬기	• 자녀행동 완화 기다리기 • 차분한 음성으로 의사전하기

[그림 6-4] 힘 행사하기 수정반응

자녀의 도전적이고 공격적인 행동을 볼 때 부모의 감정도 함께 움직이게 된다. 이러한 자녀의 힘 행사하기에 잘못된 동기와 목표가 숨어있음을 알 때 부모의 감정에도 변화가 일어날 수 있다. 발달 특성상 자기중심적인 영유아가 주변 상황과 맥락을 살펴볼 수 있도록, 확신있고 일관적인 태도로 자녀의 행동이 완화되길 기다려주고 차분한 음성으로 자녀의 마음과 자신의 마음을 말로 전달해 줄 때, 부모는 자녀가 사용하는 힘의 방향성을 전환시켜 줄 수 있고, 힘 행사하기 행동을 현저히 감소시킬 수 있다.

[집에서의 힘 행사하기 행동] 성욱이는 만 5세이고, 만 3세 동생이 있다. 성욱이는 엄마가 보이지 않을 때 동생을 때리고, 엄마가 물어보면 자기가 한 것이 아니라며 대성통곡한다. 이러한 힘 행사하기 행동에 부모는 어떻게 반응해야 하는가? 이 상황에 다른 고려사항은 없는가? 구체적으로 어떻게 대응할 수 있는가?

영유아교육기관에서 공격성 있는 영유아들이 늘어나고 있다. 힘 행사하기를 사용하는 유아들이 종종 있다는 이야기이다. 이에 영유아 교사는 영유아의 힘 행사하기에 적절히 반응하는 방법을 이해하고 익혀야 한다. 그리고 이러한 영유아의 행동 동기와 목적을 부모가 이해할 수 있도록 양육지식을 제공하고 지도할 필요가 있다.

[기관에서의 힘 행사하기 행동] 자유선택놀이 시간이다. 블록영역에서 아이들이 소리를 지른다. "야, 하지마! 선생님, 성욱이가 블록으로 때렸어요." 교사가 다가가 말을 하기도 전에 성욱이는 자기가 그런 것이 아니라며 대성통곡한다. 이러한 힘 행사하기 행동에 어떻게 대응할 수 있는가?

③ 앙갚음하기

앙갚음하기는 보복하기 또는 복수하기라고도 한다. 앙갚음하기는 힘 행사하기에서 발전되어 나타나기도 한다. 또한 관심끌기에서 획득된 소속감이나 안정감의 정도에 따라, 영유아의 기질에 따라 곧바로 앙갚음하기 형태로 나타나기도 한다.

앙갚음하기는 힘 행사하기의 또 다른 측면으로 힘을 행사할 때 목표성이 있다는 특징을 갖는다. 힘 행사하기는 특별한 목표 없이도 나타난다. 물건을 던진다거나 소리를 지르는 것이 소속감을 얻기 위한 방편이기는 하나, 누군가를 괴롭히려는 의도를 갖지는 않는다.

앙갚음하기는 자신이 사랑받지 못하고 있으며 상처를 받았으니 다른 사람도 그렇게 되어야 자신의 소속감이 획득된다고 인식하는 형태이다. 자녀는 부모 또는 타인에게 신체적·정신적으로 상처를 줌으로써 자신의 욕구와 바람을 해소하고자 한다. 이러한 자녀의 행동에 대해 부모는 깊이 상처를 받고 좌절하기 쉬우며, 상처를 준 자녀에게 다시 상처를 입히고자 하는 감정을 느끼게 된다. 이에 부모는 소리를 지르고, 체벌하고, 심한 경우 욕설과 앞으로의 행동에 대해 저주를 하기도 한다.

자녀의 행동목표	자녀의 행동양식	부모의 감정상태	부모의 행동양식
• 앙갚음하기	• 타인에게 상처주기 • 때리기 • 욕하기	• 상처받고 좌절 • 앙갚음 감정발생	• 소리지르기 • 체벌하기 • 저주하기

[그림 6-5] 앙갚음하기 일반반응

자녀의 앙갚음 행동에 대해 부모가 함께 소리를 지르고, 체벌하고, 저주하는 것은 부모-자녀 관계를 파괴하는 행동이다. 이에 대해 자녀는 앙갚음의 강도와 종류를 다양하게 선택하고 자신의 주요 에너지들을 여기에 사용한다. 특히 앙갚음의 단계가 되풀이되는 경우 대부분의 자녀는 자신의 부모와 자신의 관계에 대해 비관적이고 절망적인 생각을 갖게 된다. 이러한 단계로 발전하지 않기 위해서 부모는 민감성을 발휘해야 한다.

자녀가 앙갚음의 단계에 있다면 오히려 앙갚음 행동을 당해주고, 자녀가 자신의 행동과 감정을 돌아볼 수 있도록 기회를 제공해야 한다. 그리고 이러한 상황과 관계를 개선해보고자 한다는 마음을 부모 측에서 전달하고자 노력하고 대화를 시작해야 한다.

자녀의 행동목표	자녀의 행동양식	부모의 감정상태	부모의 행동양식
• 앙갚음하기	• 타인에게 상처주기 • 때리기 • 욕하기	• 상처받고 좌절 • 앙갚음 감정발생 • 감정 가다듬기	• 앙갚음 당해주기 • 자녀의 감정수용 • 해결책 대화하기

[그림 6-6] 앙갚음하기 수정반응

자녀도 부모를 사랑하지만, 자녀의 사랑이 부모의 사랑만큼 깊고 넓고 크지 못하다. 결국은 부모가 자녀의 바람직한 행동과 바람직하지 않은 행동을 모두 수용하고, 이를 출발점으로 삼을 때 자녀의 잘못된 행동의 동기와 목표들은 수정될 수 있다.

[집에서 앙갚음하기 행동] 민석이는 만 4세이고, 만 1세 동생이 있다. 민석이가 동생을 깨물어 상처가 났다. 엄마가 타이르면서 물어보자, 큰 소리로 울음을 터뜨린다. 사실, 어제 동생이 머리를 잡아당긴 사건이 있었는데, 별다른 조치를 하지 않았었다. 이러한 앙갚음 행동에 부모는 어떻게 반응해야 하는가? 이 상황에 다른 고려사항은 없는가? 구체적으로 어떻게 대응할 수 있는가?

[기관에서 앙갚음하기 행동] 자유선택놀이 시간이다. 미술영역에서 채린이가 소리를 지른다. "야, 하지마! 선생님, 희수가 내 그림에 낙서해요." 교사가 다가가 말을 하기도 전에 희수는 머뭇거리더니, 색연필을 집어 던진다. 어제 채린이가 실수로 희수의 그림을 옮기다가 찢는 일이 있었는데, 미안하다고 사과하고 마무리를 지었었다. 이러한 상황과 앙갚음하기 행동에 어떻게 대응할 수 있는가?

④ 무능력함 보이기

무능력함 보이기는 관심끌기 단계부터 순차적으로 발달하다가 마지막 단계로서 포기의 모습으로 나타나기도 한다. 영유아의 기질에 따라 무능력함 보이기가 관심끌기처럼 보일 수도 있다. 또한 부모의 양육행동에 따라 처음부터 자신을 무능력하다고 인식하는 행동으로 나타날 수도 있다. 무능력함 보이기는 자신에게 아무런 기대를 갖지 않도록 함으로써 소속감을 획득하려는 잘못된 목표를 설정하고 있다. 자녀는 늘 수동적으로 반응하거나, 거의 반응하지 않으며 향상을 보이지 않는다. 이러한 자녀의 행동에 부모는 절망감과 무기력감을 느끼며 포기하고 싶은 마음이 든다.

자녀의 행동목표	자녀의 행동양식	부모의 감정상태	부모의 행동양식
• 무능력함 보이기	• 수동적 반응기 • 반응하지 않음 • 욕구가 없어 보임	• 절망감 • 좌절감 • 화남 • 죄책감	• 비난하기 • 포기하기 • 무기력함 나타내기

[그림 6-7] 무능력함 보이기 일반반응

자녀가 무능력함 보이기를 통해 소소하게 자신의 지위를 획득했다면 이를 지속적으로 사용할 것이고, 이는 점차 무기력 상태에 익숙하게 하는 습관성으로 발전할 수 있다는 점에서 주의를 기울여야 한다. 느리거나 거의 반응하지 않는 자녀의 행동을 비난하거나 비교하지 않도록 해야 한다. 자녀가 자신의 존재와 능력을 가치롭게 여길 수 있도록 함께 있는 시간을 늘리고, 작은 변화나 시도에도 칭찬과 격려를 아끼지 말아야 한다.

자녀의 행동목표	자녀의 행동양식	부모의 감정상태	부모의 행동양식
• 무능력함 보이기	• 수동적 반응기 • 반응하지 않음 • 욕구가 없어 보임	• 절망감 • 좌절감, 죄책감 • 화남 • 감정 가다듬기	• 비난하기 않기 • 칭찬하기 • 격려하기 • 함께있기

[그림 6-8] 무능력함 보이기 수정반응

자녀에게 무기력함이 있을 때 부모는 답답하고, 문제에만 집중하게 되어 감정과 판단력이 흐려질 수 있다. 자녀의 무능력함 보이기 행동이 잘못된 동기와 목표에 근거하여 발생한다는 점을 기억하고 자녀의 자존감과 작은 능력들에 집중할 때 이러한 행동들은 감소될 수 있다.

[집에서 무능력함 보이기 행동] 만 5세 민수는 요즘 집에서 잠자는 시간이 늘었다. 밥먹는 시간을 제외하면, 거의 엄마 옆에서 뭔가를 지켜볼 뿐 의욕적으로 행동하지 않고, 이내 졸립다며 잔다. 엄마가 지속적으로 관심을 보일수록 아무것도 하지 않고, 먹으려 들지도 않는다. 이러한 무능력함 보이기 행동에 부모는 어떻게 반응해야 하는가? 이 상황에 다른 고려사항은 없는가? 구체적으로 어떻게 대응할 수 있는가?

[기관에서 무능력함 보이기 행동] 자유선택놀이 시간이다. 혜선이는 역할영역 한 구석에 앉아있다. 다른 아이들이 놀이하는 것을 지켜볼 뿐 웃지도 않고, 말을 걸지도 않는다. 며칠 전부터는 유치원에 가기 싫다고 말한다고 한다. 이러한 무능력함 보이기 행동에 어떻게 대응할 수 있는가?

2. Berne : 상호교류분석 이론

1) 배경 및 목표

번은 정신과 의사로서, 프로이드 학파의 정신분석학과 에릭슨의 인간 성격 이론의 영향을 받았다. 초기에는 프로이드 이론을 중심으로 환자들을 치료하였으나, 그 효과가 더디고 능률적이지 않자 1964년 『사람들이 구사하는 게임(*Games People Play*)』 이라는 저서를 쓰고 상호교류분석 이론을 시작하였다.

상호교류분석 이론은 교류분석 심리학을 부모 - 자녀 관계 개선에 적용한 것이다. 인간의 자신에 대한 감정과 교류의 질은 상호 간 교류와 욕구에 대한 반응이 긍정적인가 부정적인가에 따라 달라진다. 상호교류분석은 각 개인이 지닌 자아상태의 단면이 다른 사람과의 상호작용에서 자극과 반응을 일으키도록 능력을 부여하여 관계를 개선하고 의사소통능력을 향상하는 데 목적을 두고 있다.

이를 위해 개인의 자아상태의 구조를 분석하고, 상호교류방식 분석을 통해 생활자세를 발달시킨다.

2) 자아상태의 구조

번은 프로이드와 달리 관찰 가능한 의식적 행동에 관심을 두었다. 번은 인간의 언어와 행동이 다양한 요인들의 결합으로 표면화되어 나타난다고 보았다. 번이 구성한 성격이론에서의 자아상태는 부모자아(parent ego stage), 성인자아(adult ego stage), 아동자아(child ego stage)이며, 각각의 자아상태가 상황에 따라 행동을 지배한다고 하였다. 이 모습은 사뭇 프로이드의 초자아, 자아, 본능적 상태와 유사하다.

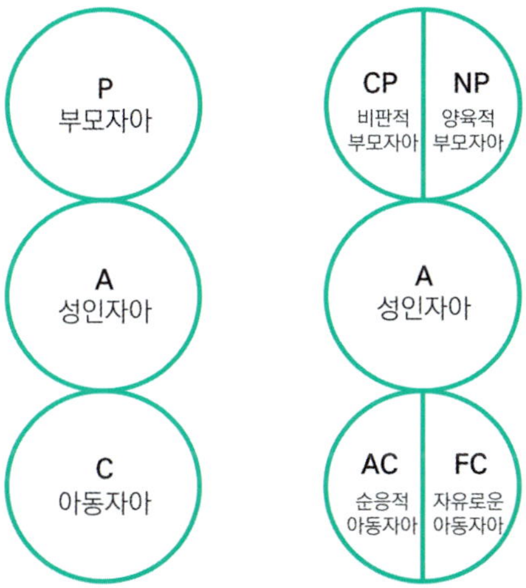

[그림 6-9] Berne의 자아상태 도식

(1) 부모자아

부모자아(parent ego stage)는 어렸을 때 자신을 둘러싼 부모나 형제와 같은 주변 인물로부터 받아들인 것들이 내면화되어 형성된 자아이다. 부모자아는 학습된 것으로 부모의 자신에 대한 태도, 행동, 적용 규칙, 예절 등에 의해 형성된다. 내면화된 자아형태에 따라 부모자아는 비판적 부모자아(critical parent ego)와 양육적 부모자아(nurturing parent ego)로 나뉜다.

(2) 성인자아

성인자아(adult ego stage)는 논리적 · 비정서적인 표현으로 나타난다. 현실감각에 기초하여 검증되고 객관적인 자료로 삶을 바라본다. 합리적인 태도로 종합적인 결론을 도출할 수 있는 자아상태이며 안정적이다.

(3) 아동자아

아동자아(child ego stage)는 연령과 관계없이 어린아이와 같은 충동을 보인다. 아동자아는 생활의 기쁨, 창조성, 자발성, 직관, 즐거움, 흥미를 부여하기 때문에 인성발달에 중요한 역할을 한다. 내면화된 자아형태에 따라 아동자아는 순응적 아동자아(adapted child ego)와 자유로운 아동자아(free child ego)로 나뉜다.

세 가지 자아상태의 특징은 다음 표와 같다.

구분		특성	언어	소리, 말투	자세, 동작, 표정, 몸짓
P	CP	편견적 징벌적 비판적 배타적	당연하지 말 한대로 해 못 쓰겠군 멍청하긴 안 하면 안돼	단정적 조소적 강압적 교훈적 설교적 비난	전능자적 지배적 도전적 주먹으로 책상을 친다 깔본다
	NP	구원적 보호적 위안 배려 동정	해드리지요 알겠어요 잘되었어요 염려마세요 할 수 있어요 걱정마세요	온화 안심 애정적 따스함 부드러움	손을 내민다 미소를 띤다 수용적 어깨에 손을 얹는다 천천히 귀를 기울인다

<table>
<tr><th colspan="2">구분</th><th>특성</th><th>언어</th><th>소리, 말투</th><th>자세, 동작, 표정, 몸짓</th></tr>
<tr><td>A</td><td>A</td><td>사실적
평가적
객관적
합리적
분석적</td><td>누가
왜
언제
어디서
구체적 언어</td><td>차분한 소리
단조로움
일정한 음조
냉정
명료</td><td>주의깊게 듣는다
관찰적
안정된 자세
상대편의 눈과 마주친다
때로는 타산적
생각을 종합한다</td></tr>
<tr><td rowspan="2">C</td><td>AC</td><td>순응적
억제
반항적
의존적</td><td>곤란한데요
해도 좋을까요
잘 모르겠어요
슬프다</td><td>소근대다
자신이 없다
끈덕지다
조심스럽다</td><td>정면으로 안본다
마음을 쓴다
탄식
동정을 구하다
침울하다</td></tr>
<tr><td>FC</td><td>본능적
창조적
감정적
호기심
행동적</td><td>감탄사
좋아요. 싫어요
갖고싶다
해줘요
못해요
도와줘요</td><td>개방적
느긋함
자유로움
감정적
흥분적</td><td>자유로운 감정표현
자발적
잘 웃는다
장난꾸러기
유머가 풍부함</td></tr>
</table>

출처 : 김현수 역(2000). 교류분석. 민지사.

건강한 자아상태를 가진 사람은 부모자아, 성인자아, 아동자아가 적절하게 균형을 맞춘다. 자아상태를 자유롭게 선택할 수 있으며, 그 경계에도 때에 따라 융통성이 있다. 그러나 자아상태의 경계가 파손되거나 경직된 경우 특정한 자아상태가 지배적이거나 기능적인 장애가 일어난다.

그 대표적인 형태는 오염(contamination)과 배제(exclusion)인데, 오염은 하나의 자아상태가 다른 자아상태를 침범하여 경계가 파손된 것을 말한다. 예를 들어 부모자아와 아동자아가 성인자아를 침범한 경우 정신병리적인 성격이 나타난다. 배제는 자아상태의 경계가 지나치게 경직되어 자아상태 간의 교류가 차단된 것을 말한다. 예를 들어 부모자아와 아동자아의 영향이 지나치게 배제된 성인자아상태에 고착된 사람은 지나치게 논리적이고 감정표현이 거의 없는 성격특성을 나타낸다.

3) 상호교류방식

상호교류분석 이론은 자아상태에 따라 의사소통, 즉 교류 유형이 달라진다고 본다. 그 유형은 상보적 상호교류(complementary transaction), 교차적 상호교류(crossed transaction), 암시적 상호교류(ulterior transaction)가 있다.

(1) 상보적 상호교류

상보적 상호교류(complementary transaction)는 자연스럽고 건강한 의사소통상태로, 자극과 반응이 같은 자아상태를 향하는 것을 말한다.

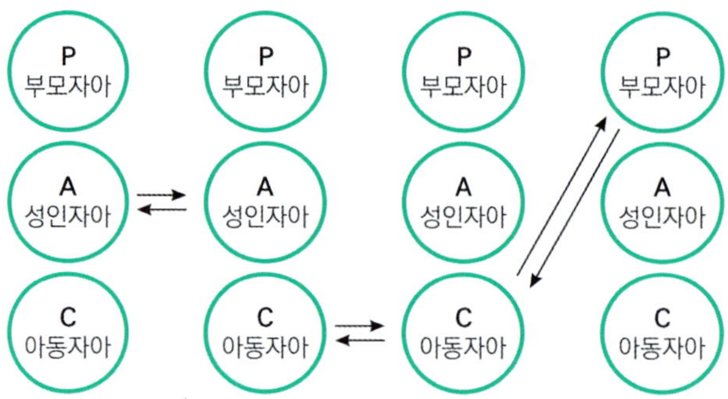

[그림 6-10] 상보적 상호교류의 형태

위 그림처럼 개인의 자극과 반응이 상호 간 평행하거나 상호보완적인 경우에만 의사소통이 원활하다. 예를 들어 자녀가 "엄마, 엄마가 내 엄마여서 좋아요"라고 하면, 엄마도 "그래, 나도 네가 엄마 딸이어서 좋아"라고 대답하는 경우 부모 자아와 아동 자아 간의 상보적 상호교류가 나타난 것이다.

(2) 교차적 상호교류

교차적 상호교류(crossed transaction)는 서로 다른 자아상태로 자극과 반응이 교차되어 이루어지는 것을 말한다.

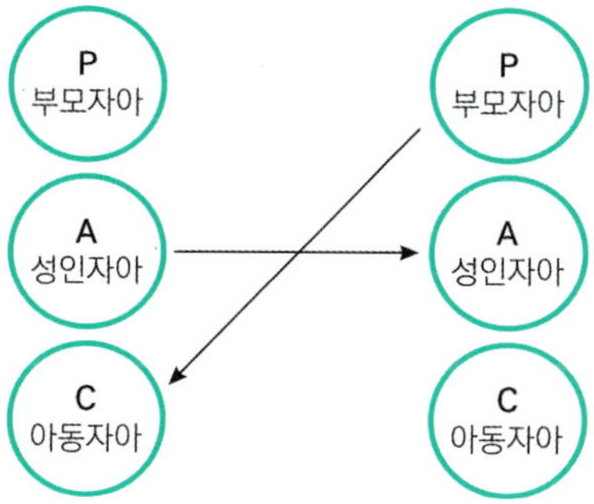

[그림 6-11] 교차적 상호교류의 형태

위 그림처럼 성인자아상태로 문제를 합리적으로 해결하려고 하지만 부모자아나 아동자아로 반응하면서 갈등이 유발된다. 예를 들어, 아내가 "내 차키 못 봤어요?" 하고 물어보자 남편이 "대체 정신을 어디 두고 다니는 거야?"라고 한다면 성인자아상태로 상호작용하는 아내에게 비판적 부모자아상태가 아동자아상태를 꾸짖는 방식의 반응을 보인 경우, 교차적 상호교류의 형태가 나타난 것이다.

(3) 암시적 상호교류

암시적 상호교류(ulterior transaction)는 이면적 혹은 잠재적 교류라고도 하는데 내면의 심리적 메시지와 겉으로 드러난 사회적 메시지가 서로 다른 의사소통을 말한다.

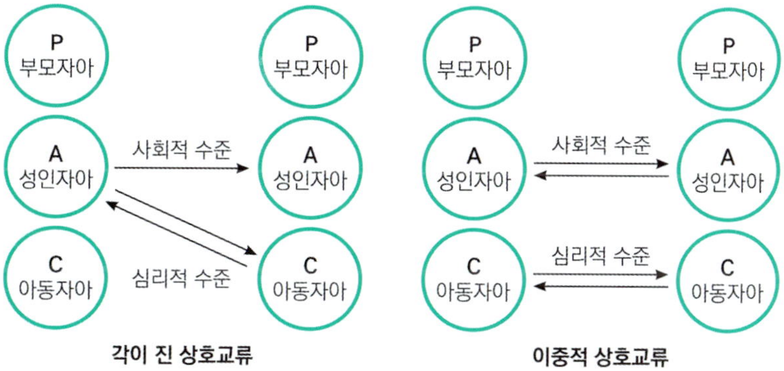

[그림 6-12] 암시적 상호교류의 형태

앞의 그림처럼 암시적 상호교류는 각이 진 상호교류(angular ulterior transaction)와 이중적 상호교류(duplex ulterior transaction)로 나뉜다. 대부분의 성인들이 사용하는 심리적 방법으로 세 가지 이상의 다른 자아상태가 의사소통에 참여한다. 예를 들어, 점원이 "이 신발이 저 신발보다는 좋지만, 지금 손님 사정으로는 어려울 수 있겠네요." 라고 했을 때, "아니오. 이 신발으로 주세요."라고 한다면, 점원은 성인자아상태로 객관적인 정보를 제공하고 있지만, 사실 내면의 메시지는 상대방의 아동자아상태를 자극하고 있다. 그리고 손님은 아동자아상태로 반응을 보이고 있다. 만약 "저 신발 보세요. 참 예쁘지요?"라고 하면서 "저도 어렸을 때 저런 예쁜 신발을 갖고 싶었어요."라고 말한다면, 객관적인 정보를 제공하는 성인자아상태로 말하고 있지만(자극), 내면의 메시지는 예쁨을 즐거워하는 아동자아상태의 신호를 보내고 있다(자극). 이에 손님은 사회적 메시지와 심리적 메시지에 반응을 보인다.

4) 생활자세 발달

상호교류이론은 인간 누구나 인정을 받고자 하는 욕구가 있으며, 이를 충족시키기 위해 상호교류 시 스트로크를 주고받는다고 보았다. 스트로크란 '쓰다듬기'라는 뜻으로 교류분석에서는 자극과 반응의 기본단위로서, 이러한 접촉을 통해 기본적 인생태도, 즉 생활자세가 발달한다고 보았다.

(1) 자기긍정 - 타인긍정 (I'm OK - You're OK)

이 유형은 자신과 타인에 대해 만족하며 평안함을 느끼는 건전한 상태이다. 자녀는 부모로부터 신체적 접촉, 돌봄, 격려 등의 긍정적인 쓰다듬기를 받음으로써 자신과 타인에 대한 긍정적 가치를 인식한다. 활동 동기와 욕구가 강하고, 아무런 거리낌 없이 표현하며 수용하기 때문에 건강하게 성장할 수 있다.

(2) 자기긍정 - 타인부정 (I'm OK - You're not OK)

이 유형은 타인을 부적절하고 가치롭지 않게 여긴다. 자녀가 유아기에 부모나 다른 사람으로부터 심한 정서적 · 신체적 학대를 경험한 경우, 이러한 생활자세가 형성된다. 이 자세를 가진 성인은 자신을 희생자라고 여긴다. 자기주장만 내세우기 때문에 원만한 사회적 관계를 형성하기 어려우며, 본인 자신에 대해서도 불안해하며 집착적인 사고를 한다.

(3) 자기부정 - 타인긍정 (I'm not OK - You're OK)

이 유형은 자기 스스로 타인과 비교하여 열등하다고 느끼거나 부적절하다고 여긴다. 자녀가 유아기에 부모로부터 애정적인 양육을 충분히 받지 못한 경우, 이러한 생활자세가 형성된다. 타인으로부터 인정을 받을 때만 자신을 가치롭게 여기고 쉽게 좌절하며 경쟁을 피하고 감정적 도피처를 찾는 경향이 있다.

(4) 자기부정 - 타인부정 (I'm not OK - You're not OK)

이 유형은 인간관계에 대해 근본적으로 부정적이며 자신을 포함하여 어느 누구도 믿지 않는다. 자녀가 부모로부터 거의 부정적인 스트로크를 경험했을 경우, 이러한 생활자세가 형성된다. 인생을 가치없는 것으로 여기기 때문에 생의 의욕을 잃거나 반사회적인 행동을 하는 정신병리적 성격의 위험한 생활자세이다.

다음 표에 내용을 정리해 보세요.

자기	타인	영어 표현	특징
긍정	긍정		
긍정	부정		
부정	긍정		
부정	부정		

다음의 언어를 사용하는 사람의 생활자세를 유추해 보세요.

1) 괜찮아 다 잘 될 거야. →
2) 내 생각이 분명히 맞을 거야. →
3) 다 소용없어. →
4) 넌 좋겠다. 공부 잘해서. →

3. Ginott : 인본주의적 부모교육 이론

1) 배경 및 목표

기노트(Ginott)의 인본주의적 부모교육 이론은 매슬로우, 로저스 등으로 이어지는 인본주의 심리학 이론에 근거를 두고 있다. 그는 액슬린(Axline)의 놀이치료를 배우며 자녀의 성장에 부모의 관심과 정서적 경험이 중요하다는 점을 알게 되었다. 그는 자신의 저서 『*Between parent and child*』에서 부모 - 자녀 간의 문제는 부모 자신의 성격요인보다는 자녀 양육방식에 대한 무지로 발생한다고 보고, 부모의 변화나 자녀의 변화를 위한 심리치료나 상담보다 부모교육의 필요성을 강조하였다.

인본주의적 부모교육 이론은 부모가 자녀를 수용하고 효과적으로 반응할 수 있는 기술을 갖도록 하는 데 목표를 두고 있다. 또한 부모가 자녀의 입장에서 생각하고 반응하여 자녀 스스로 자신을 인정하고 수용할 수 있도록 돕고, 건강하게 기능하는 부모 - 자녀 관계 형성 능력을 습득하는 것을 중점으로 삼는다.

2) 자녀의 감정 이해하기

인본주의적 부모교육 이론은 부모가 자녀를 독립된 인격체로 바라볼 수 있도록 돕고자 한다. 이를 위해서 부모는 자녀의 상황과 감정을 이해하고 수용하여 바람직한 방법으로 의사소통해야 한다.

(1) 자녀의 감정에 반응하기

자녀들의 말과 행동에는 전달하고자 하는 감정적 메시지가 숨어있다. 부모에게는 자녀의 말의 내용보다는 숨어있는 메시지를 파악하는 암호해독과 같은 기술이 필요하다.

"엄마, 코로나 때문에 사람들이 많이 죽어요?"
"우리나라에서 몇 명이나 죽었어요?"
"아이들도 많이 죽었어요?"
"코로나에 걸릴까봐 걱정이 되는구나?"

자녀가 이러한 질문을 한다면, 아이는 사회적인 이슈나, 실제로 죽은 사람 수를 궁금해 하는 것이 아닐 가능성이 크다. 자신도 병에 걸리면 죽을 수 있다는 두려움이나 걱정이 질문의 초점이었을 수 있다.

자녀의 계속적인 질문에 부모는 피로함과 귀찮음을 느낄 수 있다. 그러나 자녀의 말 속에 숨겨진 감정을 알아챌 수 있다면, 이러한 질문의 반복을 줄이고 질문과 대답을 통해 자녀의 숨겨진 마음을 읽어 줄 수 있다.

(2) 자녀의 감정 존중하기

자녀의 자존감은 자신의 감정이 존중받을 때 높아진다. 다시 말해 작은 감정이라도 돌봄을 받고 소중히 여겨지고 있다는 것을 느낄 때, 자신을 독립적이고 중요한 결정을 내릴 수 있는 인격체로 생각하게 된다.

"비가 와서 자전거를 탈 수가 없어!"
"자전거를 타고 싶었는데, 비가 와서 정말 속상하구나."

부모는 자녀의 말을 경청하여 충분히 이해하고 있음을 표현해야 한다. 자녀에게 조언을 하거나 충고를 할 때에도 자녀의 감정을 헤아려 주고 부모의 감정과 생각을 표현하는 것이 좋다.

(3) 자녀의 감정 수용하기

자녀에게는 긍정적인 감정과 부정적인 감정이 함께 있다. 또한 한 가지 사건에 대해서도 좋아하는 마음과 싫어하는 마음이 공존할 수 있다. 감정이란 일시적이지만 매우 강렬하여 영원할 것처럼 우리의 이성을 흔들어 놓기도 한다.

이에 자녀에게도 상반된 감정의 존재를 인정할 수 있도록 대화해야 한다. "기분이 좋지 않아 보이네. 속상한 일이 있었니?", "공부하기 싫은 마음도 있지만, 해야 한다고 생각하는 마음도 있어.", "혜진이가 얄밉지만, 같이 놀고 싶은 마음도 있어." 등 감정을 이해하고 수용하고 다스릴 수 있도록 해야 한다. 부모가 먼저 이러한 감정의 특성을 이해할 때 부모의 언어로 자녀의 감정을 객관화시켜 줄 수 있다.

3) 훈육원리

(1) 무조건 칭찬하지 않기

칭찬은 평가가 되기 쉽다. 행동의 결과에 대한 칭찬은 판결처럼 느껴질 수 있으며, 자녀 입장에서는 추상적이고 피상적으로 여겨진다. 또한 자신의 행위보다 과한 칭찬의 경우, 오히려 죄책감과 자신감 위축을 가져올 수도 있다. 따라서 칭찬은 자녀의 구체적인 행동과 그 행동이 미친 결과나 부모의 감정을 표현하는 것이 좋다.

〈칭찬의 좋지 않은 예〉

부모 : 신발을 정리했네? 역시 넌 천사야.

자녀 : (난 천사 같지 않을 때도 있는데...)

〈칭찬의 좋은 예〉

부모 : 신발을 정리했구나!
자녀 : 네!
부모 : 엄마가 바빴는데, 네 덕에 일손 덜었구나. 고맙다!
자녀 : (내가 엄마를 도왔구나. 잘한 일이야.)

두 예에서 보는 바와 같이, 부모가 사용하는 대화방식에 따라 자녀가 경험하는 자아인식과 감정은 현저하게 달라진다. 칭찬의 좋지 않은 예에서 자녀는 구체적으로 칭찬받지 못했으며, 행동보다 과한 칭찬을 받음으로써 죄책감을 느낄 수 있다.

칭찬의 좋은 예에서 자녀는 자신의 행동이 부모에게 어떠한 영향을 미쳤는지 구체적으로 들을 수 있었으며, 자신의 행동에 대해 스스로 평가를 내리고 있다. 따라서 칭찬을 할 때는 자녀가 성취한 일에 대해 어떤 점이 마음에 들고 높이 평가되었는지 명확하게 표현해야 한다.

칭찬의 좋지 않은 예와 좋은 예를 만들어 보세요.

<칭찬의 좋지 않은 예>

부모 : 식탁에 수저를 놓았구나! 대단한 걸!
자녀 : (   )

<칭찬의 좋은 예>

부모 : 식탁에 수저를 놓았구나!
자녀 : 네!
부모 :
자녀 : (   )

(2) 비판하지 말고 이끌기

부모에게도 감정이 있다. 이에 부모는 자녀의 잘못이나 실수에 대해 놀라거나 안타까워하며 자녀를 비난하기 쉽다. 자녀의 성격이나 행동을 비난하기보다는 문제에 대해 이야기를 하며, 부모 스스로의 감정을 차분히 하고 해결책을 제시하면서 자녀를 이끌어주어야 한다.

〈비판하기의 예〉

자녀 : (물 컵을 엎지름)

부모 : 아이쿠! 내가 들고 있을 때부터 이럴 줄 알았어! 그러게 쟁반에 받쳐 오라고 몇 번을 말해! 하여튼 말을 안 듣는다니까!

자녀 : (치! 그러니까 왜 나한테 시켜? 엄마가 하지.)

〈이끌기의 예〉

자녀 : (물 컵을 엎지름)

부모 : 아이쿠! 물이 쏟아졌네! 다치지는 않았어? 다른 잔하고 행주를 가져와야겠다.

자녀 : 행주 가져 올게요(다음부터 조심해야겠다고 생각함).

두 예에서 보는 바와 같이, 부모가 사용하는 대화방식에 따라 자녀가 경험하는 상황과 감정은 현저하게 달라진다.

비판하기의 예에서 자녀는 과거와 현재, 그리고 미래의 상황까지 비난받고 있다. 또한 실수보다 과한 비판을 받음으로써, 부모를 비난하고 탓하고 싶은 충동이 일어나기도 한다.

이끌기의 예에서 자녀는 자신의 실수에 대한 객관적인 상황을 부모의 말을 통해 들을 수 있었다.

부　모 : 물이 쏟아졌네!

그리고 상황보다 자신을 걱정해주고 생각해주는 부모의 마음을 느낄 수 있었다.

부　모 : 다치지는 않았어?

부모는 자녀에게 당황스러운 감정이 앞서는 상황에서 어떠한 행동을 할 수 있는지 해결책을 제시했다.

부　모 : 다른 잔하고 행주를 가져와야겠다.

이제 자녀는 자신의 행동을 결정하고(행주 가져 올게요), 실수에 대해 객관적으로 생각할 수 있는 여유를 얻었다(다음부터 조심해야겠다고 생각함).

따라서 자녀의 실수나 잘못에 대해 반응할 때는 객관적인 상황과 상황에 대한 자녀의 감정과 안위를 먼저 살펴야 한다. 그리고 사안에 따라 해결책을 제시하거나 함께 논의하는 방식으로 자녀를 이끌어야 한다.

비난하기의 예와 이끌기의 예를 만들어 보세요.

<비난하기의 예>

자녀 : (엄마 안경을 책상에서 떨어뜨림)
부모 : ______________________________
자녀 : (　　　　　　　　　　)

<이끌기의 예>

자녀 : (엄마 안경을 책상에서 떨어뜨림)
부모: ______________________________
자녀 :

(3) 책임 부여하기

책임을 진다는 것은 독립된 인격체로서 선택의 권리와 그에 따르는 의무를 다한다는 의미이다. 자녀가 독립된 인격체로 성장한다는 것은 점차적으로 부모에게 의존하던 것들이 줄어들고 스스로 선택하고 결과를 수용하는 빈도가 늘어나는 것이다. 부모는 자녀에게 선택의 기회들을 제공함으로써 책임감을 길러줄 수 있다. 긍정적인 결과에 대해서나 부정적인 결과에 대해서 자녀가 먼저 감정을 느끼고 표현할 수 있도록 격려해야 한다.

〈책임을 부여하지 않는 예〉

자녀 : 나 수철이랑 안 놀아!
부모 : 아니 왜 또! 친구랑 싸우면 안 되지. 무슨 일 있었어? 내일 유치원 가면 누구랑 놀 거야. 그러지 말고 수철이랑 친하게 지내.
자녀 : 안 놀아!

〈책임 부여하기의 예〉

자녀 : 나 수철이랑 안 놀아!
부모 : 수철이랑 놀고 싶지 않구나!
자녀 : 응, 안 놀아! 나한테 거짓말 했어.
부모 : 수철이가 거짓말을 했어? 그래서 이렇게 화가 났구나!
자녀 : 응, 나한테 거짓말해서 화났어. 다른 친구랑 놀 거야.
부모 : 수철이한테 단단히 화가 났네. 다른 친구랑 놀 생각을 하고.
자녀 : 근데, 미안하다고 하면 수철이랑 놀 거야. 다른 애들은 재미없어.

두 예에서 보는 바와 같이, 부모가 사용하는 대화방식에 따라 자녀가 선택하는 결론의 범위는 현저하게 달라진다.

책임을 부여하지 않는 예에서 자녀는 자신의 문제를 화난 감정과 함께 털어놓았다. 이 한 마디에 부모는 훈계, 지시, 명령 등으로 문제를 해결해 주려고 한다. 자녀는 문제에 대한 자신의 생각과 감정에 아무런 변화를 일으키지 못한다.

책임을 부여하는 예에서 부모는 자녀가 하는 말 이면에 화난 감정이 있다는 사실을 인지하고, 자녀의 말을 거울에 비추듯이 반영하여 보여주었다.

부　모 : 수철이랑 놀고 싶지 않구나.

자녀는 자연스레 자신이 왜 놀지 않기로 마음을 정했는지 이야기할 수 있게 되었다(나한테 거짓말 했어). 부모의 지속적이고 객관적인 반영에 자녀는 자신의 문제에 대한 초점과 해결방안을 찾아 접근할 수 있었다(근데, 미안하다고 하면 수철이랑 놀 거야. 다른 애들은 재미없어).

따라서 자녀에게 책임을 부여하고 책임감을 기르도록 하기 위해서는 자녀의 말과 생각, 감정, 행동에 대한 모든 범위에 대해 자신이 해결방안을 찾아가도록 안내해야 한다. 짧은 시간에 대화로 문제가 해결되는 경우도 있지만, 그렇지 않은 경우라도 부모는 믿고, 들어주고, 기다리며 자녀의 방식을 따라가 주어야 한다.

책임을 부여하지 않는 예와 책임을 부여하는 예를 만들어 보세요.

<책임을 부여하지 않는 예>

유아 : (읽은 책을 그대로 두고, 다른 영역으로 이동함)
교사 :
유아 :

<책임을 부여한 예>

유아 : (읽은 책을 그대로 두고, 다른 영역으로 이동함)
교사 :
유아 :
교사 :
유아 :

(4) 적절히 통제하기

인본주의 부모 - 자녀 관계 이론의 인간존중은 인간의 존재에 대한 수용을 강조하고 있다. 즉, 자녀의 잘못된 행동을 존중하고 수용하고자 함이 아니다. 이에 자녀가 원하는 바를 인정하고 간단한 말로 표현해주고, 잘못된 행동에 대해서는 통제하는 말을 사용해서 자신의 행동범위를 가늠할 수 있도록 도와야 한다. 그리고 자녀가 수용할 수 있는 정도의 대안이나 방법을 제시하고 함께 모색할 수 있다.

〈통제하지 않는 예〉

자녀 : (장난감을 정리하지 않고, 다른 장난감을 꺼낸다)

부모 : 장난감을 제자리에 놓아야지! 항상 네 맘대로야. 엄마도 모르겠다! 다 놀고 깨끗이 정리하지 않으면 혼날 줄 알아!

자녀 : (귀 기울여 듣지 않고, 하던 행동을 계속한다)

〈적절히 통제하기의 예〉

자녀 : (장난감을 정리하지 않고, 다른 장난감을 꺼낸다)

부모 : 민수야, 다른 장난감으로 놀고 싶구나!

자녀 : (엄마를 본다)

부모 : 장난감을 정리하고 다른 것을 꺼내자. 다른 친구가 놀 수 없어.

자녀 : (잠시 멈추더니, 하던 행동을 계속한다)

부모 : (다가가서 눈을 마주치고) 엄마가 정리하는 것 도와줄까?

자녀 : (고개를 끄덕인다)

부모 : 혼자 정리하는 게 어려웠구나. 정리하고 다른 걸 꺼내보자!

두 예에서 보는 바와 같이, 부모가 사용하는 대화방식에 따라 자녀의 반응은 현저하게 달라진다. 통제하지 않는 예에서 부모는 자녀의 행동에 대해 명령, 자신의 걱정, 포기, 협박 등의 언어로 대화하고 있다. 자녀는 쏟아지는 모든 말들을 듣지 않고 자신의 행동을 수정하지 않는다.

적절히 통제하기의 예에서 부모는 자녀의 욕구를 그대로 이야기 해주고 있다.

부 모 : 민수야, 다른 장난감으로 놀고 싶구나!

즉, 잘못된 행동보다는 자녀의 욕구에 더 관심을 기울이고 있는 것이다. 그리고 자녀가 눈길을 엄마에게 돌리자 자녀가 할 수 있는 행동과 그 이유를 짧게 설명한다.

부 모 : 장난감을 정리하고 다른 것을 꺼내자. 다른 친구가 놀 수 없어.

자녀가 행동을 수정하지 않자, 부모는 포기하거나 훈계하는 대신 다가가서 또 다른 제안을 한다.

부 모 : 엄마가 정리하는 것 도와줄까?

이는 자녀의 연령이나 수준에서 도움을 받을 때 해낼 수 있는 부분을 파악하고 접근하는 것이다.

부 모 : 혼자 정리하는 게 어려웠구나, 정리하고 다른 걸 꺼내보자.

마지막으로 자녀의 능력을 비난하는 대신 자녀가 처한 현재의 사실과 놀이에 대한 기대감을 주는 언어들을 사용하고 있다.

따라서 적절히 통제하기는 자녀에게 안전한 바운더리 안에서 자유를 경험할 수 있도록 하는 훈육방식이다. 특히 잘못된 행동 이면에 자녀의 욕구나 감정이 숨어있음을 인지하여 차근차근 대화해 나가야 한다. 자녀는 유아기에 되는 것과 안 되는 것에 대해 잘 배울 수 있으며, 부모는 통제가 필요한 상황에 두려움을 느끼지 말고, 확신있고 일관성 있는 태도로 행동반경을 설정해 주어야 한다.

통제하지 않는 예와 적절히 통제하는 예를 만들어 보세요.

<통제하지 않는 예>

자녀 : (식당에서 밥을 먹다가 자꾸 일어나 돌아다니려고 함)
부모 :
자녀 :

<적절히 통제하는 예>

자녀 : (식당에서 밥을 먹다가 자꾸 일어나 돌아다니려고 함)
부모 :
자녀 :
부모 :
자녀 :
부모 :
자녀 :

4. 행동주의적 부모 - 자녀관계 이론

행동주의적 부모 - 자녀관계 이론은 행동주의 심리학에 기초를 두고 있다. 이 이론에서 강조하고 있는 바람직한 부모의 역할은 자녀에게 좋은 모델이 되어주는 것이다. 행동주의 이론에서는 인간의 모든 행동은 학습의 결과라고 본다. 따라서, 자녀의 대부분의 행동은 개인과 환경의 상호작용에 따라 학습된 것이므로, 관찰 및 측정이 가능한 행동들을 선별 · 분석한 후에 행동을 수정 또는 강화함으로써 행동을 변화시킬 수 있다고 본다.

1) 배경 및 목표

왓슨의 심리학에 근거한 [영아 및 아동의 심리학적 양육(Psychological care of infant and child)]의 발표와 이와 관련된 부모교육이 이루어지면서 행동주의적 양육 방법은 부모 - 자녀 관계와 교육에 큰 영향을 미쳤다. 행동주의 심리학자인 1948년 스키너(Skinner)의 [웰던 투(Walden Two)]는 유아발달이론과 부모 - 자녀관계에 행동주의 이론을 적용시키는 활력소가 되었으며 이러한 이론적 발달은 부모로서의 기술을 훈련하는 행동관리적 견해를 확대시키는 계기가 되었다. 이 책의 내용은 유아발달 및 부모 - 자녀관계의 이상적인 발달, 부모의 역할 훈련 기술, 영유아 행동을 계획하여 변화시키는 기술 등에 관한 것으로 이 책에 의해 행동주의적 기술이 부모교육에 광범위하게 적용되었다.

행동주의 이론을 적용한 부모교육의 목적은 부모가 스스로를 영유아의 환경에서 가장 영향을 미치는 요소로 보고 자녀의 문제행동을 변화시킬 책임을 가진 존재라는 것을 인식하는 것이다. 따라서 부모는 훈련을 통해 자녀의 바람직한 행동과 바람직하지 못한 행동 유형을 평가하고 진단할 수 있어야 한다. 부모는 자녀의 행동을 지도하고, 발달시키며 통제할 수 있는 기술을 익히고 향상시키는 데 중점을 두고, 이에 필요한 체계적 부모역할 기술을 습득하는 데 목표를 둔다. 행동주의 이론에 근거한 부모교육의 일반적인 목표는 다음과 같다.

- 행동수정이론의 기본적인 원리를 배우고 훈련한다.
- 자녀 행동을 관찰하는 기술과 평가하는 원리를 습득한다.
- 자녀 행동에 행동수정의 원리를 적용하여 행동의 변화를 유도한다.

2) 행동수정 양육이론

행동수정의 원리는 객관적이고 과학적인 방법으로 자녀의 행동과 환경자극 간의 조작적 조건형성을 통하여 자녀의 행동 변화를 유도하는 것이다. 따라서 행동이 발생한 장소, 시간, 사건과 사건의 간격 등 자녀에게 영향을 주는 자극을 조작적으로 형성하여 자녀의 행동 변화를 유도한다.

행동수정이론에서 활용하고 있는 기초이론은 크게 세 가지로 구분할 수 있다(유안진, 1990; 이숙, 우희정, 최진아, 이춘아, 2009).

(1) 모방학습이론(modeling theory) :

- 자녀는 환경의 영향을 통해 학습함
- 주요 환경인 부모 행동을 모방하므로 부모가 모범을 보이는 것이 중요함

(2) 조작적 조건형성이론(operant conditioning theory) :

- 인위적으로 자극과 반응을 조정하여 자녀의 특정 행동에 보상・격려함
- 불쾌한 경험이나 회피행동, 무시 등을 통해 바람직하지 못한 행동 소거

(3) 고전적 조건형성이론(classical conditioning theory) :

- 자극과 반응을 짝지어 반복 제시.
- 바람직한 행동 조건형성을 통해 행동화, 부정적인 행동은 소거시키는 방법

3) 행동수정 양육원리

행동수정이론에서는 다음과 같이 다섯 가지 원리를 제시하고 있다(김명희, 2003; 이숙 외, 2002; 김진영 외, 2001; 김영옥, 2008).

각각의 양육원리에 대한 구체적인 내용은 다음과 같다.

(1) 새로운 행동 강화 원리

① 정적 강화 원리

- 바람직한 행동에 보상을 주어 바람직한 행동이 일어나도록 하는 과정.
- 특정 행동의 발생빈도나 강도를 높이고자 물건, 미소, 칭찬 등을 사용
- 예시 : "~하면 ~사줄게.", "~하면 엄마랑 문구점에 갈 수 있어."

② 부적 강화 원리

- 바람직한 행동을 방해하는 요인을 제거하여 바람직한 행동이 일어나도록 하는 과정.
- 자녀가 싫어하는 자극을 제거하여 바람직한 행동이 일어나도록 하는 과정.
- 예시 : 기대행동 - 자기 신발 스스로 정리하기(바람직한 행동).
  부적강화 - 안 신는 신발들을 박스에 함께 담는다(바람직한 행동 방해요인 - 환경변화).

(2) 새로운 행동 발달 원리

① 모방 원리

- 바람직한 행동을 하는 영향력 있는 사람을 관찰 모방할 기회 제공
- 모델링으로 통해 새로운 행동을 가르침,

② 신호제시 원리

- 바람직하지 못한 행동이 나타나기 전에 신호를 보냄.
- 상황변화 등을 예측할 수 있도록 미리 안내함.
- 예시 : 정수기 온수를 만지려고 할 때, 소리를 냄.

③ **변별 원리**

• 특정 상황에서 자녀가 바람직한 행동을 할 수 있도록 상황 구별 신호 발견을 도와줌.

• 자녀의 행동이 신호에 적합할 때만 강화하고 격려함.

• 예시 : "바늘이 숫자 3에 가면, 집으로 가는 거야."

④ **점진적 쇠퇴 원리**

• 새로운 행동이 습득되면 행동단서를 점진적으로 제거함.

• 예시 : "엄마 없이 요 앞 마트에 가볼래?"

(3) 새로운 행동 유지 원리

① **간헐적 강화 원리**

• 새로운 행동 유지를 위해 자녀에게 규칙적으로 강화 자극을 제시함

• 새로운 행동 출현 속도와 후속하는 소멸의 속도를 높이거나(바람직한 행동) 낮춤(바람직하지 않은 행동).

• 예시 : 아침에 이닦기가 잘 이루어지면 아침마다 저금통에 100원씩 모아줌

② **대체 원리**

• 이미 효과가 없는 강화물을 더 효과있는 강화물을 주기 직전에 함께 줌

• 이미 효과가 없어진 강화물로 자녀를 강화시킬 필요가 있을 때 활용

(4) 부적절한 행동 중단 원리

① **정적 처벌 원리**

• 바람직하지 못한 행동을 그만두도록 하기 위해서 혐오자극을 더하는 과정.

• 자녀가 싫어하는 자극으로 인해 바람직하지 못한 행동의 빈도나 지속성이 감소

되는 것

- 예시 : 손가락 빠는 행동(바람직하지 않은 행동)을 중지시키기 위해 손에 밴드를 감아놓는 상태(처벌).

② **부적 처벌 원리**

- 바람직하지 못한 행동을 그만두도록 하기 위해서 호감자극을 제거하는 과정.
- 자녀가 좋아하는 자극을 없앰으로써 바람직하지 못한 행동의 빈도나 지속성이 감소되는 것
- 예시 : 손가락 빠는 행동(바람직하지 않은 행동)을 중지시키기 위해 간식의 양을 줄임.

③ **포화 원리**

- 자녀의 바람직하지 못한 행동을 그만두게 하기 위해 그 행동에 싫증이 날때까지 계속적으로 허용하거나 강요함
- 예시 : 아침 기상시간을 어길 경우, 침대에 계속 누워있도록 강요함.

④ **소거 원리**

- 바람직하지 못한 행동을 한 후 기대한 것을 받지 못하도록 하는 과정
- 무관심과 무시도 해당됨.
- 예시 : 관심끌기 위해 넘어지는 행동을 하는 경우, 무시함.

⑤ **대체행동 강화 원리**

- 바람직하지 않은 행동과 모순되거나 동시에 할 수 없는 대체적 행동을 강화
- 예시 : 영유아가 여름에 겨울 양말이나 옷을 고집하는 경우, 여름 옷을 입고 있을 때 강화를 줌.

(5) 정서적 반응수정 원리

① 회피원리

- 특정한 상황을 피하도록 가르치기 위해서 피해야 할 상황과 불쾌한 상황을 동시에 제시함
- 예시 : 조심해야 할 사람 혹은 동물이 있는 환경에서 접촉을 아예 피하도록 유도함.

② 공포감소의 원리

- 특수한 상황에 대한 공포를 극복하도록 도와주기 위해서 자녀가 정서적 안정감을 갖고 있을 때 공포자극이나 상황을 제시하여 영유아가 공포를 격는 상황에서 지내는 시간을 점차적으로 늘려 극복하도록 함
- 예시 : 자녀의 기분이 좋거나 안정적일 때(공포정서 경험 감소원인) 예방접종을 함(공포상황).

4) 방법 및 전략 : 행동수정 과정

행동수정의 주요 원칙은 관찰과 측정이 가능한 행동을 대상으로 한다. 부모는 행동지도를 위해 객관적인 관찰로 목표행동을 설정하고, 정확한 기록을 통하여 행동수정의 원리를 적용해야 한다. 행동지도의 절차는 목표행동의 설정, 목표행동과 관련된 자료 수집 및 기록, 행동분석, 행동수정기법의 적용 등 4단계를 거친다.

(1) 목표행동의 설정

목표행동이란 변화되기를 바라는 행동이나 길러주고 싶은 행동 또는 문제가 되는 행동을 의미한다. 목표행동은 관찰 가능하고, 측정 가능한 행동으로 표현되어야 한다. 한 가지 문제행동을 수정해 나가는 것을 '단위행동' 이라고 할 때 '목표행동'은 작은 문제행동이다. 즉, 자녀의 행동 변화는 한꺼번에 이루어지는 것이 아니기 때문에, 작

은 목표행동을 두고 순차적이고 단계적으로 시행하여야 한다.

- 목표행동 선정 : 관찰 가능한 단위행동
- 목표행동 분별 : 자녀가 스스로 조정 가능한지, 환경적 자극에 의한 것인지, 복합적인 요인에 의한 것인지
- 목표행동 수정계획 수립 : 수정 우선순위 정하기

(2) 목표행동과 관련된 자료 수집 및 기록

목표행동에 내해 직접적인 관찰방법을 통해 행동 빈도를 측정하는 것이다. 관찰기록은 자녀의 문제행동을 효과적으로 수정할 수 있는 방법이다. 부모는 객관적인 입장에서 자녀의 행동을 관찰 기록하여야 한다. 자녀의 행동을 관찰 기록하는 방법은 다음과 같다(김영옥, 2008, 재구성).

① **계속적 기록**(continuous recoding)

- 일화기록법으로 불림.
- 주어진 시간 동안 자녀가 하는 모든 행동을 기록

② **사건 중심 기록**(event recoding)

- 사건을 일으키는 행동을 모두 누적 기록
- 목표행동과 영유아 개인에 대해 깊이 관찰할 수 있음
- 관찰의 세심함과 명확성이 요구됨.

③ **지속성 기록**(duration recoding)

- 목표행동의 지속성 관찰
- 정한 시간동안 목표행동 출현 시 어느 정도 지속하여 행동하는지 기록

④ **간격적 기록**(interval recoding)

- 관찰 시간을 균등하게 배정하여 시간 내에 문제행동이 나타나는지 기록
- 행동의 빈도와 지속성을 동시에 관찰할 수 있음
- 집중력이 요구되는 관찰법

⑤ **시간표집 기록**(time sampling)

- 부모가 관찰하기 편안한 시간과 간격을 임의로 정하여 목표행동을 파악

(3) 행동분석

행동분석은 관찰기록을 통해 수집된 자료를 분석하는 단계이다. 이때 자녀의 행동을 유발시키는 선행 자극, 문제행동 자체, 행동 뒤에 오는 후속 자극을 찾아내야 한다. 이 때 선행 자극은 문제행동의 단서가 될 수 있으며, 행동 그 자체는 수정하기 원하는 문제행동이고, 후속 자극은 이러한 문제행동을 일으킨 후 주어지는 강화나 벌을 의미할 수 있다.

선행자극 (행동단서) 아빠가 동생에게 선물을 준다.
>>> 행동실행 (목표행동, 문제행동) 동생을 꼬집는다.
>>> 후속자극 (강화, 벌) 아빠가 야단 또는 꾸중한다.

(4) 행동수정기법의 적용

목표행동이 명확해지고 이에 대한 객관적 자료가 수집・분석되면, 마지막 단계로 행동수정기법을 적용한다. 이 단계에서는 어떠한 행동수정원리를 적용할 것인가를 결정하고, 지도계획을 세워 계획한 대로 일관성 있게 지도해야 한다. 지속시키고 싶은 행동은 더 자주 일어나도록 강화해 주고, 소멸시키고 싶은 행동은 일종의 벌을 사용함으로써 감소시킨다.

이 단계에서도 목표행동의 측정을 지속하여 적용된 원리와 지도효과를 평가하고 행동수정기법 적용으로 행동이 바람직한 방향으로 변화를 보였는지 확인한다. 행동수정기법의 적용을 멈추어도 여전히 지도하고자 했던 행동이 변화를 보인다면, 적용된 기법이 효과가 있다고 판단할 수 있으며 동일한 행동수정기법을 적용한다.

5) 행동주의 부모교육 프로그램

행동수정원리는 특수 영유아나 예외적인 영유아들뿐 아니라 일반적인 부모나 자녀들에게도 효과적으로 적용될 수 있는 프로그램으로 인식되고 있다. 행동주의 부모교육은 행동수정과 관련된 구체적 행동기법을 익히고 적용하는데 중점을 두고 있으며, 집단으로 이루어진다. 그 내용으로는 워크북을 통한 이론과 실습교육, 행동수정을 적용한 부모들의 경험 발표와 토의 등을 포함하고 있다. 행동주의 원리에 근거한 부모교육 프로그램은 대부분 책으로 출판되어 있으며, 스스로 공부하고 적용할 수 있게 되어 있다. 전문가로서의 부모 자질을 향상시키기 위한 것으로 READ project, 부모는 교사 프로그램, 반응적 부모훈련 프로그램, 어린이에 대한 애정을 위하여 프로그램 등이 있다. 효과적인 부모 - 자녀관계를 위한 프로그램으로는 '어린이와 함께 살기' 프로그램, '자녀관리' 프로그램이 있는데 행동수정원리를 통해 자녀의 행동을 효과적으로 관리하였다는 긍정적인 연구결과가 보고되었다.

5. 감정코칭적 부모 - 자녀관계 이론

감정코칭은 감정을 있는 그대로 받아들이되, 행동에는 명확한 한계를 두고, 그 안에서 좀 더 바람직한 방향으로 이끌어주는 방법이다. 감정코칭의 기본은 상대를 존중하는 의사소통이다. 일반적인 부모의 자녀교육 유형과 양상은 다음과 같다.

1) 자녀교육 유형

존 가트맨(John Mordecai Gottman)은 30년간 약 3,000쌍의 부부를 조사하며 부모의 자녀교육 유형을 네 가지로 분류하였다(김애란 외 2015 재구성).

(1) 축소 전환형 부모

축소 전환형 부모는 자녀가 느끼는 분노, 두려움, 슬픔 같은 감정들을 무시하는 경향성을 띈다. 이에 자녀의 부정적 감정에 무관심하거나 또는 무시하거나, 대수롭지 않게 여긴다. 이러한 유형의 부모들은 자녀가 슬퍼하거나 화가 나 있으면 당장 달래거나 풀어주려고 하기 때문에 겉으로 보기에는 자상한 부모 같지만 자녀가 느끼는 감정 이면을 제대로 인지하지 못하는 경우가 많다. 축소 전환형 부모의 양육을 받은 자녀의 특성은 다음과 같다.

- 자신의 존재를 축소시키거나 거부할 우려가 있다.
- 자신의 감정은 신뢰할 만한 것이 아니라고 생각한다.
- 슬픔의 경험은 중요하지 않거나 일어나서는 안 된다고 생각하여 감정을 무시한다.
- 사회관계에서 슬프거나 화가 나는 감정과 정서 교류에 어려움을 느낀다.

(2) 억압형 부모

억압형 부모는 자녀가 슬퍼하거나 화내면 비난하거나 벌을 주는 경향성의 띈다. 이러한 유형의 부모는 자녀가 부정적 감정을 드러내는 것을 비판하고, 감정 표현을 했다는 이유로 꾸짖고 벌을 주기도 한다. 자녀의 부정적인 감정을 전환시키려 할 뿐 아니라 그것을 잘못이라며 비난한다. 자녀들의 슬픔, 두려움, 분노와 같은 감정을 이해하기보다 어른의 기준으로 억누르려고 한다. 억압형 부모의 양육을 받은 자녀의 특성은 다음과 같다.

- 자신의 판단을 신뢰하는 데 많은 어려움을 겪는다.
- 자신에게 문제가 있다는 감정과 생각이 형성된다.
- 자존감의 결핍을 겪을 가능성이 더 높다.
- 자신의 감정을 조절하고 문제를 해결하는데 곤란을 겪는다.
- 정서적 어려움으로 학습이나 또래관계에 여러 가지 갈등을 느낀다.

(3) 자유방임형 부모

자유방임형 부모는 자녀가 자신이 느끼는 감정들을 모두 표현하는 것을 당연하게 생각하는 경향성의 띈다. 이러한 유형의 부모들은 자녀의 모든 종류의 감정을 인정하고 공감하지만, 자녀에게 적절한 행동이나 감정 조절을 가르치지 않을 뿐 아니라 행동 범위를 정해주지 않아 자녀들은 행동과 감정 영역 설정에 어려움을 겪는다. 자유방임형 부모의 양육을 받은 자녀의 특성은 다음과 같다.

- 자신의 감정만 중요하게 생각하여 자기중심적 경향이 높을 수 있다.
- 화가 나거나, 슬프거나, 혼란에 빠졌을 때 감정을 조절하고 마음을 가라앉히기 어렵다.
- 끈기나 인내심을 발휘하여 집중하거나 새로운 기술을 배우는 데 어려움을 느낀다.
- 타인조망수용능력이 낮아 사회성 및 교우관계를 유지하는 데 어려움이 있다.

(4) 감정 코칭형 부모

자유방임형 부모는 자녀가 자신이 느끼는 감정들을 모두 표현하는 것을 당연하게 생각하는 경향성의 띈다. 감정 코칭형 부모는 자녀의 불만이나 감정에 공감하면서, 자녀가 자신의 불편한 감정을 다스릴 수 있도록 하는 경향성의 띈다. 자녀의 생각을 받아주되 그 감정을 다른 것으로 돌리게 한다는 점에서 감정 코칭형 부모와 축소 전환형 부모는 비슷해 보인다. 그러나 감정 코칭형 부모는 자녀의 불만을 인정하고, 자기감정에 이름을 붙이도록 도움을 준다. 자녀가 감정을 그대로 느끼도록 하며 울거나 떼를 쓰는 동안 자녀의 관심이나 감정을 전환시키려고 노력하지 않는다. 또한 이러한 유형의 부모는 부정적인 감정을 표현하는 아이를 억압형 부모와 같이 비난하지 않고, 자녀가 자연스레 감정을 이해하고 배울 수 있도록 돕는다. 감정 코칭형 부모의 양육을 받은 자녀의 특성은 다음과 같다.

- 감정에 대한 이해도가 높다.
- 자신의 감정 표현을 거부하거나 어려워하지 않는다.
- 감정으로 인해 사회관계 및 수행과제를 그르치는 일이 적다.
- 타인의 감정을 이해하고 사회적 유능감을 나타낸다.
- 자아존중감이 높다.

2) 감정 코칭의 5단계

감정은 삶의 일부이며 삶의 결정적인 방향키이다. 때로 감정은 선택과 결정에 영향을 끼쳐 다시금 감정 조절의 중요성을 실감하도록 한다. 감정의 특징은 다음과 같다.

- 감정은 인간에게 자연스럽고 중요한 양식이다.
- 감정은 다양하고 좋고 나쁨이 없으며, 복잡하게 결합된다.
- 감정은 순간적이며 변한다. 감정에는 영원성이 없다. 그러나 감정을 느끼는 순간 그 감정이 영원할 것으로 인식된다.
- 부정적인 감정을 부정하고 거부하면, 다른 감정으로 치환되거나 분노나 앙갚음, 왜곡이 일어난다.
- 부정적인 감정은 외면하고 무시한다고 사라지지 않는다. 직면하여 감정을 인정하고 수용할 때 다스려진다.

- 감정은 평생 인간의 삶과 함께하는 동반자이다.
- 감정은 수용되거나 표현될 때 건강성을 유지한다.

감정 코칭은 자녀의 감정을 소중히 여기면서 행동을 지도하는 방법이다. 자녀는 자신의 감정을 중요하게 여기면서 행동에 대해서는 한계를 인식한다. 항상 감정을 인식하고 매순간 이를 적용하는 것은 어렵다. 그러나 감정의 성장은 자신에 대한 이해도를 높이고 나아가 더 나은 대인관계를 촉진하므로 부모는 지속적인 연습과 실천을 통해 만족스러운 양육과정과 결과를 경험할 수 있다.

(1) 감정 인식하기(emotional awareness) 단계

부모는 자녀의 작은 감정을 놓치지 말고 알아차려 대처하는 노력을 해야 한다. 자녀의 화, 슬픔, 두려움 등이 어떤 행동으로 나타나는지 인식하는 것이 중요하다. 자녀는 부모의 말이나 행동을 통해 감정을 인식하고 다루는 법을 자연스레 배운다.

- "지금 기분이 어때?"
- "~ 하는 걸 보니, 화가 많이 났구나."

(2) 감정 만나기(connecting) 단계

자녀의 감정출현과 인식은 자녀와의 친밀감을 형성할 수 있는 기회이다. 자녀의 감정이 부정적이거나 격할수록 감정 코칭은 효과를 발휘한다. 자녀로 하여금 감정 자체에 문제가 없음을, 그리고 감정의 특성을 알려줄 수 있다.

- "친구가 좋을 때도 있지만 미워질 때도 있지."
- "숙제를 하기 싫지만, 해야 한다는 생각도 있어서 복잡해. 그렇지?"

(3) 감정 경청하기(listening) 단계

부모는 자녀의 말을 귀 기울여 듣고 자녀가 느끼는 감정을 성급하게 판단하거나 비난하지 않는다. 자녀가 자신의 긍정적 감정이든 부정적 감정이든 부모가 자신을 진지하게 받아들이고 있다는 것을 충분히 알 수 있도록 한다. 특히 아이의 말을 그대로 따라 해 주는'거울식 반영'을 사용해서 진지하게 듣고 있음을 확인시켜 준다.

- '경식이가 너를 빼놓고 민석이랑만 이야기를 했구나.'
- '선생님이 잘 모르고 말했다고 생각했구나.'

(4) 감정 이름붙이기(naming emotions) 단계

부모는 자녀가 느끼는 감정이 무엇인지 분별하고 자녀가 자신의 감정을 인식하도록 도울 수 있다. 부모 또한 자신의 감정에 이름을 붙여 자녀가 자연스레 감정 이름을 알 수 있도록 한다.

- '미웠구나.'
- '치우고 나갔다 왔는데, 이렇게 어질러진 모습을 보고 엄마는 허무했어.'

(5) 좋은 해결책 찾기(finding good solutions)

감정 코칭은 감정을 통해 자연스레 행동의 한계와 범위를 설정하는 노력이다. 자녀는 부모와의 대화로써 부정적인 감정을 털어놓은 후에 비로소 좋은 해결책에 접근할 수 있다. 이 때 부모는 '내가 너라면~하겠어.'라는 말을 사용하지 않도록 주의할 필요가 있다. '내가 너라면'이라는 말은 '너는 왜 그렇게 하지 못했니?'라는 메시지로 비추어질 수 있기 때문이다. 이럴 때는 '엄마(아빠)라면~이렇게 할 것 같아.'라고 말하여 자녀가 자신의 선택과 결정에 객관화 되도록 도울 수 있다. 특히 부모가 해결책을 제시하고 문제 행동을 교정하기 위한 의도로 감정 코칭이나 대화가 이끌어지지 않도록 유의해야 한다.

PART

02

PARENT EDUCATION

실제편 : 부모교육

contents

CHAPTER

07

PARENT EDUCATION

영유아 교육기관 부모교육의 운영

contents

"기관에서 제가 아무리 노력해도
아이들 부모님 협조 없이는 힘들어요."

- 유아교사 이○○ 인터뷰 중 (2019. 6.) -

1. 영유아교육기관 중심 부모교육의 당위성과 확장성

1) 부모교육의 당위성

어린이집과 유치원은 영유아가 처음 만나는 사회교육기관이다. 영유아는 가정 안에서 부모와 자녀의 관계를 통해 첫 번째 사회를 경험한다. 영유아교육기관에 입소하면서 부모와는 다른 타인들과 새로운 인간관계를 형성하고, 선생님과 또래를 통해 교실에서의 공동체 경험을 쌓게 된다.

이 모든 과정은 건강한 개인으로, 사회인으로 성장하기 위한 중요한 토대이다. 영유아는 사람과 세상에 대한 신뢰감과 소속감을 획득하는 결정적 시기에 놓여 있다. 영유아가 신체적 · 정서적 · 사회적으로 안정감을 형성하는 데 부모와 선생님은 가장 중요한 사람들이다.

부모는 자녀의 역사를 가장 잘 알고 있다. 영유아 교사는 영유아의 집 밖에서의 모습 특히 사회적 특성을 빈번하게 관찰한다. 영유아에 대한 종단적이고 횡단적인 정보가 건강하게 교류되면 바람직한 발달을 위한 양육 방향과 속도를 가늠하고 효율적으로 실행할 수 있다.

부모는 양가의 가족력을 알고, 자녀의 특수성, 병력, 자녀에게 중요한 사건과 현상에 대한 정보를 갖고 있다. 발달은 선천적 · 후천적 영향을 모두 받아 누적되고 영유아의 현재에 영향을 미치고 있다. 어린이집과 유치원에서 영유아의 생활습관과 행동유형 등은 가정의 맥락과 반드시 연결되어 있다.

영유아 교사는 영유아 교육에 대한 전문적 지식과 기술을 가진 사람으로 같은 연령대의 아이들 다수를 동시에 관찰한다. 특히 영유아의 선생님은 손길이 많이 가는 어린 아이들을 대하는 사람들로서 단지 가르치는 기술만으로 이 직(職)을 감당하기 어렵다.

영유아교육기관은 영유아의 건강한 발달을 지원하는 사회기관이다. 첫 번째 양육자인 부모와 제2의 부모인 영유아 교사가 아이의 건강한 발달을 위해 함께 협력자가 될 수 있는 곳이다. 다양한 양육정보가 범람하고 있지만 영유아가 하루 중 오랜 시간을 보내는 기관 중심의 부모교육이 그 어느 때보다 필요하다.

2) 부모교육의 확장성

부모교육의 방법은 소통형태에 따라 대면과 비대면, 영상시청, 자료배부 등으로, 그룹형태에 따라 1:1상담부터 소그룹, 중그룹, 대그룹으로도 나누어 볼 수 있다. 목표 및 내용에 따라 부모교육의 효과를 높일 수 있는 유형과 방식을 정하여 부모들의 실제적 필요를 채울 수 있다.

코로나19 이후, 실시간 비대면 체제를 활용한 부모교육이 진행되었다. 이전에는 반드시 어린이집이나 유치원에 방문하여 같은 시간과 같은 공간에서 부모교육에 참여했다. 인터넷 등을 활용한 양육정보의 다양한 채널이 늘어나고 현대 부모의 삶이 바빠지면서 현장 부모교육 참여율은 전반적으로 낮아지는 추세였다.

코로나19로 부득이하게 실시간 비대면의 방식으로 부모교육이 실행되었다. 실시간 비대면 방식은 컴퓨터나 영상기기를 통해 소통하는 방식으로 동영상 수업과 유사해 보이지만 교육과 학습과정을 들여다보면 대면교육에 더 가깝다. 실시간 비대면 교육은 다른 공간에서 같은 시간을 통과하는 방식이다.

'과연 교육내용에 집중이 될까?'라는 코로나19 초기 우려와는 달리, 강사 및 학습자들이 관련 툴의 사용에 익숙해지면서 더 많은 학습기회에 접근할 수 있었다. 또한 지역을 초월한 대화체계로 인해 새로운 방식의 관계맺음이 이루어졌다. 따라서 교육방법이나 도구의 문제만으로 교육효과를 논하기는 무리가 있다.

대면교육이 당연한 교육방식이었고, 실시간 비대면 교육은 시기적·시대적 필요성이 적었기 때문에 덜 고려되었다. 강의자와 학습자가 같은 시간과 같은 공간에 있다 해도 강의자에게 내용이나 열의가 없거나 혹은 학습자에게 학습의욕이나 동기가 부족하면 본질상 교육은 이루어졌다고 보기 어렵다.

부모교육 면에서도 실시간 비대면 교육방식은 단점보다는 장점이 많았다. 첫째, 이동시간을 줄일 수 있어 접근성 및 참여도가 높다. 둘째, 비대면의 특성으로 자기를 노출하지 않아도 된다는 안도감이 작용한다. 셋째, 비공개 질문이 가능하여 개방성이 높으며 구체적인 대화와 개별적인 피드백이 가능하다.

2. 부모교육 계획

부모교육은 연간계획 하에 운영된다. 어린이집과 유치원의 평가조항에 따라 필수 내용들을 포함하여 조직된다. 기관 부모의 요구와 필요 등을 반영한 특수성과 교육적 보편성을 함께 고려하여 계획되어야 하며 무엇보다 기관의 영유아교육과 연계성 있게 조직되어야 한다.

부모교육은 교육공동체 역량개발의 일환으로 중요한 부분을 차지한다. 부모교육의 목표는 영유아교육 기본방향과 기관의 철학을 기반으로 단기적・중장기적 목표 및 효과를 모두 고려하여 만들어진다. 여기에 영유아교육기관의 지역적 특성이나 사전조사를 통한 부모의 요구와 기대가 반영된다.

부모교육의 내용은 이론적인 것, 실제적인 것 모두를 포함한다. 부모세대의 변화에 따라 다양한 요구들이 나타나고 있어 바람직한 양육과 교육부터 문화시민교육에 이르기까지 다양한 주제를 다룰 수 있다. 부모교육의 내용은 기관의 교육철학과 범위를 보여주기도 한다.

영유아교육기관 부모교육계획을 위한 질문

- 이전에 실시한 부모교육 중 긍정적인 피드백을 받은 주제는 무엇인가?
- 이전에 실시한 부모교육 중 실제적인 효과를 체감한 주제는 무엇인가?
- 우리 기관의 부모들에게 필요한 내용은 무엇인가?
- 우리 기관 부모들의 관심사와 특성은 어떠한가?

- 필요한 내용을 효과적으로 전하기 위한 흥미로운 방식은 무엇인가?
- 부모교육을 통해 원하는 단기적인, 중장기적인 효과성은 무엇인가?

부모교육계획 절차

- 기 실시한 당해 이전 3년 계획서 및 만족도 내용 검토
- 부모교육 내용에 대한 사전부모 요구도 조사
- 내부 교직원 회의를 통한 기관철학과 현실적인 부모교육계획
- 계획된 부모교육 실행에 대한 구체적인 방안과 절차 마련
- 부모에게 안내하기

당해년도에 이루어지는 부모교육 일정과 내용을 부모에게 안내하여 중요도와 필요성을 알리고 사전에 일정을 계획할 수 있도록 안내한다. 보편적으로 연간 부모교육 계획을 작성하고, 부모교육 내용이나 방법에 따른 세부 계획서를 구체적으로 작성하여 실행한다.

예를 들어, 부모교육 담당교사를 정하여 이를 관리하도록 할 수 있다. 학부모 오리엔테이션을 위해 초대장 및 안내문 만들기, 장소 준비, 일정을 위한 교사 배치, 당일 리허설 등에 대한 사전계획이 필요하다. 외부강사를 섭외한 경우, 일과 참석인원 확인 및 자료배부 등을 살펴보아야 한다.

3. 부모교육 방법

1) 오리엔테이션

오리엔테이션은 부모에게 영유아교육기관의 전반적인 교육과정과 교육철학 및 운영방침을 소개하는 시간이다. 재원생과 신입생이 있을 경우, 신입 영유아의 학부모를

위한 안내가 따로 필요할 수 있다. 영유아는 이 시간 시설과 선생님을 소개하고 좋아하는 공간에서 놀이경험을 가지면서 기관에 친숙해질 수 있다.

오리엔테이션의 내용 및 방식 또한 다양하다. 특히 기관 초기 적응 단계에서 나타날 수 있는 유아의 행동이나 유형 등을 교육내용에 포함하여 부모가 안정감과 신뢰감을 가지고 기관에 협조하고 도움을 요청할 수 있도록 한다. 또한 가정의 중요성과 부모 협력의 필요성 등을 잘 이해할 수 있도록 안내해야 한다.

오리엔테이션은 기관의 인상과 분위기를 느끼도록 하는 중요한 시간이다. 오리엔테이션에 불참하는 부모는 거의 없다. 이 때 참여도가 높고 좋은 인상을 형성한 경우, 평소 부모교육 참여도 또한 높아진다. 이에 다양한 방식의 오리엔테이션이 고려되고 있다.

기관의 특별한 필요나 방침에 따라, 질의응답 시간, 반별 모임, 공간 둘러보기 등의 시간, 간단한 활동 시간을 마련할 수 있다. 이 부분은 영유아의 연령 및 교사의 연차 등에 따라 기관에 대한 긍정적인 인식을 위한 목적으로 계획될 수 있다.

2) 가정통신문

가정통신문은 가정에 자료를 배부하는 형태로 가장 많이 실시되는 부모교육 방법이다. 양육정보, 나들이 정보, 놀이 정보 등을 지면을 통해 제공하여 부모가 관련 정보에 잦은 접촉이 일어나도록 하는 형태이다. 가정통신문은 원아 관련 서류, 기관의 행사 정보, 특별한 편지 등 다양한 내용으로 이루어진다. 최근에는 인터넷 환경의 교육적 효과나 노출 빈도 및 접근성을 고려한 앱이나 SNS 형태의 가정통신문 발송도 이루어지고 있다.

예시 1 특별한 행사 소개 편지

안녕하십니까? 씩씩하게 뛰어 노는 아이들의 미소를 보고만 있어도 흐뭇한 마음이 가득합니다. 이번 주에는 새싹처럼 맑은 우리아이들과 씨앗을 심고, 앞으로 함께 가꿀 상자 텃밭을 만들어 보려고 합니다. 가정에서도 아이들과 함께 주변의 새싹과 봄꽃을 살펴보며 피어나는 봄을 한껏 느껴보시기 바랍니다. 이번 달 '엄마와 함께 책' 반모임 선정도서입니다.

Tip : 아이들에게 사라져 가는 우리 전통이야기도 함께 들려주세요.

언　제 : 4월 26일 금요일 7시
어디서 : 구름반 교실

많이 참석하시어 좋은 나눔의 시간되시길 바랍니다.

무지개 유치원

예시 2-1 정보제공을 위한 가정통신문

여름철 식중독, 조심하세요!

햇빛이 쨍쨍 내리쬐는 무더운 여름, 건강관리는 어떻게 하고 계신지요? 요즘 같은 날씨엔 식중독이 유행하는데요. 여름철 식중독 예방법과 응급처치 방법을 보내 드리니, 참고하시어 안전한 여름 보내시길 바랍니다.

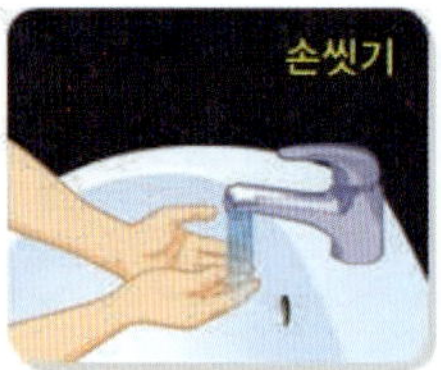

손은 비누로 깨끗이 씻자

물은 끓여 마시자

음식물은 익혀먹자

① 음식 대신 수분을 충분히 섭취한다.

② 끓인 물 1L에 설탕4, 소금1 숟가락을 타서 마신다.

③ 이온 음료도 효과적이다.

④ 지사제나 항구토제를 함부로 사용하지 않는다.

⑤ 설사가 줄어들면 미음이나 쌀 죽을 섭취한다.

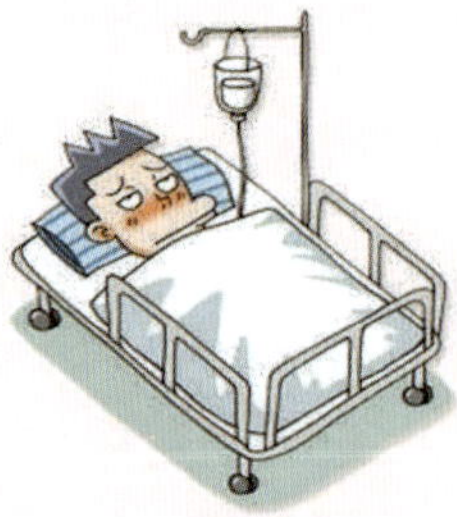

⑥ 혈변, 심한탈수, 고열, 심한 설사 시에는 병원을 방문한다.

예시 2-2 정보제공을 위한 가정통신문

가 정 통 신 문

안녕하세요!

어느 덧 12월이 되었습니다. 매년 이 맘 때면 불우이웃을 도우려는 손길이 여기저기에서 보여 마음만큼은 따뜻해집니다. 이번 달에는 즐거운 산타행사, 크리스마스를 주제로 다양한 활동들이 계획되어 있습니다. 첫눈에 기뻐하며 즐겁게 웃을 생각하니 더욱 기다려집니다. 한 해를 마무리하는 12월을 더욱 알차게 보낼 수 있기를 바라며 이번 주 여행지를 추천합니다.

이번 주 추천 여행지 : 포천 백운계곡 동장군축제

기간: 2015.12.23(수)~2016.02.09(화)
주소: 경기도 포천시 이동면 화동로 2381
장소: 포천시 백운계곡 일원
요금: 무료

이 축제의 우리 가족 만족도는? ☆☆☆☆☆

3) 강연 및 워크숍

강연은 전문가가 강의하여 대집단에게 특정한 지식을 전달하는 것을 목적으로 한다. 교육의 보편적인 내용들을 다룰 때 좋은 방식이다. 부모가 알고 이해해야 할 정보와 내용이 일방향으로 설명 및 설득되므로 단시간에 많은 부모들에게 영향을 줄 수 있다.

워크숍은 전문적인 기술 또는 아이디어를 시험적으로 실시하면서 검토하는 연구회 및 세미나, '일터'나 '작업장'을 뜻하는 말이었으나, 지금은 연구 협의회를 뜻하는 교육용어로 사용된다. 부모 워크숍은 부모가 직접 프로그램에서 그 의미를 연구하고 문제해결력을 기르는 방식으로 실시된다.

최근에는 강연과 워크숍을 결합하여 부모관련 이론과 실제를 같이 진행하는 형태가 우세하다. 지식이 보편화되어 육아 및 양육에 대한 생각도 다양해졌으며, 강의자와 부모의 생각을 표현하고 소통하는 방식이 서로에게 긍정적인 학습효과를 보이기 때문이다.

워크숍은 소그룹에서 혹은 대그룹 내 소그룹에서 이루어질 수 있으며, 대상의 형태는 기관장과 부모, 강의자와 부모, 기관 교원과 부모 등 목적과 내용에 따라 다양하다. 성안전교육과 같이 함께 알고 지도해야 할 내용이거나, 교육관 및 교육방향을 맞추어 가야 할 경우, 서로의 입장을 알 수 있어 효과적이다.

[그림 9-1] 강연 및 워크샵

예시 3 워크숍 활동지

감정에 귀 기울이기

반응적 경청을 위해서는 자녀 혹은 유아의 숨겨진 감정이 무엇인지 파악해야 한다. 다음 문장들로 감정에 귀 기울이는 연습을 해보자.

예) 뭐가 잘 못 되었는지 모르겠어. 이제 그만 포기할까봐.
(활동을 잘 하다가) 선생님! 그만 할래요. 안 할래요.
(활동을 잘 하려고 애를 쓰다가) 선생님! 그만 할래요. 안 할래요.

활 동 방 법

1. 감정을 표현하는 어휘를 살펴본다.
2. 감정 문제의 소유자와 상황을 파악한다. 감정 문제를 떠안지 않도록 유의한다. 혹시 감정을 떠안게 되면, 표현한다.
   (예: 포기하고 싶다는 말을 해서 엄마도 깜짝 놀랐다)
3. 감정을 공감하고 읽고자 노력한다.
   - Tip ① 그렇구나~ 음~ 아!... 와 같은 공감의 표현.
     ② 앵무새처럼 따라해 보기. 예: 수학이 너무 어렵구나~

1. 와! 일주일만 있으면 방학이다!
2. 아빠 이것 좀 봐! 내가 비행기 만들었어!
3. 유치원 갈 때 나 손 잡아줘.
4. 재미 없어. 뭐하고 놀지?
5. 못 하겠어. 난 매일 연습하는데도 선희는 항상 나보다 잘해.
6. 선생님이 숙제를 너무 많이 내줘. 도저히 다 해갈 수 없어. 어쩌겠어?
7. 딴 애들은 바닷가에 놀러갔다구. 같이 놀 친구가 하나도 없어.
8. 민석이는 자전거 타고 학교 다닌단 말이야. 내가 더 잘 타는데.
10. 채영이한테 너무 심하게 말했나봐. 난 나쁜 앤가 봐.
11. 난 이 머리 모양 좋은데. 내 머린데 내 맘대로 못해?
12. 왜 선생님은 나보고만 남으라는 거야? 나만 떠든 것도 아닌데.

이 워크지는 pet 고든의 부모교육 내용의 것입니다.
출처 : 토마스 고든(2006). 부모역할훈련. 양철북.

4) 부모참여수업 및 수업참관

부모참여수업 및 수업참관은 부모가 기관에 방문하여 자녀와 함께 활동하거나 자녀의 활동을 지켜보는 형태이다. 여러 부모 관련 행사 가운데 부모의 일정 및 주제 등에 대해 많은 준비과정을 필요로 하며, 부모 입장에서는 자녀의 기관 생활에 대해 객관적인 관찰 및 확인이 가능한 형태이다.

부모참여수업에 대한 상세한 내용은 별도의 챕터에서 다룬다.

[그림 9-2] 부모참여수업 및 수업참관 사진

5) 부모상담

부모상담은 부모를 내담자로 보는 형태의 부모교육이다. 대부분의 부모상담은 공식적인 상담기간 동안 연2회 정도 개별상담 및 집단상담으로 이루어지지만, 비공식적인 부모상담은 영유아의 등원과 하원 시 간단한 대화의 방식으로 수시로 일어난다.

부모상담에 대한 상세한 내용은 별도의 챕터에서 다룬다.

4. 부모교육 평가

부모교육 평가의 목적은 향후 보다 나은 부모교육을 계획하고 실행하기 위해서이다. 연간 부모교육 계획과 실행을 점검하면서 목적, 내용, 방법, 시기 등이 적절했는지 그 효과성을 파악한다. 각 부모교육 시 실시한 설문지나 평가내용, 교사 회의록 등을 종합하여 장점과 단점, 개선점 등을 살펴본다.

연간 부모교육 계획 및 실행 점검표는 다음과 같다.

예시 4 연간 부모교육 점검표

<table>
<tr><th colspan="2">부모교육명</th><th>가정통신문</th><th>강연 및 워크숍</th><th>부모참여수업</th><th colspan="5">부모상담</th></tr>
<tr><td colspan="2">실시여부</td><td></td><td></td><td></td><td colspan="5"></td></tr>
<tr><td colspan="2">횟수</td><td></td><td></td><td></td><td colspan="5"></td></tr>
<tr><td colspan="2">주제</td><td></td><td></td><td></td><td colspan="5"></td></tr>
<tr><td colspan="2">참여도</td><td></td><td></td><td></td><td colspan="5"></td></tr>
<tr><td colspan="5">부모교육 적절성 및 효과성</td><td>1</td><td>2</td><td>3</td><td>4</td><td>5</td></tr>
<tr><td rowspan="5">가
정
통
신
문</td><td>1</td><td colspan="3">목적에 맞게 이루어졌는가?</td><td></td><td></td><td></td><td></td><td></td></tr>
<tr><td>2</td><td colspan="3">내용이 적절했는가?</td><td></td><td></td><td></td><td></td><td></td></tr>
<tr><td>3</td><td colspan="3">횟수는 적절했는가?</td><td></td><td></td><td></td><td></td><td></td></tr>
<tr><td>4</td><td colspan="3">시기는 적절했는가?</td><td></td><td></td><td></td><td></td><td></td></tr>
<tr><td>5</td><td colspan="3">가정통신문에 대한 효과가 있었는가?</td><td></td><td></td><td></td><td></td><td></td></tr>
<tr><td colspan="2">개선사항</td><td colspan="8"></td></tr>
<tr><td colspan="5">부모교육 적절성 및 효과성</td><td>1</td><td>2</td><td>3</td><td>4</td><td>5</td></tr>
<tr><td rowspan="5">강연 및
워크숍</td><td>1</td><td colspan="3">목적에 맞게 이루어졌는가?</td><td></td><td></td><td></td><td></td><td></td></tr>
<tr><td>2</td><td colspan="3">내용이 적절했는가?</td><td></td><td></td><td></td><td></td><td></td></tr>
<tr><td>3</td><td colspan="3">횟수는 적절했는가?</td><td></td><td></td><td></td><td></td><td></td></tr>
<tr><td>4</td><td colspan="3">시기는 적절했는가?</td><td></td><td></td><td></td><td></td><td></td></tr>
<tr><td>5</td><td colspan="3">강연 및 워크샵에 대한 효과가 있었는가?</td><td></td><td></td><td></td><td></td><td></td></tr>
<tr><td colspan="2">개선사항</td><td colspan="8"></td></tr>
<tr><td colspan="10">·
·
·</td></tr>
</table>

CHAPTER

08

PARENT EDUCATION

영유아교육기관 부모교육의 실제

contents

"유아들과 활동하는 거랑은 또 달라요.
부모님들은 이날 와서 많은 것을 보는 것 같아요.
저에 대해서도, 아이에 대해서도"

- 유아교사 서OO 인터뷰 중 (2019. 7.) -

1. 부모참여수업

부모참여수업은 부모에게 영유아의 활동에 직접 참여하여 자녀를 이해하고 교육활동을 경험할 기회를 제공한다. 부모가 시간을 할애하여 기관에 직접 방문하는 유형이므로 세밀한 사전계획이 필요하다.

교사는 영유아의 활동에 부모를 참여시키고 수업을 진행해야 하므로 그 과정을 구체적으로 조직해야 한다. 부모참여수업이 일회성 행사로 끝나지 않도록 부모참여수업의 목표를 잊지 말아야 하며, 부모의 기관 및 자녀교육에 대한 지속적인 관심을 유지되도록 해야 한다.

부모참여수업은 아래의 절차에 따라 이루어진다.

사전협의 → 참여신청조사 → 일정표배부 → 참여수업진행 → 평가

[그림 10-1] 부모참여수업 운영 절차

1) 사전협의

교사협의를 통해 부모참여수업 전반에 대해 논의한다.

- 부모참여수업의 목적은 무엇인가?
  - 부모참여수업을 통해 얻고자 하는 교육효과를 구체적으로 정한다.
- 부모참여수업의 시기는 언제가 적당한가?
  - 영유아교육기관의 부모들이 가장 많이 참여할 수 있는 시기로 협의한다.
- 교육활동의 유형은 무엇인가?
  - 연령별, 테마별, 영역별 등 부모참여수업의 규모와 경험내용을 협의한다.
- 교육활동을 위해 필요한 교수매체, 보조인력은 어떠한가?

- 정한 교육활동에 따른 필요요소들과 경비 및 기간 등을 조율한다.
- 효율적인 진행을 위해 담당교사를 배정하고 책임과 역할을 규정한다.
  - 필요에 따라 팀별, 전체적 상호작용으로 수업을 구체화한다.

2) 참여신청조사

부모참여수업 일정 4주 정도 전에 부모참여수업의 의미와 목적을 안내하고, 2주 전에 참여신청서를 배부한다. 부모참여수업의 특성에 따라 참여자 기재란이나 참여인원에 대한 정보를 추가하고 참여와 불참의사를 조사하여 실행을 위한 진행에 반영한다. 부모와 함께 사용하는 채팅창이나 앱이 있다면 활용해도 좋다.

3) 일정표 배부

부모참여수업 2~3일 전에 행사일정에 대한 구체적인 안내문을 배부한다. 부모참여수업의 의의, 목표뿐 아니라 시간별 교육활동 혹은 코스별 교육활동을 소개하여 간략한 사전이해를 돕고, 부모참여수업 당일 간단한 오리엔테이션을 진행하는 편이 효과적이다.

[부모참여수업 일정표 예시]

오감체험 부모참여수업 안내

안녕하세요. 바쁘신 가운데 사랑스런 자녀를 위해 부모참여행사에 함께 참여하여 주심에 감사 드립니다. 자녀와 놀이하며 더욱 자녀를 이해하고 친밀해지는 시간되시기를 바랍니다.

일정안내

시간	내용	장소
10시 30분-10시 40분	인사와 일정소개	대강당
10시 40분- 12시 30분	자녀와 함께하는 놀이	활동세션

- 활동 중 우천 시 OO 활동은 ♡♡에서 진행됩니다.
- 활동 장소는 이름표 뒷면을 참고해 주세요.
- 자녀가 선택하는 활동, 자녀의 말에 귀를 기울여주세요.
- 활동에 기대감을 가지고 적극적으로 참여해 주세요.

미션 Clear!

♥유아이름표 뒷면에 도장을 찍어주세요♥

- 활동세션에서 사진을 찍으세요.
- 자녀와 활동한 사진과 내용은 QR코드로 전송해 드립니다.

4) 참여수업실행

날씨 및 환경변화나 예기치 못한 상황에 대해서도 고려해야 한다. 계획대로 진행하면서 융통성・유연성있게 대처해야 하는 상황들도 염두에 둔다. 부모가 모든 활동을 수행할 수 있을 것으로 판단하여 어렵고 복잡한 활동을 구성하지 않도록 유의한다. 부모참여수업이 재밌는 활동으로만 그치지 않도록 활동의 도입과 마무리에서 교육적 의의에 대해 부드럽게 설명한다.

5) 평가

부모참여 대상 및 형태에 따른 평가지를 작성한다. 대상이 어머니, 아버지, 부모, 조부모, 가족 전체인지에 따라 평가항목의 내용은 달라진다. 또한 형태가 기관방문형인지, 외부 견학 및 체험형인지에 따라 달라진다. 참여부모의 만족도를 양적·질적으로 수집하여 다음 행사계획과 운영에 반영한다.

평가는 사전준비 내용에서부터 시작하여 교사 간 업무 의사소통 체계, 활동의 잘된 점 및 보완점, 교사의 자기평가를 포함한다.

6) 부모참여수업의 실제

담임 및 활동 진행 교사의 주요 업무는 다음과 같다.

- 전체적인 일정 아래 환경 및 동선을 구성하고, 각 교육활동의 구체적인 계획과 일정 및 상호작용을 작성하고 행사 전일 리허설을 통해 최종 수정 및 보완한다.
- 부모참여수업 당일 활동에 따른 개별 준비를 한다(요리인 경우 당일에 손질 필요). 전체모임에서 인사나누기, 이름표 착용, 전체 일정 및 활동을 약 10분간 간략히 소개한 후 활동을 시작한다.
- 교육테마와 특성에 따라 각 반의 담임 혹은 영역담당교사와 함께 활동을 진행한다.

계획단계	도입	전개	마무리
• 이름표 • 자리배치 • 활동에 따른 준비	• 인사 • 활동 소개	• 활동순서안내 • 활동하기 • 사진촬영 • 활동나눔	• 평가 • 이동

[그림 10-2] 부모참여수업 실행과정

(1) 부모참여수업 미술활동

활 동 명

우리 집 가훈 액자를 만들어요!

활동목표

- 미술활동을 통해 부모와 자녀의 친밀감을 향상한다.
- 우리 집 가훈의 의미를 생각하며, 가족의 소중함을 안다.
- 가훈에 대해 관심을 갖고 글로 쓸 수 있다.

운영방법

- 순 서 : 인사 → 가훈액자 만들기 → 기념사진 촬영 → 가훈 소개 → 평가
- 장 소 : 하늘 반 교실
- 준비물 : 집 모양 액자, 사인펜, 스팽글, 리본, 단추, 목공 풀, 가훈 쓸 종이
- 사전준비 : 가족 이름표(사진을 받아 제작함), 가족별 테이블 삼각대, 준비물 분배 접시, 테이블 포장(미술활동 준비), 간이 분리수거함, 활동 중 음악선정, 포토존 등

도입 (10분)

방문 가족과 함께 인사를 나누며, 해당 자리배치로 안내한다.

T: 안녕하세요. 저는 오늘 OO 활동을 담당한 □□ 교사입니다. 반갑습니다.

T: 친구들 오늘 반가운 손님들이 오셨어요. 누가 오셨나요?

T: 우리 친구들이 부모님과 함께 활동하는 오늘을 기다렸어요.

T: 부모님들 우리 아이들과 집에서 만들기 해보신 적 있나요?

T: 오늘 아이들이 부모님과 함께 보내는 시간을 행복하게 기억할 것입니다. 부모님들께도 즐거운 시간이 되면 좋겠습니다.

활동에 대해 이야기를 나눈다.

T: 짠, 이게 뭘까요? 선생님 집 가훈을 만들어 왔어요(제작된 가훈 샘플을 보여주며 가훈에 대해 소개한다).

T: 오늘 할 미술활동은 '우리 집 가훈액자 만들기'예요.

T: 함께 이야기 나누면서 우리 집 가훈에 대해 생각해 보고 가훈액자를 만들어 볼 거예요.

전개(20분)

활동 순서를 알아본다.

T: 준비물이 어떤 것이 있나요?

T: 먼저 재료로 우리 집 가훈을 적어봅니다.

T: 그 다음 액자를 재료로 자유롭게 꾸미면 우리 집 가훈 액자가 완성돼요.

T: 우리 어머님, 아버님께서는 아이가 글씨 쓰는 것을 어려워한다면 함께 가훈에 대해 이야기해서 가훈을 함께 적어주세요.

T: 가훈이 없었다면, 지금 새롭게 만들어도 좋아요.

가족별로 우리 집 가훈 액자 만들기를 한다.

- 교사는 활동에 적합한 음악을 재생한다.
- 가족별로 상호작용을 하며, 활동을 보조한다.
- 가족들의 활동을 격려한다.

우리 집 가훈 액자를 들고 사진촬영 한다.

T: 가훈 액자를 다 만드신 가족분들은 사용하신 재료와 휴지들을 여기에 정리해 주시기 바랍니다.

T: 다 만든 가족분들은 포토존으로 오셔서 기념사진 촬영을 하겠습니다.

T: 다 만든 가족분들은 자리에 앉아서 아이와 담소를 나누시기 바랍니다.

가훈 만든 것을 친구들에게 소개한다.

T: 모든 가족분들이 열심히 가훈액자를 만들었어요.

T: 우리 집 가훈을 소개해 볼까요?

마무리(10분)

활동에 대해 평가한다.

T: 오늘 어떤 활동을 해 보았지요? 엄마, 아빠와 함께 활동을 해보니 어땠나요?

T: 부모님들께서는 오늘 우리 아이들과 함께한 활동이 어떠셨나요?

T: 가훈은 우리 가족이 중요하게 생각하는 생활의 가치를 적어놓은 글이에요. 소중한 가족과 함께 가훈에 대해 생각해보는 시간을 가졌습니다. 우리 가족을 꼬옥 안아주면서 이 시간을 마무리 할까요?

T: 적극적으로 활동에 참여해 주셔서 감사합니다. 다음 활동으로 이동하겠습니다.

부모참여 미술활동 시 유의점

- 활동 중 교사의 손과 협력이 필요한 상황이 자주 발생되지 않도록 사전 리허설을 통해 철저히 준비한다.
- 가족 별 활동 속도가 다르다. 포토존 및 상호작용 등을 활용하여 마냥 기다려서 무료한 시간이 없도록 하고 가족 간 의미있는 시간을 보내도록 독려한다.
- 가족이 활동을 소개할 때 어떻게 꾸몄는지, 어떤 뜻인지 등 활동과 가족을 관련지어 질문한다.

미술활동을 위한 재료 준비

우리 집 가훈 액자

가랜드 만들기

스노우 볼 만들기

가족 액자

모자 만들기

비누 만들기

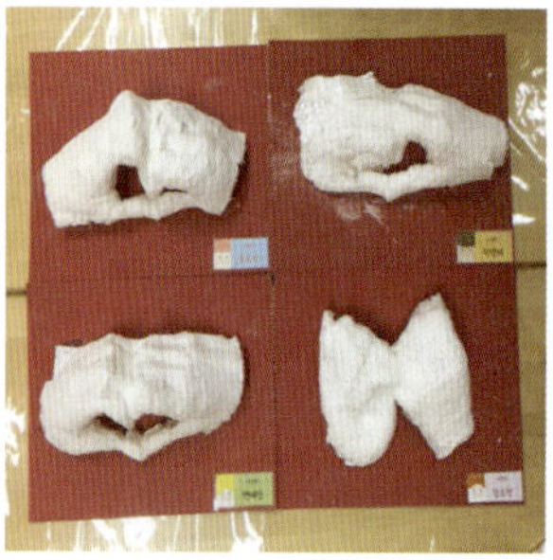
석고 손 만들기

스탠드 만들기

가족액자 만들기

(2) 부모참여수업 요리활동

활 동 명

과자로 만든 우리 집

활동목표

- 요리활동을 통해 부모와 자녀의 친밀감을 향상한다.
- 과자로 우리 가족과 함께 살고 싶은 집을 만들고 가족의 소중함을 안다.

운영방법

- 순 서 : 인사 → 순서 및 재료소개 → 만들기 → 기념사진 촬영 → 작품 소개 → 평가

- 장　소 : 사랑 반 교실
- 준비물 : 식빵, 생크림, 딸기 잼, 누텔라, 댜양한 과자, 과자 집 받침대, 숟가락, 플라스틱 컵, 부모참여수업 책자
- 사전준비 : 가족 이름표, 가족별 테이블 삼각대, 준비물 분배 접시, 테이블 포장(요리활동 준비), 위생장갑, 키친타올, 물티슈, 간이 분리수거함, 활동 중 음악선정, 포토존 등

도입 (10분)

방문 가족과 함께 인사를 나누며, 해당 자리배치로 안내한다.

T: 안녕하세요. 저는 오늘 OO 활동을 담당한 □□ 교사입니다. 반갑습니다.

T: 친구들 오늘 반가운 손님들이 오셨어요. 누가 오셨나요?

T: 우리 친구들이 부모님과 함께 활동하는 오늘을 기다렸어요.

T: 부모님들 우리 아이들과 집에서 요리활동 해보신 적 있나요?

T: 오늘 아이들이 부모님과 함께 보내는 시간을 행복하게 기억할 것입니다. 부모님들께도 즐거운 시간이 되면 좋겠습니다.

헨젤과 그레텔 동화를 회상하며 활동에 대해 알아본다.

T: 어제 선생님이랑 함께 보았던 그림책 기억하나요?

T: 헨젤과 그레텔이었지요? 이야기에 나온 집 기억하나요?

T: 맞아요(과자로 만든 집 장면을 보여주면서) 오늘은 부모님들과 함께 과자로 우리 집을 만들어 볼 거예요.

전개(20분)

과자 집 만들기에 필요한 재료에 대해 알아본다.

T: 먼저 손을 닦고 아이와 앞치마를 입어주세요.

T: 과자집을 만드는데 어떤 재료가 준비되어 있나 알아볼까요?

T: 어떤 재료들이 있나요? (재료와 색깔 등을 탐색한다.)

T: 선생님이 준비한 방법은 다음과 같아요. (PPT 화면을 보여준다.)

T: 만드는 방법은 가족 이름 팻말에도 적어두었어요. 하지만 새로운 아이디어로 만들어도 좋아요.

과자 집 만들기 활동 시 주의할 점에 대해 알아본다.

T: 그런데 이 활동을 하면서 어떤 점을 주의해야 할까요?

T: 그래요. 칼을 사용할 때 조심하겠지요? 빵칼도 위험할 수 있으니, 칼을 사용할 때는 부모님과 함께 사용하도록 해요.

T: 자, 이제 만들어 볼까요? 과자 집 만들기는 시계 긴 바늘이 8에 갈 때까지 하겠습니다.

가족별로 과자로 만든 우리 집 활동을 한다.

- 교사는 활동에 적합한 음악을 재생한다.
- 가족별로 상호작용을 하며, 활동을 보조한다.
- 가족들의 활동을 격려한다.

과자 집을 들고 가족 사진촬영 한다.

T: 사용하신 재료와 휴지들을 여기에 정리해 주시기 바랍니다.

T: 포토존으로 오셔서 기념사진 촬영을 하겠습니다.

T: 다 만든 가족분들은 자리에 앉아서 아이와 담소를 나누시기 바랍니다.

작품을 친구들에게 소개한다.

T: 모든 가족분들이 열심히 과자 집을 만들었어요.

T: 과자로 만든 우리 집을 소개해 볼까요?

마무리(10분)

활동에 대해 평가한다.

T: 오늘 어떤 활동을 해보았지요? 엄마, 아빠와 함께 활동을 해보니 어땠나요?

T: 부모님들께서는 오늘 우리 아이들과 함께 했던 활동이 어떠셨나요?

T: 네. 우리 집을 만들면서 가족과 가족의 공간을 더 생각하게 된 것 같아요. 아이들도 오래도록 이 시간을 기억하게 될 겁니다.

T: 집에서도 간단한 재료를 이용해서 아이들과 요리활동을 할 수 있어요. 아이들은 부모님과 함께 간단한 요리를 하면서 가족과 함께 하는 즐거움을 경험한답니다.

T: 적극적으로 활동에 참여해 주셔서 감사합니다. 다음 활동으로 이동하시겠습니다.

부모참여 요리활동 시 유의점

- 요리 재료에 의미를 부여할 만한 요소를 넣어 계획하고 발표할 내용들이 생성되도록 한다.
- 가족 별 활동 속도가 다르다. 포토존 및 상호작용 등을 활용하여 마냥 기다려서 무료한 시간이 없도록 하고 가족 간 의미있는 시간을 보내도록 독려한다.
- 음식이 있는 활동이므로 먹는 시간이나 장소에 대한 안내를 하거나 먹는 활동은 내용에 포함하여 구성한다.
- 자녀와 담소를 나눌 때 어떤 대화와 발문을 할지 막막해 하는 경우가 있으니, '여긴 어디야?', '누구 방이야?', '여기 누가 있지?' 등 간단한 상호작용을 화면 등에 보여주어 부모가 활동에 도움을 받을 수 있도록 지원한다.

포토존

컵케이크 만들기 순서도 교수매체

김밥만드는 순서

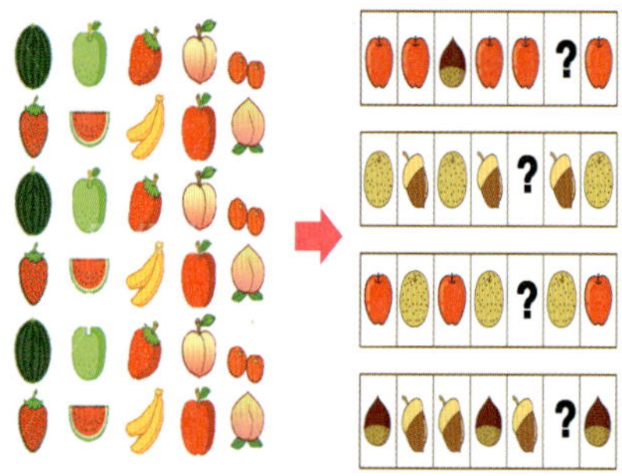

과일꼬치 패턴제시

귤화채 만들기

가족얼굴 빵

포토존

과자로 만든 우리집

가족 자동차

가족 주먹밥

(3) 부모참여수업 신체활동

활 동 명

개구리가 되어 보아요.

활동목표

• 신체활동을 통해 부모와 자녀의 친밀감을 향상한다.
• 이야기를 듣고 몸으로 표현하는 즐거움을 안다.
• 이야기의 내용에서 가족의 소중함을 안다.

운영방법

• 순 서 : 인사 → 활동 안내 → 이야기 체험하기 → 평가
• 장 소 : 도란 반 교실
• 준비물 : 마스킹 테이프, 펠트지, 개구리 사진, 가위, 글루건, 고무줄
• 사전준비 : 가족 이름표(사진을 받아 제작함), 역할 머리띠 제작, 마스킹 테이프로 활동영역 표시, 활동 중 음악선정 등

도입(10분)

방문 가족과 함께 인사를 하며, 역할 머리띠를 배부한다.

T: 안녕하세요. 저는 오늘 신체활동을 담당한 □□ 교사입니다. 반갑습니다.

T: 오늘 우리 도란 반 친구들의 부모님들이 오셨어요.

T: 오늘 인사는 조금 특별하게 해보려고 해요. 제가 '선생님은 ○○이를 사랑해'라고 하면 ○○이가 '사랑해'라고 말하고 그런 다음 ○○이 어머님께서 일어나셔서 '○○이 엄마입니다.'라고 인사해주시는 거예요.

T: 오늘 아이들이 부모님과 함께 보내는 시간을 행복하게 기억할 것입니다. 부모님들께도 즐거운 시간이 되면 좋겠습니다.

활동에 대해 이야기를 나눈다.

T: 바닥을 보니 뭔가 있지요? 오늘 우리가 무슨 활동을 할 것 같나요?

T: 오늘은 이야기를 듣고 부모님과 다양한 표현을 해 볼 거예요.

T: 교실에 들어오면서 머리띠를 받았지요?

T: 이야기 속에 누가 나올 것 같은가요?

T: 활동방법은 이야기를 듣고 아기 청개구리가 나올 때는 우리 친구들이 표현을, 엄마 청개구리가 나올 때는 부모님께서 표현을 해주시면 됩니다.

T: 답이 있는 것이 아니니까 즐겁게 참여해 주세요.

전개(20분)

이야기를 듣고 몸으로 표현해본다.

T: 아기 청개구리 이야기를 시작하겠습니다.(시작을 알리는 음악을 튼다)

옛날 옛날에 말썽쟁이 청개구리가 살고 있었어요.
청개구리는 엄마 말은 듣지 않고 뭐든지 거꾸로 했어요.
엄마 개구리가 일어서라고 하면 앉고 앉으라고 하면 일어서고
또, 오라고 하면 가고 가라고 하면 오고
봄비가 내리는 봄날, 엄마 개구리가 연잎을 따서 청개구리에게 씌워주며 말했어요.
"애야, 비가 그치면 놀자꾸나."
그러자 아기 청개구리는 나와서 비를 맞으며 말했어요.
"싫어요, 싫어."
햇빛이 쨍쨍한 여름날 엄마 개구리가 연못에서 물놀이를 하면서 말했어요.
"애야, 더우니깐 연못에 들어오렴."
그러자 아기 청개구리가 더워서 손부채질을 하면서 말했어요.
"싫어요, 싫어."
바람이 쌩쌩 부는 가을날 엄마 개구리가 소리치며 말했어요.
"애야, 추우니까 집으로 가자꾸나."

그러자 아기 청개구리가 연못에서 물놀이를 하며 말했어요.
"싫어요, 싫어."
엄마 개구리가 노래하며 말했어요.
"얘야, 청개구리는 이렇게 우는 거란다. 개굴개굴 개굴개굴"
그러자 아기 청개구리는 춤을 추며 말했어요.
"싫어요, 싫어. 저는 이렇게 울 거예요. 굴개굴개 굴개굴개"
밤이 깊어 모두가 잠자는 밤 엄마 개구리가 잠 잘 준비를 하며 말했어요.
"얘야, 밤이 깊었으니 어서 자자꾸나."
그랬더니 이번엔 청개구리가 춤추고 노래하며 말했어요.
"싫어요, 싫어. 굴개굴개 개구리 노래를 한다."
말 안 듣는 청개구리 때문에 엄마 개구리는 결국 병이 나서 쓰러지고 말았지요.
엄마 개구리는 아기 청개구리가 정성으로 간호해준 덕분에 병이 다 나았어요.
자리에서 일어난 엄마 개구리는 청개구리에게 말했어요.
"얘야, 엄마를 간호해줘서 너무 고맙단다."
청개구리는 울음을 그치고 말했어요.
"엄마, 제가 말도 안 듣고 거꾸로만 해서 죄송해요. 이제 엄마 말 잘 들을게요."
그날 밤 엄마 개구리와 청개구리는 서로 사랑한다고 말하며 꼭 껴안고 잠이 들었답니다.

마무리(10분)

활동에 대해 평가한다.

T: 오늘 어떤 활동을 해 보았지요? 엄마, 아빠와 함께 활동을 해보니 어땠나요?

T: 부모님들께서는 우리 아이들과 함께 했던 활동이 어떠셨나요?

T: 사랑에는 5가지 언어가 있다고 해요. 인정하는 말, 함께하는 시간, 선물, 봉사, 스킨십. 이렇게 다섯 가지 중 우리 아이들에게 필요한 사랑의 언어는 함께하는 시간과 스킨십이라고 생각해요.

T: 오늘 한 활동 영상은 부모님 휴대폰으로 전송하도록 하겠습니다.

T: 영상을 보시면서 아이들과 오늘 있었던 즐거운 경험에 대해 이야기 나누어 보시는 건 어떨까요?

T: 적극적으로 활동에 참여해 주셔서 감사합니다.

부모참여 신체활동 시 유의점

- 신체활동은 안전사고에 대한 위험성이 발생할 수 있는 활동이므로, 활동 동선이나 움직임 등을 미리 체크해야 한다.
- 교사의 진행능력이 활동의 흥미도에 영향을 미칠 수 있지만, 레크리에이션이 아닌 신체활동의 교육적 의미와 의의에 대해서도 관심을 기울여야 한다.
- 신체활동은 부모와 유아가 함께 협력해서 성취를 경험하거나 스킨십이 있는 활동으로 구성할 수 있다.

청개구리 동화 표현하기

우리가족 꽃이 피었습니다

도토리를 모아요

징검다리 건너기

누가누가 많이 넘기나

미션 마이크

2. 멀티미디어를 활용한 부모교육

현대 부모세대는 미디어와 친숙하고 빠른 변화에 익숙하게 적응한다. 글보다는 이미지에 빠르게 반응하며 휴대폰의 기능이나 앱 사용에도 능하다. 컴퓨터 환경은 특수 분야의 사람들의 전유물이 아닌지 오래다. 이제 일반 생활도 IT, 인터넷 환경을 빼고서는 기능하기 어렵다.

코로나19로 실시간 비대면 상황이 자연스러워졌듯, 영유아교육기관은 변화하는 디지털 환경을 어떻게 교육환경에 적용하고 바람직하게 활용할 것인가 고민해야 한다. 과거처럼 '가까이서 보면 눈 나빠진다', '텔레비전은 바보상자다'는 식의 금지와 방어적인 교육은 불가한 시대라는 점을 직시해야 한다.

요즘 영유아들은 태어나자마자 디지털 환경에 놓인다. 이에 영유아에게도 디지털 리터러시가 필요하다. 디지털 리터러시(digital literacy) 또는 디지털 문해력은 디지털 플랫폼의 다양한 미디어를 접하면서 명확한 정보를 찾고, 평가하고, 조합하는 개인의 능력을 뜻한다.

영유아는 디지털을 이해하면서 디지털 문해력을 기르지 않는다. 경험하면서 기른다. 부모와 교사가 자연스럽게 사용하는 디지털 환경을 접하면서 인간과 기계의 지위와 역할을 감각적으로 느끼는 것이다. 삶에 유용한 스마트 기기와 그 사용을 부모가 경험하고 자녀와 함께 해보도록 할 수 있다.

실시간 비대면 및 대면 부모교육, 부모참여수업 등에서 멀티미디어 및 스마트 기기를 활용할 수 있다. 이미 일반적으로 사용되는 구글 드라이브 내 잼보드[1]뿐 아니라 패들렛[2], 멘티미터[3], chatGPT[4] 등 프로그램 활용으로 디지털 리터러시에 대한 교육

1) 잼보드(Jamboard)는 구글 워크스페이스의 일부로서 스마트 디스플레이의 일종이다. 이미지를 가져오고 그리고 쓰는 등 스마트 화이드 보드이다.

2) 패들렛(Padlet)이란 하나의 작업공간에 많은 사람들이 동시에 들어와서 접착식 메모지를 붙여 놓는 작업이 가능한 웹 애플리케이션이다.

3) 멘티미터(Mentimeter)는 실시간 의견이나 퀴즈, 설문조사로 참여하고 통계를 확인하며 소통할 수 있는 프로그램이다.

적 효과도 누릴 뿐 아니라 부모교육의 흥미 또한 배가시킬 수 있다.

1) 사진을 활용한 부모교육

현대는 1인 1폰 시대이다. 시간 속에 스쳐 지나가는 풍경을 담는 것이 사진이다. 모든 개인은 많은 사진을 촬영하고 소유할 수 있다. 부모의 스마트폰과 사진을 활용하여 의미있는 부모교육을 실행할 수 있다. 자녀와 함께 정보를 찾는데서 나아가 스마트폰의 기능을 활용해 즐거운 놀이경험을 만들 수 있다.

다음 활동은 '우리 삶이 그림책이 된다면'(더푸룻교육연구, 2019)' 프로젝트 중 일부이다. 본래 이 활동은 휴대폰으로 구름을 촬영하고 휴대폰의 펜 기능을 사용하여 표현하는 것이다. 부모참여수업의 매끄러운 진행을 위해 이를 변형하여 수업을 진행할 수 있다.

활 동 명

내가그린구름그림

활동목표

- 가족과 함께 구름을 관찰하고 자연 속에서 여유를 경험한다.
- 스마트 기기로 공동작품을 만들어 즐거움을 느낀다.
- 이야기 만들기를 통해 표현력과 상상력을 기른다.

---

4) ChatGPT(Generative Pre-trained Transformer)는 OpenAI가 개발한 GPT-3.5 기반의 대형 언어 모델(large language model, LLM) 챗봇으로 훈련된 자연 언어 처리 모델이다.

출처: 김정아 作, 2019년 경기도 국공립 교사연수 유아창의예술을 위한 접근 자료 중 일부

활동을 위한 사전준비

- 부모참여수업 전 구름 그림 샘플을 보여주며 활동방법을 안내한다.
- 부모는 자녀와 함께 구름을 관찰하고 4컷 정도의 구름 그림을 그린다.
- 다 그린 그림을 교사의 스마트폰으로 전송한다.

활동방법

- 인사 및 활동에 대해 안내한다.
- 구름을 관찰하고 바라본 소감을 나눈다.
- 각 가족의 구름 그림을 출력하여 제공한다.
- 4컷으로 이야기를 만들도록 한다.

- 이야기의 제목을 정하거나, 이야기를 들은 사람들이 지어준다.
- 내가그린구름그림으로 창작된 이야기를 발표한다.

다양한 변형

- 사전 준비가 없는 경우, 구름 그림을 출력하여 당일 구름 그림을 그리고 활동한다.
- 같은 구름 그림을 제공하고 같은 구름 그림에 다른 그림과 표현을 공유하고 나눈다.
- 두 가족 및 세 가족이 함께 이야기를 만들어 본다.
- 각 가족이 마음에 드는 한 컷을 골라 릴레이 이야기를 만든다.
- 단어나 접속사 등을 카드로 만들어 구름 그림과 함께 이야기를 만든다.
- 구름 외에도 나무, 바다 등 자연을 촬영한 사진으로도 할 수 있다.

2) QR코드를 활용한 부모교육

(1) QR코드

QR은 'Quick Response'의 약자로 '빠른 응답'을 얻을 수 있다는 의미이다. 흔히 보는 바코드 비슷한 것인데, 활용성이나 정보성 면에서 기존의 바코드보다는 한층 진일보한 코드 체계이다. QR코드는 기존 바코드에 비해 많은 양의 데이터/정보를 넣을 수 있으면서 코드 크기는 짧고 작은 형태를 유지할 수 있다

QR코드의 구조

일본의 덴소웨이브(1994년)가 개발한 QR코드는 누구라도 다양한 목적으로 쉽게 제작, 사용할 수 있다. 지도, 영상, 압축링크 등의 다양한 정보를 담을 수 있다. 광고 마케팅 분야뿐 아니라 유통과 판매에도 널리 활용되고 있다. 전통적인 매체인 '종이'에 QR코드와 같은 디지털 콘텐츠를 더해지는 콘텐츠들이 개발되고 있다

(2) 부모교육에 QR코드 활용하기

활용방법

- 현관게시판 및 부모상담실 : 등원 · 하원 시, 상담 등으로 부모가 머무는 공간 및 부모교육을 위해 마련된 장소 벽면에 영상이나 자료 QR코드를 게시한다(예: 육아정보, 영유아 발달 관련 정보, 좋은 책, 선별된 육아 및 부모관련 영상).
- 가정통신문 : 견학 및 현장학습 장소(홈페이지 주소 URL:uniform resource locator), 공공기관에서 실시하는 교육(동영상 및 영상 주소 URL) 안내 시 활용한다.
- 특별한 날 : 영유아의 편지 및 영상 등을 QR코드로 제작하여 첨부할 수 있다.
- 그림책 및 활동 안내 시 : 프로젝트 및 확장 수업 시 이해를 돕기 위해 교사가 영상 및 QR코드를 제작하여 첨부할 수 있다.
- 부모참여수업 활동으로 가족의 QR코드를 만들어 결과물을 함께 스캔하여 감상한다.
- 사진 및 증강현실 활동을 QR코드로 제작하여 보관한다.

QR코드 활용의 교육적 효과

- 현대 환경 변화에 적합한 방식으로 정보를 제공한다.
- 부모 및 유아에게 현대 스마트 환경의 바람직한 활용의 모델을 제시한다.

QR코드 제작 유의점

- QR코드 제작 창에서 부모의 휴대폰 번호로 발송하지 않도록 한다. 1건만 자신의 휴대폰 번호로 발송하거나 메일로 발송하여 저장 후 활용한다.
- QR코드의 활용범위가 넓고 다양한 만큼 PC에 별도의 폴더를 만들어 저장 및 활용한다.
- 영상이 긴 경우 휴대폰으로 제작되지 않는 점을 고려하여 QR코드 제작은 PC를 활용한다.
- 파일명 확장자가 다른 경우 QR코드 제작에 어려움이 발생하므로 확장자를 변경하는 앱을 설치하고 확장자명을 바꾼 후 제작한다.
- 최근 인터넷의 발달과 컴퓨터 환경의 보편화로 개인정보유출로 인한 사회문제가 심각해지고 있다. 영유아의 사진이나 신상에 대한 자료는 부모의 동의를 얻거나, 부모에게만 공개하여 개인정보 보호법을 준수하도록 한다(정경미, 2018).

3) 증강현실 및 메타버스를 활용한 부모교육

(1) 증강현실과 메타버스

증강현실(Agumented Reality)은 현실(Reality)에 기반하여 정보를 추가(증강; Agumented) 제공하는 기술이다. 가상 현실(Virtual Reality)이 이미지, 주변 배경, 객체 모두를 가상의 이미지로 만들어 보여주는 반면, 증강현실은 추가되는 정보만 가상으로 만들어 보여준다.

이제 증강현실은 상위개념인 메타버스[5] 안에서 설명되고 있다. 옷을 구매할 때, 증강현실을 사용할 경우 착용해 보지 않고도, 간편하게 스타일을 확인할 수 있으며, 가

5) 메타버스(metaverse) 또는 확장 가상 세계는 가상, 초월을 의미하는 '메타'(meta)와 세계, 우주를 의미하는 '유니버스'(universe)를 합성한 신조어로, '현실 세계와 같은 사회적 · 경제적 활동이 통용되는 3차원 가상공간'인 현실과의 연결을 강조한다.

구를 판매할 때에도, 원하는 장소에 배치된 모습을 증강현실 기법으로 나타내 마케팅 효과를 극대화할 수 있다.

(2) 부모교육에 증강현실 및 메타버스 활용하기

증강현실을 구현하는 스마트폰 앱 또는 출시된 메타버스 앱을 활용하여 부모교육 활동을 구상한다.

활용방법

- 증강현실 그림책을 소개한다(꼬마 곰 무르 외, 2019, 보림).
- 증강현실 구현 사이트를 통해 함께 활동한다(예: Quiver, 한국전기안전공사 블로그 등).
- 영유아와 그림을 색칠하고, 장면에 따른 질문 혹은 이야기를 만들어 본다.
- 증강현실 장면을 캡쳐하여 확장활동을 창의적으로 구상한다.

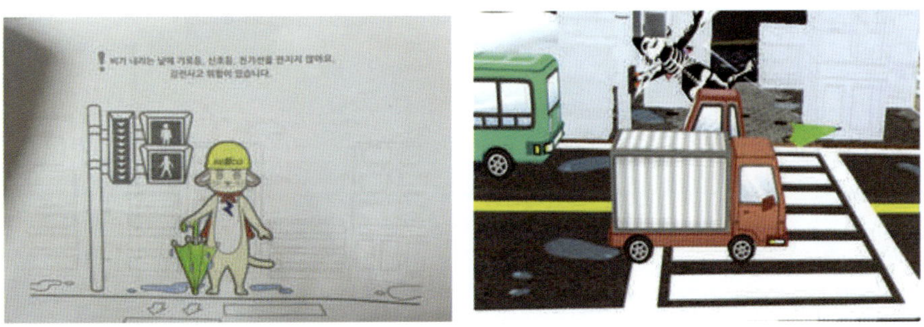

한국전기안전공사 미리미리 AR

증강현실 및 메타버스 활용의 교육적 효과

- 현대 환경 변화에 적합한 방식으로 정보를 제공한다.
- 부모 및 유아에게 현대 스마트 환경의 바람직한 활용의 모델을 제시한다.
- 종이와 다르게 수정과 보완, 연습과 반복이 가능해 활동 결과 오류에 대한 부담이 적다.

멀티미디어를 활용한 부모교육을 구상해 보세요.

1) 사진

2) QR코드

3) 증강현실

4) 그 외 (PPT, 동영상 등)

3. 그림책 기반 부모교육

그림책은 글과 그림이 만들어내는 이야기이다. 그림책은 아이에서 어른에 이르기까지 모든 사람이 좋아한다. 그림책은 어렵지 않으며, 쉽게 구할 수 있다. 그림책은 사람들의 삶과 보편타당한 진리를 담고 있으며, 머리가 아닌 가슴에 먼저 가 닿아 인상을 남기기 때문에 힘이 세다.

현대 부모들을 MZ세대라고 부른다. 또 시간이 지나면 세대를 지칭하는 용어들이 나올 것이다. 세대는 변화해도 부모의 본질, 부모-자녀 존재와 관계는 과거로부터 미래까지 변하지 않는다. 그림책은 개방적인 것 같으나 다소 폐쇄적이고, 공동체보다 개인의 권리와 자유가 우세한 이 시대에 필요한 일을 할 수 있다.

그림책 기반 부모교육이나 워크샵에서 좋은 그림책이 부모를 따뜻하지만 분명한 메시지로 가르친다. 그림책에서 작가가 전하는 메시지와 각자의 해석, 그리고 대화는 서로에게 깨달음이 되고, 이는 자녀와 부모가 함께 그림책을 즐기는 데 에도 영향을 미친다.

그림책이 가르치는 힘을 갖고 있지만, 본래부터 교육자료로 만들어진 것이 아니다. 그림책은 작가의 세련된 상상력으로 만들어낸 예술작품이며, 이 본질을 중심으로 그림책을 보고 감동과 깨달음 속에서 배움이 일어나고 교육효과 또한 나타나게 되는 것이다.

영유아교육기관의 기관장 및 부모는 이 사회에서 단순히 한 기관의 원장, 아이들의 부모로만 살아가지 않는다. 이들은 문화를 만들고, 영향을 받으며, 교육의 흐름과 분위기를 주도하는 사람들이다. 그림책을 어떻게, 어떤 목적, 어떤 방법으로 사용할 것인가에 따라 부모교육의 형태는 다양하다.

현장의 실제적인 그림책 적용을 위해 그림책이 어떻게 부모교육에 활용되고 있는지 개요와 사례, 효과, 실시배경 등을 설명하고자 한다.

여기에 제시한 사례들은 영유아교육기관의 부모교육 당위성에 따라 기관에서 그림책 기반 부모교육을 실시한 내용에 국한한다.

1) 그림책놀이상담사자격과정_그림책으로 대화하고 놀이하는 부모

책육아를 하고자 할 때 대부분의 부모는 좋은 마음으로 시작한다. 자연 발달에 의해 자녀가 한글을 알아가고 호기심이 많아지고, 가능한 활동이 늘어나면서 부모는 아이와 함께 해 보고 싶은 것들이 많아진다. 그 때 부터는 아이의 흥미보다 부모의 욕구와 의지가 반영되기 시작한다. 그림책을 보고 나면 놀이나 활동을 꼭 해야 할 것 같고, 많은 책을 읽어야 할 것 같다.

책육아를 하는 부모의 동기는 매우 다양하다. 책육아의 본질을 알고 시작하는 경우도 있디만, 대부분 그림책은 글이 적고 그림이 있어 쉬운 책이니까, 곧 한글도 배워야 하니까, 다른 장난감보다는 그림책을 보는 편이 좀 더 나은 것 같아서, 아이에게 장차 책읽는 습관을 기르기 위해서 발판으로 사용하고자 그림책을 택한다.

'책으로 아이를 기르겠다' 라는 책육아적 생각으로 그림책을 자녀와 보는 일과 그림책을 좋아하는 부모가 자녀와 그림책을 보는 일은 다르다. 부모가 그림책의 맛을 알고 좋아하면 책육아는 자연스럽게 이루어진다. 그림책에 놀이나 활동을 덧붙이지 않아도 불안하지 않으며, 좋은 관계와 공유된 정서 안에서 즐겁게 그림책을 볼 수 있다.

- 목표 : 부모가 그림책의 본질과 자녀와 함께 그림책 보는 방식을 이해하여 그림책에 대한 소양을 기르고 그림책을 즐기는 가정 문화를 만든다.

- 특징

  1. 첫 시간에 과정에서 함께 볼 그림책 목록을 공지한다.
  2. 매시간 그림책을 깊이 보고 함께 탐색하며 관련 내용을 이해한다.

- 내용 및 방식 : 총12시간 8회기 실시간 비대면 (8회차 수료식 대면)

1회차 : 그림책의 기초 → 그림책의 본질과 가치를 이해한다.

2회차 : 그림책의 구조와 의미 → 그림책의 구조와 그 안에 담긴 의도와 의미를 안다.

3회차 : 그림책의 글 → 그림책의 문학적 요소를 살펴보고 글의 문학성과 이야기의 관련성을 이해한다.

4회차 : 그림책의 그림 → 그림책의 미술적 요소를 살펴보고 그림 표현과 이야기의 관련성을 이해한다.

5회차 : 그림책과 사람의 성장 1_ 그림책과 영유아기 → 사람의 기본욕구를 이해하고 영유아기에 좋은 그림책을 이해한다.

6회차 : 그림책과 사람의 성장 1_ 그림책과 학령기 → 사람의 기본욕구를 이해하고 학령기에 좋은 그림책 보기를 이해한다.

7회차 : 그림책으로 대화하기 → 그림책을 실감나게 읽고 그림책으로 대화하며 즐길 수 있다.

8회차 : 그림책으로 놀이하기 → 그림책에서 놀이를 발견하고 그림책으로 놀이하며 즐길 수 있다.

실시간 비대면 수업장면

워크샵

8회차 수료식

그림책놀이 상담사자격증

• 효과

1. 그림책을 보는 안목을 기른다.
2. 자녀를 대하는 태도와 방법에 대한 반성적 사고력 및 실천능력을 기른다.

3. 지속적으로 그림책을 즐기면서 자녀와 그림책 문화를 누린다.
4. 부모와 자녀의 관계가 그림책 안에서 연결되고 만족스러운 관계성을 경험한다.
5. 그림책에 대한 부모의 자기 계발 및 비젼 발견이 있다

그림책을 단순히 짧고 쉬운 책으로 바라보면, 돈 주고 사기도 아까울 만큼 몇 장 되지도 않고, 별것 아닌 내용인 것처럼 느껴진다. 그림책에 흥미를 갖게 된 부모들은 아이를 위해서 그림책을 알아보려고 하다가 자신이 그림책으로 좋아하게 되었다고 말한다. 사실, 이 부분이 그림책이 힘을 발휘하기 위한 중요한 전제조건이다.

자녀에게 의무적으로 읽어 줄 때 부모의 정서는 메말라 있다. 나름의 구연을 하며 노력해 읽지만, 아이들은 부모와 깊은 정서적 공유를 경험하지 못한다. 그림책의 '맛'을 알게 되면 자신에게 작용하는 그림책의 힘을 알게 된다. 부모가 읽어줄 때 자녀는 풍부한 정서감과 안정감을 느낀다. 부모가 좋아서 읽어주는 그림책은 자녀에게 가 닿을 수 밖에 없다.

2) 차한잔과 그림책

그림책을 공부하는 느낌보다 가볍게 그림책을 보며 이야기 나누는 방식의 그림책 프로그램이다. 늘 아이들에게 그림책을 읽어 주는 부모는 누군가 자신들을 위해 그림책을 읽어주는 경험만으로도 힐링과 회복을 경험한다. 마음 편하게 그림책을 보고 있지만 그림책의 주제는 결코 가볍지 않다. 그림책이 자신의 마음과 생각을 두드리는 경험을 하게 된다.

그림책을 보는 안목이 생기고 자기 성장을 경험하는 부모들은 지속적으로 그림책을 보고싶어한다. 이러한 부모들은 부모교육의 주제 외에 광범위한 주제를 담은 그림책들을 폭넓게 읽으며 문화시민의 소양을 기르게 된다. 다소 철학적인 주제, 일상생활에서 잊고 지냈던 것들을 다시 깊이있게 생각하면서 문화적 소양을 기른다.

• **목표** : 영유아교육공동체 안에서 다양한 그림책을 함께 즐기며, 다양한 관점을 수용하고, 철학적 사고를 통해 사람과 세상을 바라보는 문화시민의 소양과 역량을 기른다.

• **특징**

1. 정한 그림책을 함께 감상한다.
2. 강의자가 선정한 핵심질문을 중심으로 대화하며 그림책을 깊이 알아간다.

• **운영방식** : 대면 혹은 비대면 소그룹 및 중그룹 모임

- 강의 혹은 모임 횟수와 주기를 협의한다.
- 사전에 그림책을 공지하여 각자 혹은 기관에서 준비한다.
- 회기 운영은 '그림책 감상 - 그림책 탐색 - 그림책 커뮤그램(커뮤니티 프로그램을 지칭하는 더푸룻교육연구의 교육상표)'으로 한다.

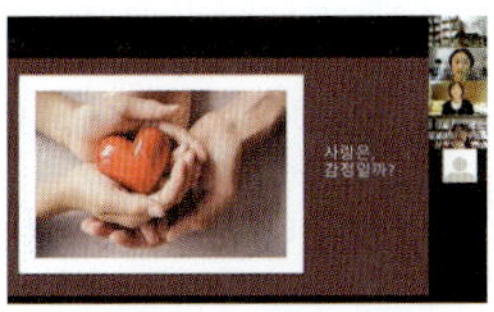

실시간 비대면 모임

대면 모임

대면 모임

• **효과**

1. 다양한 주제와 특성의 그림책을 경험한다.
2. 작가 및 그림책에 대한 관심을 확장한다.
3. 같은 그림책을 바라보는 타인의 관점과 시선을 공유한다.
4. 육아 및 교육의 범위 외, 생각해야 할 가치나 정의 등에 대해 생각한다.
5. 건강하고 성숙한 부모 공동체의 문화를 조성한다.

3) 그림책 수.다._(빼어날 秀, 많을 多)

'그림책 수.다.'는 '그림책에는 빼어난 것이 많다'는 의미와 그림책으로 편하게 즐겁게 나누는 대화가 있는 모임이라는 의미를 담은 프로그램 이름이다. 그림책은 때로 200페이지의 책이 전달하는 메시지보다 더 강력하고 통렬한 메시지를 임팩트있게 전한다. 글과 그림이 상호작용하면서 만들어내는 이야기가 가진 힘이다.

하브루타 그림책, 그림책 하브루타가 큰 유행이었다. 유대인의 부모교육과 그들의 문화가 훌륭하다는 것을 모두 알고 있다. 그들의 문화인 하브루타의 본질은 둔 채 겉면을 가져와 그림책에 적용한 방식이 허다하다. 하브루타는 단순한 교육방식이 아닌 유대인의 삶의 양식이고 문화이다.

하브루타의 질문을 만드는 능력은 맥락의 본질을 파악할 때 생겨난다. 우리나라가 하브루타로 토론문화를 실현하고자 한다면, 말하는 능력에 집중하기보다 들을 줄 아는 자세에 집중해야 한다. 자녀들에게 하브루타를 가르치기 전에 부모가 먼저 그림책을 보면서 질문 만들기 경험을 하면 좋다. 그 유사 경험이 그림책 수.다.의 내용이다.

철학적탐구공동체토론은 미국의 철학자 매튜 리프먼(Matthew Lipman, 2005)이 어린이문학교육에 적용한 토론방식이다. 현실에 대한 관심을 바탕으로 서로 다른 생각을 지닌 사람들이 모여 배려하고 존중하는 철학적 대화를 통해 공동체의 문제를 깊이 사고하고 판단함을 추구하는 방식이다.

이를 위해 서로 믿고 협동하는 배려공동체, 서로의 생각을 존중하기, 더 나은 답을 찾기 위한 과정 중시, 질문과 생각을 마음껏 허용하기, 어떤 주제나 질문이든 의미와 가치에 대해 깊이 생각하기 그리고 철학적탐구공동체를 이끄는 원동력은 참여자들의 생각이라는 원칙을 제시하고 있다.

이 과정을 의미있게 만드는 비경쟁독서토론모델을 접목하였다. 원래 이 모델은 Reading-Wrighting-Speech 즉, 그림책을 읽고, 쓰고, 말하는 과정이다. 그림책을 혼자 읽고 글을 써보는 과정이 부담스러울 수 있으며, 이는 낮은 참여도로 연결된다. 이에 모델을 수정하여 Reading-Speech-Wrighting 다시 말해, 읽고, 모여서 나누고, 그 다음에 글을 쓰기로 한다.

- **목표** : 영유아교육공동체 안에서 그림책을 함께 즐기며, 질문 만들기와 배려가 있는 토론문화를 경험하면서 대화 역량을 기르고, 즐거운 글쓰기를 경험한다.

- **특징**

1. 부모들의 자발적인 모임으로 간단한 규칙 및 진행자 등은 협의로 정한다.
2. 목록에 없는 그림책이라도 협의에 따라 정하여 함께 볼 수 있다.

- **운영방식** : 대면 소그룹 및 중그룹 모임
  - 그림책 수.다. 공동체는 모임의 횟수와 주기를 협의한다.
  - 초기, 중기, 말기 컨설팅을 받아 모임을 진행한다.
  - 모임에 적절한 그림책을 목록에서 선정한다.
  - 회기 운영은 '그림책 감상 - 질문 만들기 - 철학적탐구공동체토론 - 글토[6]'로 한다.

대면 모임

6) 글토란, 글을 '토'하다. 라는 의미로 그림책을 보고 난 감흥과 생각을 토하듯이 써 내려가는 글의 방식으로 글쓰기와 글짓기에 대한 부담감을 덜고, 나다운 글쓰기를 격려하기 위한 저자의 용어이다.

• 효과

1. 그림책을 작가의 입장, 독자의 입장에서 다각도로 바라볼 수 있다.
2. 그림책 및 작가에 대한 정보, 생각 등을 공유하며 관련 지식을 나눈다.
3. 한 가지 이야기와 주제에 대한 다양한 관점을 수용하는 여유를 갖는다.
4. 철학적 사고를 기르고 건강하게 토론하는 자질과 글쓰기 능력을 기른다.
5. 그림책에 대한 부모의 자기 계발 및 비젼 발견이 있다

4) 그림책 수.다. 후, 학부모의 글토

아래 예시는 공립다산한강유치원에서 진행된 학부모 그림책 수. 다. 중 일부 내용이다.

(출처 : 그림책철학마녀(가제), THE FRUIT LABS, 미간행)

1주차 : 빨간벽

브리타 테켄트럽 글 김서정 역
봄봄출판사 2018년 11월 02일

언제나 거기 있는 빨간벽에 의문을 갖게 된 꼬마 생쥐의 이야기. 꼬마 생쥐는 '벽은 왜 있는지 궁금합니다. 겁 많은 고양이, 늙은 곰, 행복한 여우, 으르렁 소리를 잃어버린 사자는 각자의 이유로 벽을 설명하고 외면합니다.
어느 날 빛깔 고운 새와 벽 너머로 간 꼬마 생쥐. 어떤 광경이 펼쳐졌을까요? 그리고 벽 안의 동물들은 어떻게 되었을까요?

• 글쓴이 : 박미라 (D유치원 학부모님)

책에 등장하는 동물들 중 나는 어떤 동물일까 ?

겁많은 고양이, 세상에 무기력한 늙은 곰, 현실에 안주하며 진실엔 관심없는 행복한 여우, 자신의 목소리를 잃어버린 사자, 호기심 많은 생쥐, 등장하는 동물들의 모든 모습에 내가 있는 것 같아 한 동물만 선택할 수가 없었습니다. 나는 살아가면서 얼마나 많은 벽을 쌓고 있었는가를 생각하니 마음이 무거워졌지만, 파랑새가 생쥐에게 해

주는 말을 듣고 마음에 큰 울림이 있었습니다. 파랑새가 생쥐가 아닌 나에게 얘기해 주는 것 같은 느낌이 들어 읽으면서 계속 눈물이 흘렀습니다. 글을 읽는 것만으로도 내 마음이 위로받을 수 있다는 사실이 저에게는 새로운 경험이었습니다. 힘들 때 한 번씩 꺼내보아 읽을 수 있다면 괜찮겠구나, 위로받을 수 있겠구나 하는 마음이 들어 상처받더라도 용기내 볼 수 있겠단 생각이 들었습니다. 이 책을 알게 되어 고마운 마음입니다.

• 글쓴이 : 송주희(D유치원 학부모님)

나는 이 책을 그림책놀이상담사 2급 자격증을 공부할 때 마지막 과제로 마주했었다. 아이들을 키우면서 수많은 좋은 그림책들을 만났었는데, '빨간 벽'은 좋은 책을 넘어서서 좀 달랐다. 마지막 반전이 있는 부분은 소름이 끼쳤다. ... (중략) 나 혼자일 때보다, 아이들을 키우면서 일상에서 수많은 '빨간 벽'을 마주했었고 지금도 그렇다. 그런데 그 벽들은 실제로 존재하는 것이 아니라, 나의 내면 속의 두려움, 가보지 않은 곳에 대한 막연한 걱정, 무서움이었다는 걸 '빨간 벽' 그림책을 읽으면서 들켜버린 기분이었다. 나는 앞으로도 나 스스로에 대한, 또는 아이들에 대한 수많은 '빨간 벽'을 마주할테지만, 조금씩, 천천히 그 벽을 넘는 파랑새와 꼬마 생쥐가 되었으면 좋겠다. 체구는 가장 작지만, 호기심 많고, 모험을 두려워하지 않는 강한 마음을 가진 꼬마 생쥐처럼. 그래서 벽 바깥 세상의 아름다움을 만날 수 있었으면 좋겠다.

5주차 : 낱말공장나라

아네스드 레스트라드 저 / 발레리아 도캄포 그림
세용 | 2009년 09월 10일

낱말을 사서 삼켜야만 말을 할 수 있는 나라. 어린 소년 필레아스는 낱말을 살 돈이 없습니다. 곤충망으로 채집하여 손에 넣은 단어는 체리, 먼지, 의자입니다. 이웃집 소녀 시벨을 사랑하지만 그 아이에게 '사랑한다'는 말을 할 수 없었습니다. 필레아스는 진심을 전할 수 있을까요?

• 글쓴이 : 강보현(D유치원 학부모님)

남편에게는 "괜찮아"라는 말을 하고 싶다고 했다. 순간 울컥했다. 그분의 남편은 가족의 모든 면을 스스로 책임지려고 하고 최선을 다하는 분이라고 하셨다. 그래서 든든하지만 안스러운 면이 있다고 했다. 우리집 가장과 같은 것 같다. 우리집 가장도 항상 나는 가장이니까 나만 믿어. 나만 따라와 라고 말한다. 그런데 난 재를 뿌려도 유분수지... 오빠나 잘해! 라고 말했었다. ... 말의 힘은 대단하다. "하나부터 열까지 다 널 위한 소리"라는 노래 가사가 있는데, 하나부터 열까지 들으면.. 널 위한 소리라는 생각이 안들 것 같다. 남편은 나의 잔소리가 시작되면 저 노래의 가사를 바꿔 "하나부터 열까지 다 잔소리 잔소리"라고 바꿔 불렀다. 사실 그 잔소리도 진심은 널 위한 소리이긴 하지만, 딱 한 단어로만 이야기했어도 진심이 전해졌을텐데라는 생각을 했다. 수 많은 말보다 진심을 전하는 단 한 마디가 상대에게 가장 힘이 되고 마음속에 기억될 것이다.

• 글쓴이 : 박진주 (D유치원 학부모님)

돈으로 말을 산다는 설정이 답답하고 공평하지 못하다고 느껴졌다.

이상한 나라에서는 가난하면 하고 싶은 말도 사랑도 하기 힘들다. 낱말을 사고 싶어도 돈이 없어서 살수 없는 주인공이 안타깝고 슬펐다. 낱말=기회. 돈으로 살 수 없는 소중한 것들도 많이 있다. 말없이 진실을 전하는게 가능할까? 말보다 더 중요하다고 생각하는 것은? 내가 낱말을 사야 한다면? '특히 비싼 낱말'은 무엇이 있을까?

남편이나 아이에게 줄 세 단어만 고른다면 어떤 낱말을 살까? 나는 남편에게는 고마워, 괜찮아, 도와줄게 라는 말을 골랐다. 항상 가족을 위해 애쓰는 남편에게 감사함을 전하고 싶었고 내가 그 짐을 조금 덜어주고 싶은 마음이다. 아이에게는 너를 믿어, 소중해, 사랑해 라는 말을 해주고 싶다. 항상 마음과는 다르게 클수록 아이에게 다그칠 때도 화를 낼 때도 많아지는데 엄마의 마음을 전하고 싶다.

6주차 : 밀어내라

이상옥 글/조원희 그림
한솔수북 | 2019년 12월 20일

펭귄들이 사는 8자 얼음 섬에서 어른 펭귄들이 긴 막대를 들고 섬 한쪽으로 몰려가 자신들의 공간으로 들어오려는 이들을 밀어냅니다. 여러 이유로 밀어내기만 하는 어른 펭귄들의 행동이 어린 펭귄들은 궁금합니다. 밀어내라. 밀어내라. 8자 얼음 섬에서 어떤 일이 일어날까요?

• 글쓴이 : 김보나 ((D유치원 학부모님)

... 다름에 대해서 어른과 아이의 관점 차이가 있고 그래서 마지막에 아이들이 떠내려가는 장면도 아이들과 어른들은 보는 것이 달라 결국 아이들을 잃게 된다는 것인가? 아니면 아이들은 어른과 다르게 또 다른 넓은 세상으로 나아간다는 것인가? 란 생각도 했었다.

... 나온 질문들로는 '난 무슨 편견이 있을까?', '우리가 난민이 된다면 어떤 것들을 필요로 할까?', '나에게 직접적인 영향이 있을 때 나도 거부하지 않을까?' 정도였다. 오늘은 질문을 정해놓고 얘기를 나누기보다 다문화, 장애인, 성 소수자들에 대한 다양한 얘기들을 나누게 되었다. 흥미로웠던 것은 불과 몇 년 전만 해도 적극적으로 오픈돼서 교육받지 않았던 것들을 지금 아이들은 다문화, 여러 형태의 가정, 장애와 같이 나와 다름이라는 것에 대해 내가 어렸을 때보다 훨씬 자연스럽게 교육이 되어지고 있다는 것이다. 어떤 분이 이 책에 여러 키워드가 있는데 그 중 하나가 '무지'라고 했다. 무지라는 것이 정확한 문제의 키워드라고 생각했다. 다름에 대한 두려움의 원인은 잘 모르기 때문이라는 것이다. 우리가 부딪히고 함께했을 때 무지가 사라질 수 있다는데 그것을 실천하려면 그걸 할 수 있는 용기가 필요한 것 같다. 우리 아이들이 다름에 대해 교육받는 것들이 미래에 어떤 새로운 상황이 다가왔을 때에도 그것에 대해 용기를 내고 다가갈 수 있는 시각을 만들어 낼 수 있을까?

• 글쓴이 : 강선경(D유치원 학부모님)

밀어냈던 경험이나 밀어냄을 당했을 때 경험을 나누고 싶었다. 난민에 대한 이야기에서 다문화가족, 탈북자들에 대한 이야기까지 다양하게 나왔었고, 어떤 어머님께서 실제로 탈북자 아이들과 함께 살고 있는 지인의 감동적인 이야기를 들려주셨다. 사람에 대한 편견과 경제적 자원의 집착이 없는 그분의 고귀한 정신에 깊은 감명을 받았다.

나는 새롭고 특이한 별난 친구들을 좋아했고 멋지다고 생각했었고 나 자신도 좀 별난 사람으로 평가되었던 것 같다. 호기심이 많은 편이라 타인에 대한 경계심도 적고 긍정적인 시선을 가지고 사람을 대하는 편인데 나와 반대 성향으로 타인에 대한 경계심이 큰 사람에게 상처받는 일을 겪었다. 모두가 긍정적인 시선으로 타인을 대하지 않는다는 사실을 간과했던 것 같다. 지금은 그 경험이 상처라기보단 다양한 인간상이 있음을 깨닫게 하는 좋은 경험으로 바뀌었고 나를 성숙하게 만들어 준 기회였다고 생각한다. 나와 비슷한 사람 늘 보던 풍경만 볼게 아니라 다양한 사람, 새로운 환경을 경험해보는 것이 밀어내지 않게 하고 함께하는 건강한 사회를 만들어 갈 좋은 기반이 되어 줄 것 같다.

그림책은 직접적인 가르침이 아닌 방식으로 감동과 깨달음, 나눔을 통해 교육효과를 발현하는 힘을 갖고 있다. 자녀양육 및 부모의 삶과 관련한 주제의 그림책으로 효과적인 부모교육이 이루어진다. 그림책이 가진 부드럽고 유연하지만 단단하고 분명한 메시지가 현대 부모의 감성에 적절하기 때문이다.

이 외에도, 기관장의 그림책 커뮤니티 운영 역량을 기르는 ‘커피와 그림책’, 일상적으로 그림책을 경험하는 보이는 그림책 라디오 ‘망고그림책’ 교사전문학습공동체 ‘교사성장 그.립.소(그림책. 입장에서. 소크라테스 익스프레스)’, 원장님 전용 ‘그림책철학마녀(그림책으로. 철학하는. 마음. 여행자들)’ 등으로 그림책이 교육문화를 새롭게 하고 있음을 경험한다.

더푸룻교육연구에서 운영 중인 그림책커뮤그램

그림책의 주제는 거의 분명하다. 개인의 사전경험과 성향, 관점과 가치관에 따라 그림책은 달리 보일 수 있다. 부모의 삶 및 양육에 대한 직접적인 이야기도, 보편적인 가치에 대한 이야기도 모두 좋은 효과성을 나타낸다. 부모와 함께 보며 생각을 나누기 좋은 그림책을 제시하면 다음과 같다.

엄마 도감

가시 소년

위를 봐요!

착해야 하나요?

나 하나로는 부족해

코끼리 아저씨와 100개의 물방울

검은 점

엄마가 화났다

악어 엄마

엄마, 잠깐만!

고함쟁이 엄마

밀어내라

친절한 행동

메두사 엄마

도시에 물이 차올라요

낱말 공장 나라
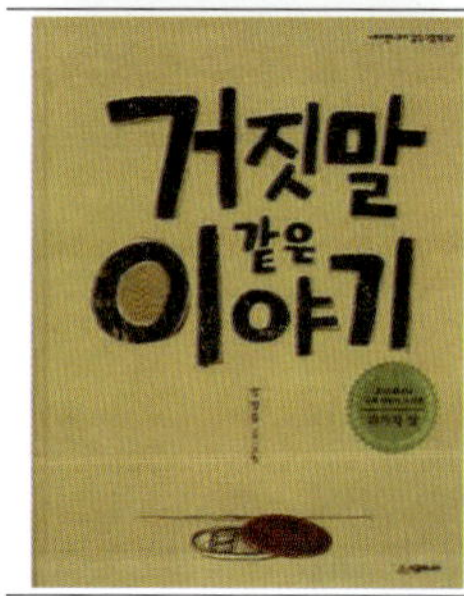
거짓말 같은 이야기

One 일
미국에서 그림책·아동도서에 주는 15개 상을 받은
「One 일」이 드디어 한국에서도 출간

건전지 아빠

할머니 엄마

CHAPTER

09

PARENT EDUCATION

Gordon : PET 프로그램

contents

"니모에게 아무 일도 일어나지 않게 할 수는 없어요.
니모에게 아무 일도 일어나지 않는다면,
아무 일도 일어나지 않을 거예요."

- 니모를 찾아서(2003 作) 도리가 니모 아빠에게 하는 말 가운데 -

1. 배경 및 목표

고든은 부모와 자녀의 인격적 관계에 기초한 부모의 효율적인 역할 훈련(Parent Effectiveness Training)에 초점을 두고 있다. 그는 여러 임상경험을 통해 정서적·인지적 어려움을 겪는 유아들의 문제를 의학적으로 접근하여 해결하는 데는 한계가 있다고 보았다. 부모의 갈등 및 유아의 변화를 위해 체계적이고 반복적인 훈련이 필요하다고 판단하고 부모 - 자녀 관계 향상을 위한 프로그램을 개발하였다.

부모 - 자녀 간 솔직한 태도와 표현능력, 수용능력과 언어사용을 기르기 위한 PET 프로그램의 목표는 다음과 같다.

- 완벽한 부모가 없다는 사실을 인식한다.
- 자녀와 자녀 행동을 이해하고 부모의 수용력에 영향을 미치는 요인을 안다.
- 수용상황과 표현상황에 따라 솔직하고 온정적인 언어를 사용하여 효율적인 의사소통 방법을 실천한다.

2. PET 프로그램의 기초

부모 - 자녀 간 온정적 관계를 위해 부모는 자녀에게 상담자와 같아야 한다. 자녀의 행동과 부모 자신의 수용성 수준을 인식하고 의사소통 기법을 활용하여 부모 - 자녀 관계를 향상시킨다.

1) 자녀의 행동과 부모의 수용수준 이해

자녀의 모든 행동은 부모의 수용 정도에 따라 수용 가능한 행동과 수용 불가능한 행동으로 구분된다. 자녀의 모든 행동을 보여주는 것을 행동의 창이라 부른다.

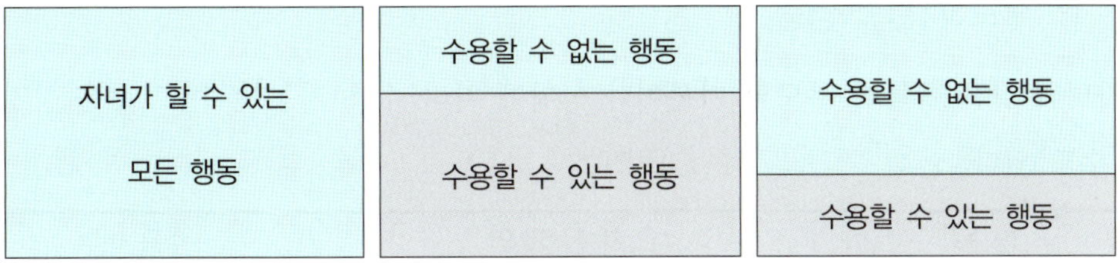

행동의 창　　　수용수준이 높은 부모　　　수용수준이 낮은 부모

2) 부모의 수용성 수준

부모의 수용성 수준은 아이, 부모 자신, 환경의 영향에 따라 달라질 수 있다. 수용 가능했던 자녀의 행동이 수용 불가능 할 수 있고, 수용 불가능했던 자녀의 행동이 수용 가능할 수 있다.

(1) 자녀의 영향

자녀의 같은 행동이 연령이나 기질 등에 따라 수용 가능할 수도, 수용 불가능할 수도 있다.

행 동	자 녀 요 인	수용 여부	
정환이가 거리에서 자전거를 탄다.	10살이며 운동신경이 발달하였고 자전거를 잘 탈 수 있다.		수용
			비수용
정아가 거리에서 자전거를 탄다.	4살이며 자전거를 타기에는 미숙하고 안전규칙을 잘 모른다.		수용
			비수용
정환이가 텔레비전 공포영화를 보고 있다.	10살이며 잘 놀라지 않고 영화가 사실이 아니라는 것을 안다.		수용
			비수용
정아가 텔레비전 공포영화를 보고 있다.	4살이며 잘 놀라고 영화를 사실로 믿으며 밤에 악몽을 꾼 적이 있다.		수용
			비수용

(2) 부모 자신의 영향

자녀의 같은 행동이 부모의 기분이나 상황에 따라 수용 가능할 수도, 수용 불가능할 수도 있다.

<table>
<tr><th>행 동</th><th>자 신 요 인</th><th colspan="2">수용 여부</th></tr>
<tr><td rowspan="4">자녀가 물을 달라고 소리친다.</td><td rowspan="2">당신은 두통으로 머리가 지끈지끈 아프다.</td><td></td><td>수용</td></tr>
<tr><td></td><td>비수용</td></tr>
<tr><td rowspan="2">당신은 편안한 마음으로 화창한 햇볕을 쬐고 있다.</td><td></td><td>수용</td></tr>
<tr><td></td><td>비수용</td></tr>
<tr><td rowspan="4">자녀가 영화를 보러 가자고 조른다.</td><td rowspan="2">당신은 할 일을 마친 후 기분이 좋은 상태이다.</td><td></td><td>수용</td></tr>
<tr><td></td><td>비수용</td></tr>
<tr><td rowspan="2">할 일이 쌓여 있어 걱정스럽고 중압감에 시달리고 있다.</td><td></td><td>수용</td></tr>
<tr><td></td><td>비수용</td></tr>
</table>

(3) 환경의 영향

자녀의 같은 행동이 주변 환경에 따라 수용 가능할 수도, 수용 불가능할 수도 있다.

<table>
<tr><th>행 동</th><th>자 신 요 인</th><th colspan="2">수용 여부</th></tr>
<tr><td rowspan="4">자녀가 바이올린 연습을 한다.</td><td rowspan="2">방과 후 자기 방 안</td><td></td><td>수용</td></tr>
<tr><td></td><td>비수용</td></tr>
<tr><td rowspan="2">저녁뉴스가 방영되는 텔레비전 옆</td><td></td><td>수용</td></tr>
<tr><td></td><td>비수용</td></tr>
<tr><td rowspan="4">자녀가 부스러기가 잘 떨어지는 간식을 먹는다.</td><td rowspan="2">부엌의 식탁</td><td></td><td>수용</td></tr>
<tr><td></td><td>비수용</td></tr>
<tr><td rowspan="2">잠자리 위</td><td></td><td>수용</td></tr>
<tr><td></td><td>비수용</td></tr>
</table>

부모가 항상 일관적인 것은 아니다. 부모도 부모이기 전에 사람인지라 자녀에 따라 자신의 기분과 상황에 따라 주변 환경에 따라 자녀의 행동을 수용하는 수준이 달라질

수 있다. 부모가 자신의 수용수준과 수용수준이 달라질 수 있다는 사실을 자각하고 있을 때, 자녀와 솔직하게 대화할 수 있고 부모로서 완벽해 보이려고 하는 실수를 줄일 수 있다.

3) 문제 소유자 알기

'문제 소유자'는 과제 해결의 주체, 즉 '누가 문제를 해결해야 하는가'라는 질문에 대한 답이다. 특히 여기서 문제는 '문제가 있다. 없다'보다는 '감정의 어려움이 누구에게 속해 있는가'에 대한 내용이다. 문제 소유상태에서 대화하다 보면 감정이나 행동의 문제가 해결되기보다는 갈등상황이 반복될 수 있다.

(1) 자녀가 문제 소유자인 경우

자녀가 자신의 문제 때문에 감정이나 행동의 어려움이 있는 경우이다. 함께 놀 친구가 없다든지, 친구와 다투었든지, 화가 나거나, 좌절감을 느끼거나, 속상해하는 경우가 이에 속한다. 자녀가 문제 소유자일 때 자녀는 다음과 같이 다양한 감정을 동반하고 있는 문장으로 말을 시작한다.

자 녀 : 난 내일 누구랑 놀지?
자 녀 : 나 현준이랑 안 놀 거야.
자 녀 : 엄마 나 유치원에 가기 싫어.
자 녀 : 엄마 나 못 생긴 거 같아.

(2) 부모가 문제 소유자인 경우

부모가 자녀 혹은 자신의 문제 때문에 감정이나 행동의 어려움이 있는 경우이다. 자녀로 인해 부모의 권리나 행동이 방해받거나, 피곤함으로 인해 자녀의 욕구를 충족시키지 못하는 경우가 이에 속한다. 부모가 문제 소유자일 때 부모는 다음과 같이 표현하게 된다.

회사에 다녀와서 지쳐 있는데, 자녀가 안아 달라고 보챈다.
부　모 : 저리 가.

외출했다가 돌아와서 보니 집이 어지럽혀져 있었다.
부　모 : 아이고, 내가 못 살아.

(3) 아무에게도 문제가 속하지 않는 경우

자녀가 자신의 욕구를 만족시키고 있으며, 감정이나 행동에서 아무런 어려움을 느끼지 않는다. 부모도 자녀로 인해 자신의 권리나 행동에 지장을 받지 않는다.

자녀가 문제 소유자인 경우	⇨	자녀가 해결할 문제 → 도움을 제공
아무에게도 문제가 속하지 않은 경우	⇨	일상적인 대화 가능
부모가 문제 소유자인 경우	⇨	부모가 해결할 문제 → 부모의 표현

4) 의사소통의 걸림돌 이해

부모는 자녀에 대한 사랑을 표현하는 방법으로 언어를 사용하지만, 효율적이지 못한 언어표현으로 인해 자녀와의 관계에서 불편을 경험한다. 부모는 한 개인적 인간이며 동시에 부모의 역할을 감당하며 혼돈을 갖고, '어른이 아이보다 낫다'라는 사고방식에 영향을 받는다. 의사소통 걸림돌의 주요 내용은 다음과 같다.

(1) 명령, 지시

자녀에게 명령하고 지시한다.

부 모 : 방 좀 치워라.
부 모 : TV꺼.

자녀는 부모의 명령과 지시를 듣고 행동하지만, 행동의 동기가 부족하며 연령이 증가할수록 억울해 하거나, 분노하고 반항적 감정을 느낄 수 있다.

(2) 위협, 경고

자녀의 특정 행동을 중지시키기 위해 결과를 말하거나 겁을 준다.

부 모 : 한 번만 더 그러면 집에 가서 혼나.
부 모 : 그런 말 또 하면 용돈 없어.

자녀는 부모의 위협과 경고에 겁을 먹고 두려움을 느낀다. 일시적인 행동은 중지될 수 있지만, 연령이 증가할수록 부모의 위협과 경고가 사실인지 시험해 보고 싶어 하며 부모의 말을 신뢰하지 않을 수 있다.

(3) 훈계, 설교

자녀가 알아야 한다고 생각되는 내용, 특히 해야 할 일과 해서는 안 되는 일에 대해 일일이 알려준다.

부 모 : 남자는 눈물 흘리지 않는거야.
부 모 : 어른들 말할 때 끼어들지 않는거야.

자녀는 부모의 훈계와 설교를 듣는다. 이는 훈계하고 설교하는 부모의 태도에 경직된 반응을 보이는 것이다. 연령이 증가할수록 부모의 말에 반항심을 느끼고 인격적으로 존중받지 못한다는 느낌을 가질 수 있다.

(4) 충고, 해결책 제시

자녀에게 문제에 대한 충고와 해결책을 제안하고 조언한다.

부 모 : 친구가 그런 말 하면 안 놀면 되잖아.
부 모 : 이 블록은 이렇게 쌓으면 되겠네.

자녀는 부모의 충고와 해결책을 듣고 당장의 문제를 해결한다. 그러나 명령이나 지시와 마찬가지로 자신의 행동에 대한 동기가 약하고 문제에 대한 정확한 원인 파악이 어렵다. 또한 문제해결에 대한 정서적 충족감이 약해 자신감을 잃고 문제상황에서 자주 부모에게 의존하게 될 수 있다.

(5) 비난, 평가

자녀의 상황이나 행동을 자녀 탓으로 돌리거나 판단 및 평가를 내린다.

부 모 : 너 그러고 있을 때부터 알아봤다.
부 모 : 넌 항상 그 모양이야.

자녀는 부모의 평가를 받아들이고 낮은 자존감을 갖게 된다. 추후 다른 상황과 문제 앞에서 자신감을 잃는다.

(6) 심리분석

자녀의 행동이나 심정을 분석하여 잘못을 지적하여 표현한다.

부 모 : 처음부터 계획을 잘 짜지 않았기 때문에 생긴 결과야.
부 모 : 너가 먼저 그렇게 말했기 때문에 친구가 가버린 거야.

자녀는 부모의 분석을 귀 기울여 듣는다. 그러나 문제에 대한 해석의 폭이 좁아지고, 모든 문제를 원인과 결과의 틀에서만 바라보게 될 수 있다.

(7) 욕설, 조소

자녀에게 수치심을 주는 욕을 하고 자녀를 조롱하는 언어를 사용한다.

부　모 : 바보 멍청이 같으니라고.
부　모 : 야. 깡통. 텅텅 비어가지고는.

자녀는 부모의 말을 통해 자신에 대한 이미지를 정한다. 이러한 욕설과 조소를 자녀가 스스로를 수치스럽고 가치없게 느끼도록 만든다. 자신 뿐 아니라 다른 사람을 평가하는데도 영향을 미친다.

(8) 부추기기, 칭찬

근거가 부족한 긍정적인 표현으로 자녀를 강화한다.

부　모 : 넌 천사잖아. 착하게 대할 수 있어. 걱정마.
부　모 : 넌 똑똑하니깐 다 잘할 수 있어.

자녀는 부모의 칭찬으로 당장 기분이 좋아진다. 그러나 칭찬의 근거가 약해 죄책감을 갖게 되거나 겉으로 보이는 모습에만 관심이 집중될 수 있다. 또한 구체적인 문제해결에서 어떤 식으로 반응해야 할지 모르고 이상적인 목표만으로 문제를 덮어버릴 수도 있다.

(9) 주의 돌리기, 화제 바꾸기

자녀가 처한 상황을 덮어버리거나, 다른 이야기로 돌려 문제에 집중하지 못하도록 한다.

부 모 : 그건 잊어버리자.

부 모 : 그건 그거고. 와! 이건 뭐지? 이거 봐봐.

자녀는 부모가 자신의 문제를 별거 아닌 것으로 치부한다고 생각하게 된다.

(10) 탐문, 심문

부모가 자신의 감정적 문제를 해결하기 위해 자녀로부터 필요한 정보를 얻으려고 한다.

부 모 : 누가 너한테 이걸 시켰는지 말해봐.

부 모 : 왜 언니를 싫어하는지 이야기해봐.

자녀는 부모가 묻는 내용보다는 태도에 집중하게 되어 심리적인 위축감을 갖게 되고 이유모를 불안감이나 두려움에 휩싸일 수 있다. 그 감정상황을 벗어나기 위해 자녀는 거짓말을 시도하기도 한다.

그 외에도 강의하기, 가르치기, 동정하기 등 의사소통 걸림돌이 있다.

3. 주요 내용

자녀의 행동과 부모의 수용수준 이해, 문제 소유자 이해, 의사소통 걸림돌 이해를 기초로 부모는 자녀의 안내자, 조력자, 상담자로서 의사소통 전략을 사용해야 한다. 그 중 가장 대표적인 것은 적극적 경청(active listening), 나 - 전달법(I-message), 무승부법(no-lose method)이다.

1) 적극적 경청

적극적 경청은 자녀의 이야기와 내용을 이해하고 적극적으로 반응하는 기법이다.

적극적 경청을 통해 부모는 자녀가 부정적인 감정에 대해 죄책감을 갖지 않도록 도울 수 있다. 부모는 자녀의 이야기를 듣는 사이 온정적인 관계를 형성하게 되고 자녀는 부모의 의견과 생각을 듣고자 하는 마음을 갖게 된다. 자녀는 부모의 듣는 태도와 반응을 통해 자연스레 경청하는 태도를 기르게 되고 감정의 정화를 경험한다. 그리고 부모에게 존중받고 있다는 느낌을 기반으로 자신의 문제를 스스로 분석하고 해결점을 모색하는 힘을 기른다.

자녀는 처음부터 문제에 대해 말하기보다는 문제 및 사건에 대한 자신의 감정을 털어놓는다. 이에 부모는 이야기 이면에 있는 자녀의 감정과 정서를 파악하고, 부모가 이해하고 있는 바를 언어로 표현하여 부모가 공감하고 함께 문제에 대해 생각하고 있음을 전달해야 한다.

〈일반적 듣기 예시〉

자 녀 : 나 유치원 안 갈래.
부 모 : 왜? 무슨 소리야? 무슨 일 있었어?
자 녀 : 민수가 나 때렸어.
부 모 : 진짜? 민수가 왜. 어디 다쳤어?
자 녀 : 민수는 나빠.
부 모 : 무슨 소리야. 다시 말해봐.
자 녀 : 몰라. 나 내일 안 갈거야.
부 모 : 안 되겠다. 선생님한테 물어봐야겠다.

〈적극적 듣기 예시〉

자 녀 : 나 유치원 안 갈래.
부 모 : 아이쿠, 유치원 안 가고 싶을 만큼 화가 났구나!
자 녀 : 응, 유치원 안 갈거야. 민수가 날 때렸어.
부 모 : 민수랑 싸웠구나.
자 녀 : 민수는 나빠. 나를 화장실 앞에서 밀었어.

부 모 : 아, 민수가 화장실 앞에서 밀었으니 화가 났겠다.
자 녀 : 나는 너무 급해서 그랬다구.
부 모 : 아 민수가 서 있는데 서준이가 그 앞에 선 거구나.
자 녀 : 그렇게 하면 안 되는건데... 그렇다고 날 확 밀어?
부 모 : 제일 친한 친구가 그랬으니 속상했을 것 같아.
자 녀 : 다치진 않았어. 그리고 내가 잘못한 거니깐.
부 모 : 안 다쳐서 다행이다. 민수도 놀랐겠는데?
자 녀 : 몰라. 내일 가서 물어볼게.

두 대화의 양상은 다르게 전개된다. 부모의 반응에 따라 자녀의 반응이 달라짐을 볼 수 있다.

일반적 듣기 예시에서 부모는 주로 이유에 대해 캐묻고 있다. 자녀가 사건에 대해 갖고 있는 감정에는 전혀 관심을 갖지 않는다. 사건의 옳고 그름으로 문제를 인식하고 선생님께 사실에 대해 확인해 보고자 하는데 이르고 있다. 대화가 전개되지 않았지만, 사실 여부에 따라 자녀는 훈계를 듣게 될 수도 있고, 잘잘못에 대한 부모의 판결을 듣게 될 수 있다.

적극적 듣기 예시에서 부모는 자녀의 감정을 가만히 따라가고 있다. 어떤 일이 있었는지 궁금하지만, 자녀의 잘못에 대해 올바른 방침을 가르쳐주고 훈육하고 싶지만, 우선 감정에 집중하여 자녀의 이야기를 듣고 반응한다. 자녀의 감정이 서서히 정화되고 '유치원에 안 간다'는 처음 이야기와는 다르게 '내일 가서 물어본다'는 말을 하는 것을 볼 수 있다.

대부분의 부모들은 자녀의 이야기에서 사실과 사건에 집중하는 경향이 있다. 이에 자녀의 감정은 보이지 않게 되고 추궁을 위주로 하는 대화를 진행하게 된다. 자녀와 이러한 대화를 하다보면 자녀는 부모와 이야기하고 싶은 마음이 사라진다. 마음은 계속 엉켜있고, 계속 부모는 뭔가를 물어본다. 결국 자신의 잘못이라는 말을 듣게 될 것이라는 것, 잔소리같은 이야기들이 나올 것이라는 것을 직감하면서 대화를 피하게 된다.

부모는 자녀가 문제 소유자로서 이야기를 시작할 때 자녀가 가진 모든 문제, 상황, 행동, 감정 등을 듣는 자세를 가져야 한다. 자녀의 감정이나 행동이 부모의 생각과 다르더라도 자녀의 감정을 수용하고 자녀가 해결해 나갈 것이라는 믿음을 유지해야 한다. 자녀의 감정이 순화되면 사건에 대한 자녀의 생각이나 판단이 명쾌해질 수 있다는 생각으로 대화를 진행해야 한다.

당장의 대화로 모든 문제가 해결될 것이라고 믿거나, 해결해야겠다고 결심해서는 안 된다. 자녀가 유사한 감정이나 같은 문제로 부모에게 다시 이야기를 할 수 있도록 대화의 문을 열어놓아야 한다. 이때 자녀는 인격체로 존중받을 수 있고, 부모의 권위와 품위도 유지될 수 있다.

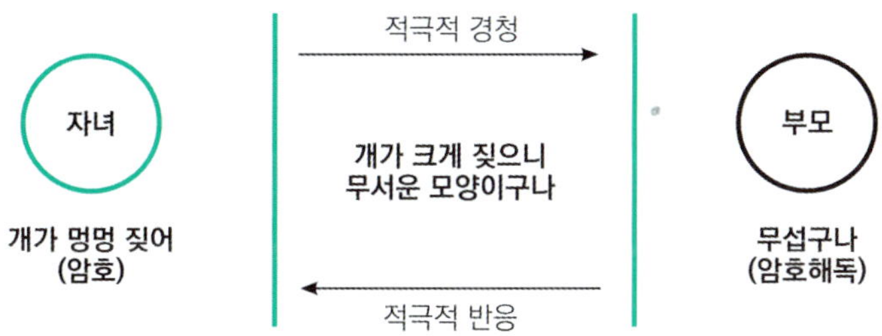

[그림 7-1] 적극적 경청과 적극적 반응

적극적 경청은 위와 같이 부모의 적극적 반응, 즉 피드백으로 연결된다. 적극적 경청의 방법은 다음과 같다.

(1) 감정 찾기

자녀가 하는 말에서 주요 감정을 찾는다.

자　녀 : 아빠 이것 좀 봐! 내가 비행기 만들었어!

→ 기쁨. 자랑스러움.

자　녀 : 유치원 갈 때 나 손 잡아줘.

→ 불안함. 외로움.

자　녀 : 재미 없어. 뭐하고 놀지?

→ 무료함. 지루함.

(2) 감정에 반응하기

찾은 감정을 상황에 맞게 표현한다. 상황에 따라 '그렇구나!, 음, 아!' 등과 같은 말을 사용하여 자녀의 이야기에 관심을 갖고 있음을 표현한다.

① 객관적으로 관찰한 것을 말한다.

자　녀 : 아빠 이것 좀 봐! 내가 비행기 만들었어!

부　모 : 와! 비행기를 만들었구나!

② 감정이 들어간 언어를 사용한다.

불안함, 속상함, 화남 등의 언어를 넣어 공감을 표현한다.

자　녀 : 유치원 갈 때 나 손 잡아줘.

부　모 : 마음이 불안하구나. 자, 엄마 손 잡아.

③ 공감과 수용을 표현한다.

자　녀 : 유치원 갈 때 나 손 잡아줘.

부　모 : 마음이 불안하구나. 자, 엄마 손 잡아.

자　녀 : 엄마 손 부들부들해. 좋아.

부　모 : 기분이 좋아졌구나.

적극적 경청을 처음 시도할 때 매우 어렵고 어색하게 느껴질 수 있다. 자녀의 말을 반복해서 따라하는 수준으로 시작하여 온정적인 관계가 형성되면 대화가 더욱 편안해질 수 있다는 점을 인식하고 지속적이고 적극적으로 듣는 태도를 유지해야 한다.

자녀의 이야기를 듣다 보면, 자녀의 불안이나 두려움이 부모에게 전이되기도 한다. 이때에는 적극적 경청 중에 나-메세지를 사용하여 부모의 감정이나 상황을 전달할 수 있다.

자 녀 : 수학을 포기해 버릴까봐.
부 모 : 포기한다고 해서 엄마가 깜짝 놀랐다.

적극적 경청의 좋지 않은 예와 좋은 예를 만들어 보세요.

1) 같이 놀 친구가 없어.

<적극적 경청의 좋지 않은 예>

자녀 : 같이 놀 친구가 없어. 다 생일파티에 갔다고.
부모 : (   )
자녀 :
부모 :

<적극적 경청의 좋은 예>

자녀 : 같이 놀 친구가 없어. 다 생일파티에 갔다고.
부모 : (   )
자녀 :
부모 :
자녀 :
부모 :

2) 머리가 나쁜가 봐. 해도 소용이 없어.

<적극적 경청의 좋지 않은 예>

자녀 : 머리가 나쁜가 봐. 해도 소용이 없어.
부모 : ( )
자녀 :
부모 :

<적극적 경청의 좋은 예>

자녀 : 머리가 나쁜가 봐. 해도 소용이 없어.
부모 : ( )
자녀 :
부모 :
자녀 :
부모 :

2) 나 - 전달법

나 - 전달법은 자녀의 행동에 대한 부모의 감정과 생각을 전달하는 방법이다. 대부분의 사람들은 문제를 겪을 때, 주어를 '너', '당신'으로 하는 너-전달법 문장을 사용하여 말한다. '방 좀 치워라'는 '(너는) 방 좀 치워라', 즉, 주어가 '너'인 문장이다. 너-전달법 문장은 대부분 결과 중심적이며, 의도와 달리 타인을 탓하게 된다.

나 - 전달법을 사용할 때 주의할 점이 있다. 나 - 전달법은 영어식 표현이므로 국어식 표현에 어색하거나 자연스럽지 않을 때가 있다. 표현이 자연스럽고 진심이 전달되도록 표현하고 부정적인 감정만을 너무 강조하지 않도록 한다. 대화 중 자녀가 나 - 전달법을 사용하면 적극적 경청으로 반응하여 자녀의 감정을 먼저 수용해야 한다.

[그림 7-2] 나 - 전달법과 너 - 전달법 대조

나 - 메시지는 자녀에게 부모의 상태나 감정, 결과를 있는 그대로 전달한다. 나 - 메시지는 어떠한 특정 상황에서 부모가 느끼는 자녀의 행동과 결과, 부모가 느끼는 감정을 표현한다. 이로써 자녀는 부모도 사람이고 완벽한 존재가 아님을 인식하고 솔직한 인격체로서 부모를 인식할 수 있다. 또한 자녀는 자신의 행동이 어떠한 결과를 가져왔는지 객관적으로 판단할 수 있고, 부모가 어떤 감정을 갖고 있는지 느끼며 자신의 행동이나 말을 결정할 수 있다

너-전달법 혹은 의사소통의 걸림돌을 나-전달법으로 만들어 보세요.

1) 10살짜리 아이가 아기방 바닥에 칼을 내버려 두었다.

"바보 같으니라고, 그러다 아기가 다치면 어쩌려고."

- 부모의 말은 의사소통 걸림돌 중 무엇인가?
- 이 상황의 부모의 감정은 무엇인가?
- 이 말을 들은 만5세 아이의 감정은 무엇인가?
- 이 말을 ① 상황(행동) ② 영향(결과) ③ 감정 / ① 상황 ② 감정으로 바꾸자.

2) 아이가 늑장을 부려 약속에 늦을 것 같다.

> "엄마 생각도 좀 해 봐라."

- 부모의 말은 의사소통 걸림돌 중 무엇인가?
- 이 상황의 부모의 감정은 무엇인가?
- 이 말을 들은 만5세 아이의 감정은 무엇인가?
- 이 말을 ① 상황(행동) ② 영향(결과) ③ 감정 / ① 상황 ② 감정으로 바꾸자.

3) 무승부법

무승부법은 적극적 경청이나 나 - 전달법으로 갈등해결이 되지 않을 경우 사용할 수 있다. 어느 한 쪽이 이기고 지는 승부적 방법은 어느 한 편에게 패배감을 준다. 자녀의 욕구 및 부모의 욕구가 만족되지 않는 상황은 부모 - 자녀 관계에 나쁜 영향을 주며 갈등해결에 비효과적이다.

무승부법은 6단계로 시행될 수 있다.

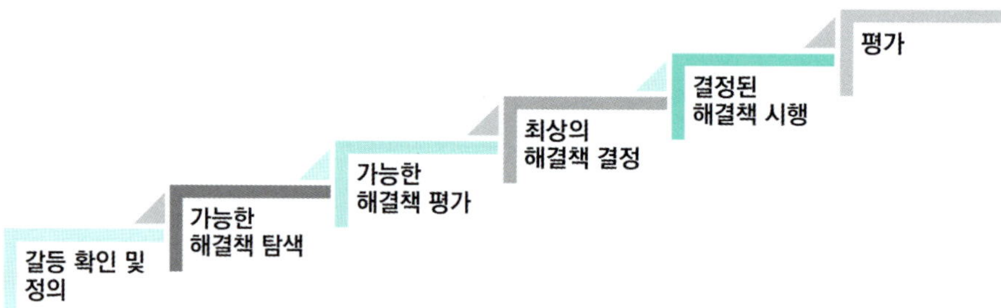

[그림 7-3] 무승부법 6단계

(1) 1단계 : 갈등 확인 및 정의

부모가 갈등문제를 확인하고 문제가 무엇인가 함께 확인하고 분명하고 상세하게 설명한다. 부모가 자녀와 부모의 욕구를 충족시킬 수 있는 최선의 해결방안을 찾기 위해 노력하고 있다는 것을 자녀가 분명히 알 수 있도록 한다.

(2) 2단계 : 가능한 해결책 탐색

확인된 문제를 어떻게 해결할 것인지 다양한 방안을 탐색한다. 부모의 생각보다 자녀가 생각을 먼저 밝힐 수 있도록 하고, 다양한 이야기 속에서도 가장 좋은 해결책을 찾는 과정이라는 것을 기억해야 한다.

(3) 가능한 해결책 평가하기

부모와 자녀 모두 해결책 수용 여부에 대해 솔직하게 대화한다. 실천이 가능하지 않은 이유를 찾거나, 서로에게 공평한 해결책이 되는지 검토한다.

(4) 최상의 해결책 결정

갈등을 해결하는 최상의 방법을 결정한다. 해결방안을 강요하거나 설득해서는 안 되며 결정에 대해 책임이 있음을 서로 명심할 필요가 있다. 서로의 합의와 결정에 따라 결정된 해결책을 작성해도 좋다.

(5) 결정된 해결책 시행

구체적으로 해결책을 시행한다.

(6) 평가

최종 해결책을 시행하면서 경험된 문제점과 어려움 등은 적극적 경청과 나 - 전달법을 통해 수시로 서로 확인하고 새로운 해결점을 찾는다.

모든 문제가 무승부법으로 해결되지는 않는다. 자녀의 연령이 증가하면서 부모와 가치관과 철학이 다를 수 있다. 신앙이 다른 경우에도 무승부법은 통하지 않는다. 하지만 자녀는 문제해결에 임하는 부모의 자세, 자신을 대하는 부모의 태도에서 민주성과 존중을 배울 수 있다. 그리고 가치관과 철학에 따라 해결하기 어려운 문제들이 있다는 사실도 존재한다는 점도 인정해 나갈 수 있다.

4) 프로그램 구성

초기 P.E.T. 프로그램에서는 부모들로부터 선발된 부모 중 한 명이 강사의 보조자 역할을 하면서 훈련을 받아 유아의 가정에 방문하여 부모를 지원했다.

부모에게 실시하는 P.E.T 프로그램은 회기별 90분으로 총 8회기로 구성된다. 프로그램의 내용은 프로그램의 주요 원리인 자녀 이해와 부모 이해, 의사소통 전략인 적극적 경청, 나 - 전달법, 무승부법 등을 생활장면에서 역할 연습하도록 구성되어 있다. 참가자들은 서로의 경험을 나누며 피드백하면서 부모 - 자녀 관계 원리와 전략을 학습한다.

CHAPTER

10

PARENT EDUCATION

Dinkmeyer & Mckay : STEP 프로그램

contents

"아이는 부모의 등을 보고 자란다."

- 저자 생각 -

1. 배경 및 목표

STEP 프로그램은 미국 의사소통 및 동기유발 훈련 연구소의 딩크마이어와 멕케이가 민주적 부모역할을 위해 개발한 체계적 부모역할훈련 프로그램이다. 이 프로그램은 드라이커스의 행동 목표, 논리적 귀결법 등의 이론적 개념과 고든의 적극적 경청, 나 - 전달법 등의 실천적 방법으로 구성되어 있다.

STEP 프로그램은 부모 - 자녀 간 질높은 관계 형성을 위해 부모 - 자녀 간 상호 존중하기, 자녀에게 격려와 용기 주기, 가족과 즐거운 시간 함께 보내기, 사랑 표현하기의 4가지 요소가 필수적이라고 보았다. 민주적인 분위기와 의사소통을 기초로 자녀는 사랑과 책임, 민주주의 가치를 배울 수 있다고 하였다.

2. STEP 프로그램의 기초

STEP 프로그램은 드라이커스의 잘못된 행동 목표를 기반으로 자녀의 행동을 이해하고 프로그램을 위한 가정을 세웠다.

- 부모와 자녀는 인격적으로 평등하다. 상호존중의 원리에 따라 부모는 자녀를 가치로운 존재로 인식해야 한다.
- 자녀는 자신의 소속감을 잘못된 행동 목표 달성으로 획득할 수 있다고 믿는다. 부모의 자녀에 대한 접근방식에 따라 자녀의 행동과 의도는 변화될 수 있다.
- 자녀는 가정 분위기와 가치관, 성역할, 자신의 심리적 위치, 훈육방법에 영향을 받아 신념을 형성하고 장기적인 목표를 전개해 나간다.
- 부모는 자녀에게 선택의 여지를 주고 자신의 결정에 책임지는 자세를 기를 수 있도록 해야 한다.

3. 주요 내용

1) 완벽형 부모와 책임형 부모

모든 부모는 자녀에게 좋은 부모이고 싶다. 부모의 유형은 신념과 행동에 따라 두 유형으로 나뉜다(김미경 외, 2016).

(1) 완벽형 부모

완벽형 부모는 자녀에게 완벽한 부모의 모습을 보이려고 한다. 부모는 완벽한 존재이며 자녀는 미숙한 존재라고 여긴다. 완벽형 부모가 갖는 신념과 그 신념에 따른 부모의 행동, 그리고 자녀에게 일어나는 결과는 다음과 같다.

부모의 신념	부모의 행동	자녀에게 일어나는 결과
나는 자녀를 통제해야만 한다.	• 복종을 요구한다. • 보상과 벌을 준다. • 이기려고 한다. • 부모가 옳고 자녀는 틀리다고 주장한다.	• 반항하거나 분노를 느끼며 앙갚음을 한다. • 이기거나 옳음을 고집부린다. • 진정한 감정을 속인다. • 인생이 불공평하다고 느낀다. • 포기하고 회피하며 자율성이 결여된다. • 거짓말과 도벽이 생길 수 있다.
나는 우월하다	• 자녀를 동정한다. • 책임을 진다. • 과잉보호를 한다. • 독선적이다. • 자녀에게 창피를 준다.	• 자신을 연민하고 다른 사람을 비난하는 것을 배운다. • 무능력함과 인생이 불공평하다고 느낀다. • 다른 사람이 베풀어 주기를 원하다. • 우월할 필요가 있다고 느낀다.
나는 받을 자격이 있다. 너는 내게 빚지고 있다.	• 공평에 지나치게 민감하다. • 조건을 붙인다.	• 다른 사람을 믿지 않는다. • 인생은 불공평하다고 느낀다. • 이용당한다고 느낀다. • 다른 사람을 이용하려 한다.
나는 완전해야 한다.	• 모든 것에서 완전을 요구하고 결점을 찾는다. • 다른 사람의 생각에 지나친 관심을 갖는다.	• 자신이 결코 훌륭하지 않다고 생각한다. • 완벽주의자가 된다. • 좌절을 느낀다. • 다른 사람의 의견에 대해 걱정한다.

부모의 신념	부모의 행동	자녀에게 일어나는 결과
나는 계산하지 않는다. 다른 사람이 나보다 더 중요하다.	• 지나치게 자녀에게 몰두한다. • 자녀의 요구를 들어주고 양보한다. • 안 된다고 하는 것에 죄의식을 느낀다.	• 받기를 기대한다. • 사회적 관계를 잘 형성하지 못한다. • 다른 사람의 권리를 존중하지 않는다. • 이기적이다.

(2) 책임형 부모

책임형 부모는 자신의 존재와 자녀의 존재를 객관적으로 바라보고 존중한다. 부모와 자녀로서 기본적인 권리와 의무가 있다고 여기므로 자녀는 책임감을 배우게 된다. 책임형 부모가 갖는 신념과 그 신념에 따른 부모의 행동, 그리고 자녀에게 일어나는 결과는 다음과 같다.

부모의 신념	부모의 행동	자녀에게 일어나는 결과
나는 자녀 스스로 결정할 수 있다고 믿는다.	• 선택하게 한다. • 격려한다.	• 자신감을 느끼고 무엇이든 하려고 한다. • 문제를 해결한다. • 유능하다.
다른 사람보다 더도 덜도 아닌 동등한 인격이다.	• 자녀를 믿고 존중한다. • 독립성을 격려한다. • 선택과 책임감을 갖게 한다. • 자녀가 공헌하기를 기대한다.	• 자립심과 책임감을 발달시킨다. • 결정하는 것을 배운다. • 자신과 타인을 존중한다. • 평등을 믿는다.
나는 상호존중을 믿는다.	• 평등성을 증진한다. • 상호존중을 격려한다. • 유아가 죄의식을 갖지 않게 한다.	• 자신과 타인을 존중한다. • 친사회적인 감정이 증가한다. • 다른 사람을 신뢰한다.
나는 인간이다. 내가 불완전한 것이 당연하다.	• 현실적인 기준을 정한다. • 힘을 강조하지 않는다. • 격려하고 인내심이 있다. • 자신의 이미지에만 관심을 두지 않는다.	• 자기평가보다 닥친 일에 집중한다. • 시도하다가 실수하면 다시 도전한다. • 새로운 경험을 하려는 용기가 있다. • 다른 사람에 대해서도 인내한다.
나 자신을 포함한 모든 사람이 중요하다고 믿는다.	• 상호존중하고 공헌하도록 격려한다. • 시중들지 않는다. • 안된다고 할 때를 안다.	• 훌륭한 사회적 관계를 가진다. • 다른 사람의 권리를 존중한다. • 신사적이다.

2) 칭찬과 격려

자녀의 성장을 위한 언어적 소통방법은 칭찬과 격려이다. 칭찬과 격려의 본질적 차이를 이해할 때 부모는 적절한 칭찬과 격려를 사용할 수 있다.

(1) 칭찬

"잘했어"라는 좋은 말은 결과에 대한 만족감을 표시하는 말로써, 자녀에게는 자신에 대한 통제로, 평가로 여겨질 수 있다.

관심영역	자녀가 느끼는 부모의 신념	자녀에게 미치는 영향
외적 통제 "잘했어. 정말 착하구나"	• 네가 내 말을 들을 때만 가치 있다. • 너는 믿을 수 없고 믿어서도 안 된다.	• 순종하는 것이 가치 있음
외적 평가 "잘했어. 이건 왜 그래?"	• 왜 그 정도 밖에 안 되니. • 내 맘에 들지 않는다.	• 다른 사람을 기쁘게 할 때에 가치있다고 느낌 • 권위자에게 반대하는 것에 대한 두려움을 가짐
기존 도달에 대한 보상 "잘했어. 조금 더 하면 좋을거야!	• 네가 내 기준을 잘 따를 때만 너는 가치 있다.	• 비현실적 기준을 발달시킴
자기 평가와 개인적 이익 "잘했어. 최고야!"	• 너는 최고다. • 너는 항상 남보다 우위에 있어야 가치 있다.	• 과다경쟁 유발 • 조건을 불문하고 이기려 함 • 최고일 때 가치롭다고 여김

(2) 격려

격려는 'en-courage'이며, 용기는 'courage'이다. 'en-courage'에 사용된 'en'은 '들어가다'라는 의미를 나타낼 때 쓰인다. 즉, 격려는 용기로 들어가는 문이다. 격려는 자녀의 내적 가능성과 힘을 지원하고 지지하는 상호작용으로, 격려를 받은 자녀는 용기를 낼 힘을 얻으며 스스로 만족스러운 결과를 얻을 수 있다.

관심영역	자녀가 느끼는 부모의 신념	자녀에게 미치는 영향
건설적인 자녀의 능력	• 나는 네가 책임있고 독립적이라는 것을 믿는다.	• 용기를 갖고 시도하려는 의욕을 보임
내적 평가 "넌 어땠어?"	• 자신과 자신의 노력에 대해 어떻게 느끼느냐가 중요하다.	• 자신을 스스로 평가하고 결정할 수 있음
노력과 향상 "꾸준히 하는 모습이 대견하다."	• 너의 노력과 향상은 중요하다.	• 자신과 타인의 노력을 인정하게 됨 • 어떤 일이든 인내심을 갖고 지속적으로 함
장점, 공헌, 가치 인정 "너가 도와줘서 아빠가 쉴 수 있었어."	• 너의 공헌은 가치 있다. 네가 있으면 더 잘 할 수 있다. • 네가 한 일의 가치를 인정한다.	• 개인적인 이익 뿐만 아니라 모든 선을 위해 노력하고 자기 재능을 사용할 줄 알게 된다. • 자신의 성공 뿐만 아니라 타인의 성공에 대해 기뻐할 줄 알게 된다.

3) 의사소통 방법

(1) 폐쇄적 반응과 개방적 반응

부모는 자녀와 소통할 때 자녀의 말을 들으며 폐쇄적 혹은 개방적으로 반응할 수 있다.

자녀의 말	폐쇄적 반응	개방적 반응
선생님 미워	• 선생님을 밉다고 하면 되니?	• 너는 선생님에게 정말 화가 나있구나.
나는 바본가 봐	• 너는 바보가 아니야. 그 문제도 못 푸니?	• 그 문제가 정말 어려운가 보구나.
내가 만든 거예요	• 그래 다른 아이도 만들어	• 정말 네가 만들었구나, 그걸 만들려고 정말 애썼다. 기뻐보인다.

(2) 의사결정 방법

부모는 자녀와 소통할 때 자녀가 처한 상황이나 감정이 유아에게 해당하는 것인지, 부모에게 해당하는 것인지 분별하여 개방적으로 반응하는 반영적 경청방법 혹은 나-메시지 전달법을 사용할 수 있다(Gordon의 의사소통 걸림돌 참조).

상황	문제	반영적 경청	나-메세지
바람개비를 만들지 못해서 짜증을 낸다.	유아	"너는 바람개비가 잘 만들어지지 않아서 속상하구나."	
자녀가 늦으면 연락을 반드시 한다고 약속을 하고는 연락없이 늦게 들어왔다.	부모		"늦으면 연락을 하기로 했는데 약속이 지켜지지 않아 나는 화가 많이 났어. 엄마는 기다리느라 지쳐서 밥도 못 먹었거든."
전화를 하는 도중에 계속 말을 시켜 방해를 한다.	부모		"엄마가 전화통화하기가 힘들어. 계속 말을 해서."
친구가 놀아주지 않는다고 화낸다.	유아	"친구가 함께 놀아주지 않아 화가 났구나."	

STEP 프로그램은 12명 가량의 부모집단을 대상으로 매주 1회(1시간 30분에서 2시간 9주 동안) 9주간 실시할 수 있다. 회기별 주제는 다음과 같다.

회기	주제	상세내용
1	자녀의 행동이해	자녀의 잘못된 행동목표와 부모의 대처방안
2	자녀와 부모 자신의 이해	좋은 부모에 대한 이해-완벽형 부모와 책임형 부모
3	격려-자신감과 자아가치감 길러주기	자녀의 상태 수용하기, 격려하기, 용기를 주는 언어 사용 제시
4	의사소통-반영적 경청	자녀의 말 이면의 생각과 감정을 이해하고 적절히 반응하는 기술 훈련
5	의사소통-문제해결을 위한 대안찾기와 나 - 전달법	부모 자신의 생각과 감정을 표현하면서 문제해결의 대안을 찾는 방법 훈련
6	책임감 훈육방법	자녀에게 자율성과 책임감을 부여하는 방법 훈련
7	자연적·논리적 결과의 활용	일상생활 속에서 사용할 수 있는 자연적·논리적 결과의 활용
8	가족모임	바람직한 의사소통의 총체 경험
9	자신감 개발 및 잠재력 발휘	부모로서의 자신감 및 잠재력 키우기

STEP 프로그램에 참여한 부모들은 자녀의 행동을 보다 긍정적으로 받아들였고 자녀들을 수용하고 신뢰하였으며, 이에 따라 자녀의 행동 및 자존감에 긍정적 변화가 나타났다.

PART

03

PARENT EDUCATION

실제편 : 부모상담

contents

CHAPTER

11

PARENT EDUCATION

상담의 기초

contents

"부모와의 대화에서 나타나는 교사의 반응은
교사 자신의 정체성을 드러내고 부모 대하기의 방향성을 제시하며
교사와 부모의 '관계'를 규정한다."

\- 저자 생각 -

현대 영유아들은 부모와 함께 보내는 시간보다 교사와 함께 지내는 시간이 더 많다. 영유아의 바람직한 성장을 지원하기 위해 영유아 교사는 불가피하게 상담자가 된다. 영유아 교사는 부모 그리고 영유아와의 관계를 중심으로 부모상담을 실행하기 위해 상담의 기초와 기법 등을 숙지해야 할 필요가 있다.

1. 상담과 부모상담

상담은 전문적인 훈련을 받은 상담자가 도움을 필요로 하는 내담자와 수용적이며 구조화된 관계를 형성하고 이 관계 속에서 내담자로 하여금 자기 자신과 자기를 둘러싼 주위 환경에 대한 의미 있는 이해를 촉진시킴으로써 태도와 행동의 변화, 그리고 한층 높은 수준의 성장을 하도록 하는 심리적 조력의 과정이라고 할 수 있다(김종운, 2013).

그러나 상담이 단순한 대화를 통한 문제해결은 아니다. 상담을 통해 정보제공을 할 수 있지만 전적으로 정보만을 제공하는 것은 상담이 아니며, 면담이 중요한 부분을 차지하지만 면담이 곧 상담인 것은 아니다. 즉 상담은 상담자와 내담자가 인격적 만남을 통해 삶의 현장 곳곳에서 바람직한 변화를 돕는 과정이다.

상담을 통한 변화는 단기간에 드러나지 않을 수 있다. 대개 소극적 목표는 문제 행동이나 표현을 감소시키거나 제거시킴으로써 달성되고, 적극적 목표는 바람직한 행동을 증가시키거나 새롭게 형성하거나 변형하는 융통성을 기르면서 달성된다. 상담을 통해 문제를 예방하거나 갈등을 극복하고, 합리적인 의사결정과 긍정적인 변화를 꾀할 수 있다.

상담에서 상담자가 내담자에게 하는 모든 반응은 내담자의 변화에 영향을 주는 기술이다. 상담 기법은 관심 기울이기, 적극적 경청, 질문, 공감, 반영, 재진술, 자기 개방, 피드백, 직면, 해석, 요약 등 열한 가지 언어적 반응 기술 등이 있다(노안영, 2005; 천성문 외, 2006).

부모상담은 부모교육에 포함되며 효과가 높은 방식이다. 부모와의 조력 및 협력을 통해 영유아의 바람직한 발달을 지원하는데 목적이 있다. 부모와의 건강한 동반자 관계형성, 부모의 바람직한 변화, 그리고 영유아의 올바른 양육과정에 대한 대화를 포함하므로 부모상담은 복잡하고 특수한 구조를 띄고 있다.

2. 주요 상담 이론과 특징

1) 개인심리학적 상담

(1) 개인심리학의 개요

애들러(Alfred Adler, 1870~1937)의 개인심리학은 프로이드학파에서 영향을 받았으나 리비도보다 자아에 관심을 가졌다. 인격모델, 정신병리학의 이론, 열등감 콤플렉스의 개념 등을 말하며, 개인들은 스스로에 대해 책임있게, 주위 환경에 적응하고, 창의적인 방법들로 반응하는 것을 배운다고 보았다.

애들러학파는 광범위한 치료기법들을 적용한다. 따뜻함과 보살핌의 공감적 관계를 세우고 내담자의 목표들과 생활양식을 평가한다. 내담자가 잘못된 사고와 그 결과적인 부적응 행동들에 대한 통찰을 갖도록 한 후, 대안적인 사고방식으로 행동하도록 재교육하고 격려하면서 행동의 변화를 유발시킨다.

대표적인 상담기법은 질문 기법, '마치~인 것처럼' 행동하기, 단추누르기 기법, 수프에 침 뱉기, 악동 피하기, 과제 설정하기, 역설적 의도, 격려하기 등이 있다.

(2) 개인 심리학적 상담의 강점과 한계

개인 심리학적 상담의 강점과 한계를 이해하여 부모상담에 적용할 수 있다.

개인 심리학적 상담의 강점을 살펴보면 다음과 같다(강갑원, 2006; 강진령, Peterson & Nisenholz, 1999).

- 사회적 관심의 중요성을 일깨우고, 인간의 사회적 측면에 관심을 가짐으로써 새로운 사회심리학적 시각을 제시하였다.
- 과거에 구속 받는 인간이 아닌 미래를 향해 나아가는 능동적인 인간상을 강조하였다.
- 상담자와 내담자의 평등한 관계를 기초로 내담자 모두를 열등감을 극복하려고 하는 우수하고 완벽한 존재로 인식하였다.
- 실존주의 상담, 게슈탈트 상담, 현실 치료, 교류분석 등과 같은 다양한 상담 이론 형성에 직·간접적으로 영향을 미쳤다.
- 심리성적 인간이해에 새로운 문제점과 도전을 제공하여 성격 형성에 사회성이라는 새로운 관점을 제시하고 성격심리학의 폭을 확장시키는 계기를 제공하였다.

개인심리학적 상담의 한계를 살펴보면 다음과 같다(강갑원, 2006; 강진령, 2009; Peterson & Nisenholz, 1999).

- 경험적 연구가 부족해 복잡한 인간의 문제를 지나치게 단순화하고 일반 상식에 머무르고 만다는 비판을 받는다.
- 내담자의 언어 표현 능력, 논리적 사고, 그리고 통찰력에 의존하는 경향이 있어 내담자의 수준에 영향을 받는다(James & Gilliand, 2003).

개인 심리학적 상담 이론을 부모상담에 적용할 때, 어떠한 부분에서 영감을 얻을수 있는지 생각해 봅시다.

2) 인간중심 상담

(1) 인간중심 상담의 개요

칼 로저스(Carl Rogers, 1902-1987)는 기독교 가정에서 출생하고 광범위한 독서를 즐기면서 자랐다. 프로이드적 시각에 의하면 인간은 억압된 성욕과 공격적 본성의 희생양이고, 행동주의적 시각에 의하면 인간의 성품은 인간 내부에 숨겨진 자극과 반응 메커니즘의 산물인데, 그의 생각은 달랐다.

로저스는 인간본성에 대해 긍정적 견해를 갖고 환자를 고객이라는 단어로 부르며 문제에 대한 통제권이 내담자에게 있음을 밝혔다. 과거의 경험이 아닌 현재에 초점을 맞추고 관찰할 수 있는 행동이 아닌 내적 경험을 중시한다. 이는 기존에 치료자가 실험을 행하고 질문하며 진단하는 방식을 뒤집는 것이었다.

모든 사람들은 기회가 주어진다면 방어기제는 감소할 것이고, 개인은 신뢰할 만하고, 건설적이고 선하게 행동할 것이라고 보았다. 본능적인 방어적 반응이 과잉하여 개인을 압도할 경우 인간은 자신에게 내재되어 있는 선함으로부터 소외될 것이고, 환경에 대한 부정적 반응은 부정적 행동으로 나아가게 된다고 하였다.

인간중심 상담은 치료자의 진실성과 투명성을 중요시한다. 이에 일치라는 개념을 사용하였다. 특별하게 기법을 강조하지 않는 것도 인간중심 상담의 특징이며, 현대 상담에 가장 많이 사용되는 공감과 수용이라는 용어가 인간중심 상담의 핵심이다.

(2) 인간중심 상담의 강점과 한계

인간중심 상담의 강점과 한계를 이해하여 부모상담에 적용할 수 있다.

인간중심 상담의 강점을 살펴보면 다음과 같다(강진령, 2009; 김충기, 강봉균, 2001; 천성문 외, 2006; Peterson & nisenholz, 1999).

- 상담의 초점을 기법 중심에서 상담 관계 중심으로 전환시켰다는 점이다(corey, 2005). 훈련된 전문가들 뿐 아니라 모든 사람이 이해하고 활용할 수 있는 방향으로 상담의 범위를 확장시켰다.
- 상담자, 심리학자, 사회사업가, 그 외에 전문가를 훈련하는 데 능력적 측면보다 자세적 측면, 즉 경청, 배려, 이해의 중요성을 강조하였으며 이러한 상담자를 양성하는 것을 상담 프로그램에 포함되게 되었다.

- 상담의 구체적 기법에 초점을 두는 것이 아니라 상담자의 태도를 중시한다는 점에서 상담자들이 자신의 상담 스타일을 개발해 나갈 수 있다
- 기업, 병원, 정부 기관, 국가 간 분쟁, 환경문제, 국제 관계 개선 등 다양한 상황과 장면에 폭 넓게 적용할 수 있다.

인간중심 상담의 한계를 살펴보면 다음과 같다(강진령, 2009; 김춘기, 강봉균, 2001; 천성문 외, 2006; Peterson & nienholz, 1999).

- 객관적 정보 확보 및 활용이 미흡하다. 심리검사나 진단을 통해 내담자가 자신의 문제점을 통찰하게 하는 한편, 필요한 경우 직면을 통해 내담자의 변화를 적극적으로 이끌어 내야 한다는 반론이 있다.
- 지나치게 내담자 중심이 되어 상담 관계에서 상담자 고유의 인간성과 독특성을 상실할 수도 있다. 내담자 중심의 수동적이고 비지시적 방식에 의해 상담자가 발휘할 수 있는 전문가로서의 치료적 영향력이 미치지 못할 수 있다는 지적이다.
- 내담자와 상담자와의 인간적 관계에만 치중한 나머지 상담 기법의 사용을 등한시한 점이다. 상담자의 반응을 반영과 공감, 경청에만 제한함으로써 상담 기법의 사용을 통한 내담자의 변화를 경시하였다.

인간 중심 상담 이론을 부모상담에 적용할 때, 어떠한 부분에서 영감을 얻을 수 있는지 생각해 봅시다.

3) 해결중심 상담

(1) 해결중심 상담의 개요

가족치료에서 시작된 해결중심 상담은 드 세이저(Steve de Shazer, 1940~2005)와 베

르그(Insoo Kim Berg, 1934~2007) 부부가 주축이 되어 발달시킨 상담 및 심리치료 모델이다. 해결중심 상담은 문제의 원인보다는 강점, 성공경험, 예외상황 등의 여러 자원을 활용하면서 문제해결 방법에 중점을 두고 단기간 내에 상담 목적을 성취하는 상담모델이다.

해결중심 상담은 내담자가 문제를 해결하려는 의지와 능력을 가지고 있다고 믿기 때문에 내담자 스스로 해결책을 찾아 나가도록 돕는 데 주력한다. 전통적인 이론들이 내담자 문제의 근원이나 원인에 초점을 두고 이를 탐색하였다면 해결중심 상담은 미래를 이루어내기 위해 현재 무엇을 해야 할지를 분명히 알 수 있게 돕는다.

해결중심 상담의 특징을 보여주는 원칙은 다음과 같다.

첫째, 문제가 없으면 고치지 말라. 해결중심 상담의 강조점은 사람이 문제가 아니며, 문제가 문제라는 것이다. 즉, 내담자를 아프고 상처받은 존재로 보는 것을 피하고 대신 그들의 삶에서 건강하고 잘 기능하는 것을 발견하도록 한다.

둘째, 효과가 있으면 더 많이 계속하라. 효과가 있는 일을 반복해서 하면 내담자는 긍정적 행동이 증가되는 것을 경험하게 되어 자기 긍정의 태도를 가지게 된다. 이러한 긍정적 감정은 새롭게 시도한 효과적 행동을 강화하여 더 많은 성공을 이루게 한다.

셋째, 효과가 없으면 그만두고 다른 일을 시도하라. 해결중심 상담에서는 효과가 없는 행동은 더 이상 계속하지 말고, 실패의 고리를 끊을 수 있는 새로운 것을 시도할 것을 강조한다.

해결중심 상담은 내담자와의 대화를 해결중심으로 유도할 수 있는 방법을 구체화시킬 수 있도록 다양한 질문들을 개발하였다. 대표적인 질문기법은 초기질문, 예외질문, 기적질문, 척도질문, 대처질문, 관계성 질문, 칭찬질문, 추가질문 등이 있다.

(2) 해결중심 상담의 강점과 한계

해결중심 상담의 강점과 한계를 이해하여 부모상담에 적용할 수 있다.

해결중심 상담의 강점과 상담에 기여한 점은 다음과 같다.

- 상담 목표를 달성하기 위해 상담 및 심리치료 방법의 경제성을 추구하므로 단기적이고 경제적이다.
- 과거와 문제에 관하여는 관심이 적고 미래와 해결 방안 구축에 관심을 집중하여 내담자에게 희망을 준다.
- 내담자를 자기 문제의 전문가이며 문제해결을 위해 필요한 능력, 자원, 성공 경험들을 소유한 자라고 보기 때문에 칭찬과 과제 부여로 상담의 효과를 높였다.
- 다양한 질문들을 개발하여 내담자와의 대화를 해결중심으로 유도 할 수 있는 방법을 구체화 시키고, 또한 내담자가 지닌 문제해결의 자원과 능력을 찾아내어 목표 달성 효과성을 높였다.
- 상담의 효과가 내담자에게 잘 전달되며 과정과 절차, 기법이 비교적 간단하고 구체적이어서 상담자들의 습득이 용이하다.
- 해결중심 상담은 청소년 비행, 아동의 문제 행동, 약물 남용, 가정 폭력, 부부 갈등 및 이혼, 불안, 우울 등 정서 문제, 알코올 의존, 정신 분열증, 만성질환자 가족 및 집단상담 등 문제해결이 필요한 경우 유용하다.

해결중심 상담의 한계와 비판점은 다음과 같다(김혜숙, 2008).

- 적재적소에 질문을 하고 내담자의 자원과 강점을 발견하도록 촉진하는 것은 결국 상담자의 전문성에서 비롯되는데, 이를 상대적으로 간과하였다.
- 다양한 질문 기법을 활용하기 때문에 인지능력이 떨어지는 내담자에게는 적용하는 데 한계가 있다.
- 문제해결을 위한 미시적인 안목만 중요시 한다는 비판이다. 단순하고 이해하기 쉬워 일반인들이 접근이 용이하나 전문가들의 상담에 대한 관심을 감소시키는 결과를 초래한다.

해결 중심 상담 이론을 부모상담에 적용할 때, 어떠한 부분에서 영감을 얻을 수 있는지 생각해 봅시다.

CHAPTER

12

PARENT EDUCATION

부모상담의 기초

contents

"제가 오늘 이야기를 너무 많이 했죠?"

- 부모상담에서 높은 만족도를 보인 부모님의 말(2018. 10) -

1. 영유아 교사와 부모 관계이해

영유아 교사와 부모는 영유아 교육기관과 영유아로 인해 관계를 맺는다.

숲 교육을 선호하는 부모는 숲 관련 프로그램이 있는 기관을 선택한다. 교사는 개인적으로 숲을 선호하지 않더라도 숲 교육철학을 존중하며 대화해야 한다. 이를 고려하지 않고 대화할 경우, 부모는 혼돈스러워하고 교사와 부모는 안정적인 관계를 맺기 어렵다.

또한 둘의 관계는 영유아로 인해 형성된다. 교사와 부모의 대화와 소통을 필요로 한다. 교사는 영유아의 발달과 학습에 대한 지식을, 부모는 자녀의 물리적 · 인적 맥락과 역사를 알고 있다. 교사의 전문성과 지식은 부모가 영유아에 대해 제공하는 내용이 있을 때 해석될 수 있고, 부모의 양육태도와 기술은 교사의 교육적 지원으로 격려받고 성장할 수 있다. 만약 의사소통과정에서 영유아에 대한 서로의 역할이 배제되고 교사의 가르침 혹은 부모의 관심사 위주로 대화가 진행된다면, 감정이 상하거나 불편한 관계가 형성될 수도 있다.

따라서 영유아 교사는 자신이 교육기관에 근무하는 교사로서 대화하고 있다는 사실을 인식함과 동시에, 영유아로 인해 부모와의 관계가 형성되었다는 점을 기억할 필요가 있다.

영유아 교육현장에서 일어나는 부모와 교사의 대화를 살펴보자.

예화 1

부 모 : (웃으면서) 선생님은 아이 안 낳아보셔서 잘 이해가 안되실 거예요.

교 사 : (당황하며) 네... 그렇죠? (머슥하고 왠지 자신감이 없다.)

영유아 교사와 부모는 어떤 관계를 기초로 대화하고 있는가.

부모는 아이를 낳아 길러 본 적이 없다는 '사실'을 말하고, 교사는 이 '사실'을 받아들이고 답변을 했다. 부모는 의도치 않게 교사를 공격한 모양새가 되었고, 교사는 당장 아이를 낳아 길러 볼 수 없으니 부모보다 못 한(무능력한) 사람이 되었다. 이에 대화는 부모와 교사 간 대화이기보다는 '아이를 낳아본 사람 vs 아이를 낳아보지 못한 사람' 간 대화가 되었다.

예화 2

부 모 : (웃으면서) 선생님은 아이 안 낳아 보셔서 잘 이해가 안되실 거예요.

교 사 : (웃으면서) 네, 어머님, 맞아요. 제가 미혼이라 어머님보다 모르는 부분이 많을 거예요. 그래도 만 4세 아이들을 함께 돌보고 있으니 희철이의 사회성이나 또래관계에 대해서는 제가 도움을 드릴 수 있을 것 같아요.

부 모 : 아! 그러네요.

교 사 : 네! 어머님, 오늘처럼 희철이에 대해 말씀해 주시면 저도 희철이를 이해하는데 도움이 될 것 같아요.

부 모 : 네! 선생님. 감사합니다.

영유아 교사와 부모는 어떤 관계를 기초로 대화하고 있는가. 두 번째 예화의 대화를 통해 영유아 교사와 부모는 어떤 관계를 맺게 되는지 살펴보자.

1) 객관적 사실 수용을 표현

교사는 부모가 말한 아이를 낳아 길러 본 적이 없다는 '사실'을 수긍하고 차분히 대화를 전개한다.

교사 : 네, 어머님, 맞아요. (웃으며) 제가 아이를 안 낳아 봐서 아마 어머님보다 모르는 부분이 많을 거예요.

교사가 **객관적 사실을 수용**하고 차분하게 대화하면 대부분의 부모는 '아... 내 의도는 그게 아니었는데...' 하며 본의 아니게 무례했던 자신의 태도를 돌아보게 된다. 안타깝게도 대부분의 부모들은 전달하고자 하는 메시지보다는 특정 '사실'을 말하고, 교사가 자신의 뜻과 마음을 알아주기 원한다.

이 예화에서 부모가 교사에게 보내고자 하는 '메시지'는 "선생님께 도움을 받고 싶지만 출산과 양육 경험이 없으셔서 걱정이 되는 부분이 있어요."이다.

2) 도움을 제공할 수 있는 영역 제시

객관적 사실 수용을 표현한 후 교사는 자신이 도움을 줄 수 있는 영역에 대해 분명하게 이야기 하고 있다.

> 교사 : 그래도 희철이와 같은 연령의 아이들을 함께 돌보고 있으니 사회성이나 또래관계에 대해서는 제가 도움을 드릴 수 있을 것 같아요.

교사가 **도움을 제공할 수 있는 영역을 제시**하면 부모는 '우리 선생님이 도움을 주시려고 하는구나', '내가 아는 것만이 전부는 아니네?'라고 생각하게 된다. 때로 부모들은 교사의 전문성을 오로지 경험에서만 찾음으로써 교사의 다양한 교육적 역할을 간과하고 있다. 만약 출산과 양육의 경험으로만 교사의 전문성을 나타낼 수 있다면 영유아 교육기관에는 기혼 교사만 존재해야 할 것이다.

3) 동반자적 관계 설정

도움을 제공할 수 있는 영역을 제시한 후 교사는 부모가 미안함과 부담감을 느끼지 않고 다시 대화를 요청할 수 있도록 배려한다.

교사 : 오늘처럼 희철이에 대해 제가 알아야 하는 부분을 알려주시면 희철이가 자라는데 도움이 될 것 같아요.

교사의 말은 '어머님과 함께 아이가 잘 자라도록 돕고 싶어요'라는 메시지를 담고 있다. 부모는 교사와의 대화를 통해 부모로서의 권위를 재확인하게 되고, 교사의 전문성은 손상받지 않는다. 비로소 교사와 부모는 동반자적 관계를 맺게 된다.

교사는 '무엇에' 반응하는가? 사실인가 메시지인가? 그리고 교사는 '어떻게' 반응하는가? 자신의 감정을 토대로 하는가, 부모와의 동반자적 관계를 토대로 하는가? 상호작용에서 나타나는 교사의 반응은 교사 자신의 정체성을 드러내고, 부모 대하기의 방향성을 제시하며, 교사와 부모의 '관계'를 규정한다.

☑ 교사와 부모 관계를 위한 상호작용

- 객관적 사실 수용을 표현 - 부모의 생각을 수용한다.
- 도움을 제공할 수 있는 영역 제시 - 교사로서 나의 생각을 밝힌다.
- 동반자적 관계 설정 - 대화의 문을 열어둔다.

2. 부모상담 시 갖추어야 할 기본자세

영유아를 중심으로 관계를 맺게 된 영유아 교사와 부모는 동반자여야 한다. 영유아 교사는 동반자라는 관계적 목표를 갖고 자연스러운 여러 상황 속에서 동반자 관계를 만들어 나가야 한다. 이를 형성하기 위해서는 진심으로 부모를 대하며 성실하게 듣고, 공손하게 표현해야 한다.

관계는 상대적인 것이어서 한쪽의 헌신이나 일방적인 노력으로는 한계가 있다. 관계에 한계가 있을 수 있다는 사실 또한 수용하고 노력을 시작할 때 상대방의 반응에 대한 기대감을 낮출 수 있다. 장기적인 노력은 긍정적인 결과를 가져온다. 상대방이 크게 변화하지 않았다 하더라도 관계 형성 및 개선을 위한 자기 스스로의 노력이 내면에 축적되어 안정감 있는 관계 형성 전략을 배울 수 있다. 이러한 측면에서 영유아 교사는 기본자세를 갖추어 서로에 대한 존중의 관계를 중심으로 교육 및 상담이 이루어지도록 해야 한다.

1) 공감하기

부모상담을 앞둔 교사는 긴장한다. 영유아에 대해 많은 말들을 해야 할 것 같고, 잘 모르는 부분에 대해서 부모가 질문하면 어떻게 해야 할지 걱정한다. 그러나 기관에 상담하러 방문하는 부모는 더 긴장한다. 상담 중에 자녀의 부족한 점, 좋지 않은 점에 대한 이야기가 나올까봐 불안하다. 자신이 부모의 역할을 제대로 하지 않은 것이 상담에서 드러나는 것 같아 불편하고 방어적인 심정을 갖게 된다.

부모상담은 자녀에 대한 긍정적인 이야기로 시작하는 것이 부모의 마음을 편안하게 해 주는 효과가 있다. 영유아 교사는 이러한 부모의 입장을 인식하고 대화나 상담에 임해야 한다. 공감(empathy)이란, 상대의 입장과 감정을 이해하고 느끼는 것이다. 여기서 em(en)은 in · into · with라는 의미로 자신의 입장과 관점이 유지되는 상태를 뜻한다. 즉, 객관적인 시각을 유지하면서 부모를 둘러싼 환경과 상황, 생활, 자녀 수 등을 생각하고 그 입장에서 자녀 및 모든 것들을 바라보고 대하는 심정을 느끼고자 하는 것이다.

공감을 하지 못할 만한 이야기들이 상담 중에 나타날 수 있다. 또한 이해할 수 없고 수긍할 수 없는 교육관이나 가치관을 주장할 수도 있다. 그럴 때도 공감은 필요하다. 부모의 이야기를 듣고 “그렇게 생각하시는군요.”. “그럴 수도 있겠네요.” 등으로 공감을 표현하여 부모의 논리가 고집스러워지거나 주장이 강화되지 않도록 조절해야 한다.

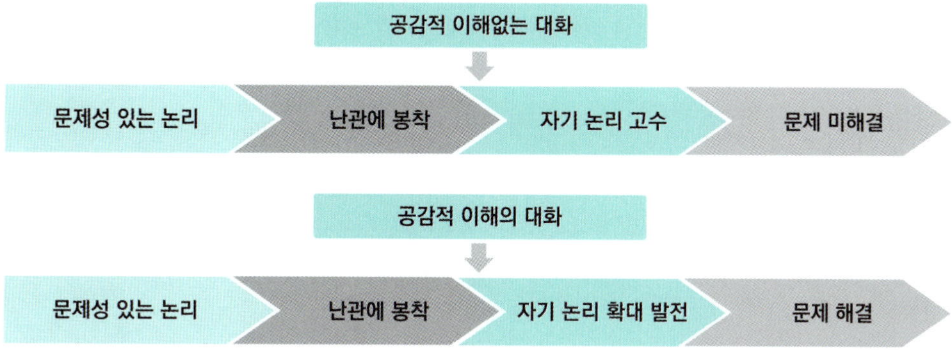

출처 : 박성희(2007). 동화로 열어가는 상담이야기(재구성). 학지사.

공감적 이해가 없는 대화는 상대방이 자기 주장을 고집할 수 있는 환경을 제공한다. 반박하거나 설명하는 대화가 여기에 해당한다. 그러면 위와 같이 문제는 미해결 상태로 남고 관계는 불편해진다. 공감적 이해의 대화가 잘 이루어지면 대부분의 경우, 다른 화제로 이야기가 전환되거나 부모 스스로 결론을 도출하는 방식으로 마무리 되며, 어떠한 경우에는 선생님보다 언성을 높이거나 주장을 펼친 자신을 부끄러워하거나 송구스러워하기도 한다.

2) 수용과 존중

모든 사람은 자신의 입장과 상황을 이해받고 싶어 한다. 타인에 의해서 자신이 받아들여졌을 때 안도감을 경험하고, 비로소 자신의 입장을 객관적으로 분석할 수 있는 마음상태와 안목을 얻는다. 수용(acceptance)이란, 다른 사람의 의견이나 가치 등 어떤 것을 받아들이는 것이며, 존중(respect)이란, 높이어 귀중하게 대하는 것이다. 사람들은 존중받으면 수용되었다고 느끼고, 수용되면 존중받았다고 느낀다.

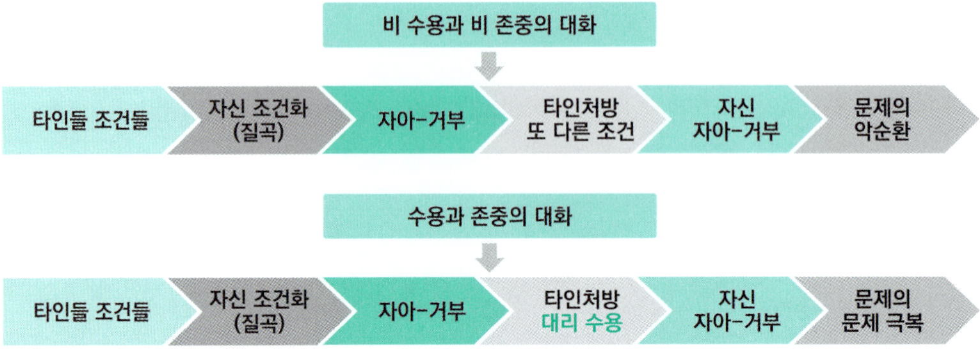

출처 : 박성희(2007). 동화로 열어가는 상담이야기(재구성). 학지사.

비 수용과 비 존중의 대화에서는 계속 타인에게 그리고 자신에게 거부되는 경험을 통해 문제를 악화시킨다. 수용은 공감보다 조금 더 적극적인 상담자세이다. 수용과 존중의 대화에서 보는 바와 같이, 해결해야 하는 과제를 안고 있는 사람들은 스스로를 수용하고 인정할 힘을 잃고 자아상태나 자기방식을 거부하는 경우가 많다. 이 때는 타인의 존중과 수용을 통해 자신을 수용할 수 있고 문제 해결의 실마리를 찾을 수 있다.

3. 부모상담에 필요한 전문성

영유아 교사는 부모와의 동반자적 관계를 인식할 때 부모와 건강하게 대화할 수 있다. 영유아 교사는 상담을 위해 기본자세 뿐 아니라, 듣는 기술과 말하는 기술을 익혀 부모와의 대화를 이끌고, 부모의 상황과 심리를 이해하면서 부모를 지지하고 격려할 수 있다.

학기 초 부모와 교사의 대화를 살펴보자.

예화 1

부 모: 선생님! 제가 며칠 보니까, 우리 민지가 계속 혼자 노는 것 같네요. 친구랑 놀았으면 해서

보냈는데... 저렇게 장난감만 가지고 노네요...
교 사: 아... 그렇군요(부모의 마음을 몰랐던 것 같고, 아이를 잘 못 돌본 것 같아서 미안해진다).
어머니! 내일은 민지가 친구랑 놀도록 도와줄게요.

예화 2

부 모: 선생님! 제가 며칠 보니까, 우리 민지가 계속 혼자 노는 것 같네요.
교 사: (웃으면서) 아! 민지가 장난감 가지고 혼자 노는 모습을 보셨군요.
부 모: 네, 민지가 첫 아이라 그런지... 발길이 안 떨어져서 조금 봤어요.
교 사: 그러셨군요. 친구들이 옆에 있는데도 혼자 노는 모습이 신경이 쓰이셨을 것 같아요.
부 모: 친구랑 놀았으면 해서 보냈는데... 저렇게 장난감만 가지고 노네요...
교 사: 걱정되는 마음 이해해요. 사실 민지는 혼자놀이를 즐기는 연령이예요. 아이마다 조금씩 차이는 있지만 저희 반 대부분의 아이들이 혼자놀이를 즐기고 있어요.
부 모: 아~ 그래요? 몰랐네요. 저 쪽 아이들은 둘이 노는 것 같아서요.
교 사: 네. 맞아요. 아이들 개월 수에 따라 기질에 따라 조금씩 차이가 있어서 그래요. 며칠 지나면 민지도 친구에게 관심을 보일 거예요.
부 모: (안심하며) 그렇군요.
교 사: 네! 저도 민지가 어떻게 놀이하는지 잘 살펴보고 도와주도록 할게요. 오늘처럼 저에게 말씀해 주시면 저도 민지를 더욱 잘 이해할 수 있을 것 같아요.
부 모: 네. 선생님! 감사합니다.

예화에서 부모는 만 1세 자녀가 친구 사귀기를 원해서 기관에 보냈다고 밝히며, 친구가 없어 혼자 놀고 있는 모습을 보며 걱정을 하고 있다.

첫 번째 예화에서 부모는 자신의 눈으로 직접 관찰한 장면, 즉 아이가 혼자 장난감을 가지고 놀고 있다는 '사실'을 말하고, 교사는 이 '사실'을 자신의 실축처럼 느끼고 답했다.

교 사 : 어머니! 내일은 민지가 친구랑 놀도록 도와줄 게요.

부모의 걱정을 해결해 주어야 하는 부담감을 느끼며 숙제를 떠안게 된 듯하다.

두 번째 예화에서 교사는 Chapter 1에 제시된 원칙과 유사한 패턴으로 대화한다.

◎ 객관적 사실과 부모 감정 수용을 표현

교사는 부모가 말한 '사실'에 수긍하고, 걱정하는 부모의 마음을 읽어 준다.

교 사 : 친구들이 옆에 있는데도 혼자 노는 모습이 신경이 쓰이셨을 것 같아요.

◎ 도움을 제공할 수 있는 영역 제시

교사는 부모가 말한 사실 가운데 자신이 할 수 없는 일과 할 수 있는 일을 구별하면서 영유아의 발달과정을 쉽게 이야기한다.

교 사 : 걱정되는 마음 이해해요. 사실 민지는 혼자놀이를 즐기는 연령이예요. 아이마다 조금씩 차이는 있지만 저희 반 대부분의 아이들이 혼자놀이를 즐기고 있어요.

부모의 시야를 자기 자녀로부터 교실의 모든 아이들로 확대할 수 있도록 하여, 자녀에 대한 걱정이 단순한 걱정일 뿐 큰 문제가 되지 않음을 알린다.

교 사 : 아이들 개월 수에 따라 기질에 따라 조금씩 차이가 있어서 그래요. 며칠 지나면 민지도 친구에게 관심을 보일 거예요.

◎ 동반자적 관계성 설정

교사는 대화 저변 부모의 바람(선생님, 우리 아이 관심 가져 주세요)을 충족시키는 말을 함으로써 교사가 부모와 협력자이며 동반자임을 느낄 수 있도록 한다.

교 사 : 저도 민지가 어떻게 놀이하는지 잘 살펴보고 도와주도록 할게요. 오늘처럼 저에게 말씀해 주시면 저도 민지를 더욱 잘 이해할 수 있을 것 같아요.

두 번째 예화의 대화에 부모를 대하는 교사가 갖추어야 할 것들이 제시되어 있다.

1) 부모의 마음과 욕구(need) 이해

부모의 마음과 욕구(need)를 이해하려고 노력하는 교사가 부모와 대화할 수 있다. 앞선 예시에서 보는 바와 같이 대부분의 부모들은 요구사항을 감춘 채 교사에게 넌지시 신호를 보낸다. 공통적으로 모든 부모들은 '우리 아이 잘 자라길 바래요. 선생님 우리 아이 더 신경 써 주세요'라고 메시지를 보내는 것이며, 이것은 그들의 진심이다.

부모의 마음을 이해하게 되면 부모에게 교사로서 할 수 있는 부분을 이야기 할 수 있다.

교　사 : 저도 민지가 어떻게 놀이하는지 잘 살펴보고 도와주도록 할게요.

특히, 현대 부모들은 사회성 및 또래관계 발달을 위해 이른 시기부터 영유아를 기관에 보낸다. 부모들은 교사의 지원과 도움을 받아 자녀를 유능감있게 양육할 수 있다. 따라서 교사는 영유아 교육기관에 어린 자녀를 보내는 부모의 마음과 욕구를 이해할 때 자신이 도움을 제공할 수 있는 영역을 분명하게 표현할 수 있다.

2) 전문적 지식과 기술 활용

영유아의 발달과 학습, 부모의 발달과 심리 등에 대해 전문적 지식과 기술을 연구하고 활용하는 교사가 부모와 대화할 수 있다. 교사가 영유아 발달을 잘 알지 못하면, 모든 교육상황과 관찰에서 자신감이 하락하고, 부모의 걱정거리를 떠안거나 함께 영유아에 대한 고민거리만을 나누는 관계로 전락할 수 있다.

교　사 : 아... 그렇군요(부모의 마음을 몰랐던 것 같고, 아이를 잘 못 돌본 것 같아서 미안해진다).

반면, 부모의 발달단계나 상황, 예를 들어, 첫째 아이에 대한 부모의 마음, 직장을 다니면서 양육을 감당하는 부모의 수고 등을 이해할 때 부모에게 적절한 격려와 지지를 보낼 수 있다.

교 사 : 걱정되는 마음 이해해요. 사실 민지는 혼자놀이를 즐기는 연령이예요. 아이마다 조금씩 차이는 있지만 저희 반 대부분의 아이들이 혼자놀이를 즐기고 있어요.

교 사 : 아이들 개월 수에 따라 기질에 따라 조금씩 차이가 있어서 그래요, 며칠 지나면 민지도 친구에게 관심을 보일 거예요.

3) 바람직한 방향성 추구

바람직한 방향성을 추구하는 교사는 부모가 영유아 양육에서 동반자가 될 수 있도록 대화나 상담 등에서 의사소통 전략을 사용한다. 이러한 교사의 소통전략은 부모의 의사소통체계와 문제해결방식에 영향을 미친다. 따라서 **교사의 상호작용은 언어적 기술이 아닌 교육적인 전략이다.**

교 사 : 저도 민지가 어떻게 놀이하는지 잘 살펴보고 도와주도록 할게요.

교 사 : 네, 어머님, 맞아요. 제가 아이를 안 낳아 봐서 아마 어머님보다 모르는 부분이 많을 거예요.

교 사 : 희철이와 같은 연령의 아이들을 함께 돌보고 있으니 사회성이나 또래관계에 대해서는 제가 도움을 드릴 수 있을 것 같아요.

부모교육이나 상담의 목표와 방향을 분명히 하는 교사는 교육적 의도를 가지고 상호작용 전략을 사용한다. 이러한 교사는 감정에 솔직하지만 감정에 휩싸이지 않는다. 부모의 협력을 얻기 위해서는 부모가 마음의 문을 열고 교사에게 신뢰감을 느끼도록 해야 한다. 이에 전문성 있는 교사는 진실한 대화로 부모와 대화의 문을 열어두는 상호작용을 한다.

교 사 : 오늘처럼 저에게 말씀해 주시면 저도 민지를 더욱 잘 이해할 수 있을 것 같아요.

4) 교사의 전문성과 권위

간혹 '전문성 있는 교사'는 '완성된 교사'와 혼동된다. 실제로 교사의 전문성은 항상 발달과정에 있어 늘 미완성 상태이다. 전문성은 길러지는 것이므로 완성된 교사는 없다. 만약 자신이 완성된 교사라고 생각한다면 그는 아마 가장 불완전한 교사일 것이다. 왜냐하면 이는 지속적으로 노력하고 배우는 과정 중에 있기를 단념한 교사이기 때문이다.

전문성 있는 교사는 **교사로서의 권위를 지키고, 부모의 권위를 존중한다.** 권위란 눈에 보이는 것은 아니다. 그러나 분명히 존재하고 그 사람의 말과 행동, 분위기 등을 통해 흘러나온다. 감정에 솔직하면서도 휘둘리지 않는 태도, 겸손하지만 확신있는 말투, 할 수 있는 것과 할 수 없는 것을 구별하여 할 수 있는 부분에 최선을 다하는 모습 등을 통해 부모는 교사의 권위를 느낄 수 있다. 또한 전문성 있는 교사는 자신에게 부여된 교사의 권위를 사용하여 부모를 동반자로 끌어올린다. 자신의 권위 뿐 아니라 부모가 가지고 있는 권위 또한 존중하고 부모만 할 수 있는 영역과 역할들을 소중히 여길 줄 안다.

권위있는 것은 권위적인 것과 다르다. 권위는 권력과도 다르다. 전문적인 지식을 권력으로 사용하는 교사는 권위적이 되기 쉬우며 부모를 영유아 교육에 참여시킬 수 없게 된다. 교사와 부모의 관계가 전문적인 지식이 있는 사람과 전문적인 지식이 없는 사람으로 왜곡되기 때문이다. 종전에는 부모에 대한 관점이 그러하였다. 부모는 가르침을 받아 변화를 받아야 하는 대상이었다. 그러나 영유아와의 관계맺음 및 교육의 일차적인 책임과 의무가 영유아 교육기관과 교사보다는 가정과 학부모에게 있다는 점을 기억해야 한다.

권위있는 교사는 시대의 흐름과 변화에 따라 교사와 부모의 관계를 설정하지 않는다. 권위있는 교사는 교사 및 부모의 고유 소명(召命)을 근거로 상호작용 전략을 사용하고 반응하며, 이러한 교사와 함께 부모의 권위는 인정받고 존중받으며 성장한다.

부모를 대할 때 전문성 있는 교사는

1) 부모의 욕구 이해 - 부모의 심리, 개인적·사회적 상황 이해
2) 전문적 지식과 기술 활용 - 영유아 발달 및 부모 발달 및 맥락 이해
3) 바람직한 방향성 추구 - 부모와 교사의 권위 존중

CHAPTER

13

PARENT EDUCATION

부모상담의 방법

contents

"선생님밖에 없어요. 이 말이 제일 좋아요."

- 부모에게 들은 기분 좋은 말 인터뷰 중 (2019. 6) -

1. 부모상담 상호작용의 방향성

1) 발달 이해 및 발달 신념 갖기

발달 원리에 대한 이해와 신념을 갖고 부모와 대화해야 한다.

발달은 첫째, 일정한 순서와 방향성이 있다. 머리에서 발 방향, 안에서 바깥쪽으로, 중심부에서 말초로, 일반적인 것에서 특수한 것으로 진행되며 앞으로의 발달 모습 예측이 가능하다. 둘째, 발달은 연속적인 과정이지만 발달의 속도는 일정하지 않다. 신체 부위에 따라 성장 속도가 다르고 심리적 발달 속도도 다르다. 발달 시기도 달라서 두뇌의 경우는 6세까지 급격하게 발달하고 생식기관은 12세 이후 빠르게 성장한다. 셋째, 발달에는 개인차가 있다. 발달의 정도와 속도는 유전적 · 환경적 영향으로 개인차를 보인다. 넷째, 발달의 각 영역은 밀접한 연관이 있어 신체 · 운동발달, 인지, 언어, 사회, 정서발달은 복잡하게 얽혀 있다. 다섯째, 생애 초기 발달은 모든 발달의 결정적 시기이다. 영유아가 결정적 시기에 적절한 자극과 환경을 제공받지 못 할 경우, 원상회복이 거의 불가하다.

발달을 잘 이해하는 것을 이론으로 여기는 경우가 있으나, 교사가 발달 원리 및 각 영역의 발달을 모를 경우, 부모를 대할 때 자신감을 잃고 확신없는 대화를 하게 된다. 부모와의 대화 대부분은 부모가 영유아의 발달 및 그 관련성을 잘 알지 못하는 데서 발생한다. 개인차를 이해하지 못하여 다른 아이와 비교하게 되고, 놀이발달을 알지 못하기 때문에 혼자 놀고 있다고 고민하며, 기질을 모르기 때문에 자녀와 갈등한다.

교사는 영유아의 발달 원리 및 발달 간 연관성을 알고 '잘 자라고 있어요'를 교사의 신념으로 삼아야 한다. 발달에 대한 옳은 신념을 갖고 대화할 때 부모에게 발달에 대한 바른 지식을 제공할 수 있고, 불안한 부모의 마음에서 불필요한 걱정을 덜어내는 차분한 대화를 이끌 수 있다.

2) 문제와 문제 아닌 것 구별하기

대부분의 교사들은 '이 말을 해야 하나, 말아야 하나' 고민한다. 시간이 지나면 괜찮아질지도 모르는데 굳이 이야기를 해야 하는지 생각한다. 이런 고민을 하는 이유는 괜한 이야기를 했다가 부모와 관계만 불편해지지 않을까 염려하기 때문이다. 말을 해야 할지, 말아야 할지는 다른 말로 문제를 삼아야 할지 판단하는 일이다. 이때에도 발달에 대한 지식은 필요하다.

문제와 문제가 아닌 것을 구별할 때의 기준은 발달이다. 문제인 경우는, 지금 말하지 않으면 발달에 관한 결정적 시기를 놓치게 될 때이다. 특히, 건강과 관련하여 시력, 근육, 혀 등에 대한 문제가 그러하다. 현대 부모들은 맞벌이로 가정에서 자녀를 유심히 관찰할 수 있는 기회가 적고, 비교 대상이 거의 없어 '시간이 지나면 괜찮을 것이다'라고 생각할 수 있다. 또한 자녀의 문제를 인지하면서도 거부하거나 부정하고 무시하는 경우도 있으므로, 발달상 문제로 보이는 경우 반드시 가정에서 그 문제가 어떻게 나타나는지 묻고, 기관에서의 객관적 관찰내용을 통해 현재 점검 및 확인이 필요한 부분임을 부모와 공유해야 한다. 거부하고 부정하는 부모와 자녀를 위해 권유하는 마음을 충분히 전달하면서 대화해야 한다.

문제가 아닌 경우는, 발달 원리나 발달 특성이 아닌 부모의 걱정에 근거한 경우이다. 키가 작아서 걱정이라거나, 글자를 몰라서 걱정이라거나, 느려서 걱정이라는 등 현재 발달이 진행되고 있거나 개인차 및 습관형성에 기인한 걱정들을 문제 삼는 경우이다. 부모에게 문제가 아니라고 딱 잘라 말해서는 안 된다. 부모에게는 현재 이것이 자녀에 대한 가장 큰 걱정이기 때문이다. 충분히 그 마음을 공감해 주면서 발달 원리에 근거하여 차근차근 설명하고, 필요하다면 중간 중간에도 부모의 마음을 수용하면서 대화해야 한다. 또한 지속적으로 관심을 갖겠다는 마음을 전달해야 한다.

3) 미래 지향적으로 대화하기

부모상담에서 흔히 하는 실수 중 하나는 과거 혹은 유전 등 바꿀 수 없는 것에 대해 오래 대화하는 일이다. 유전적 사실이나, 과거의 일들에 대한 이야기를 나눌 수 있으나 이것이 상담의 주된 내용이 되어 교사와 부모가 서로 걱정만 하다가 상담이 마무리될 수 있다.

영유아의 과거 이력에 대해 대화하는 시간이 교사와 부모에게 필요할 수 있다. 이때 교사는 대화 중 해결방안이나 긍정적인 미래에 대해 이야기 할 수 있는 기회를 찾아 대화의 방향을 전환시키고 부모가 자녀의 미래를 긍정적으로 바라보고 기대감을 가질 수 있도록 해야 한다. 부정적인 부모의 시각을 비난하거나 가르치기보다는 미래 지향적인 긍정적 대화 방향으로 부모의 관점에 변화를 시도해야 한다. 평생 유지되어 온 관점이 하루아침에 바뀌는 것은 어렵다. 그러나 교사의 이러한 대화 방향으로 부모의 마음은 안심이 되고, 자녀를 위해 작은 것부터 노력할 수 있게 된다.

2. 부모상담 상호작용의 원리

모든 교사들이 부모와 대화한다. 그리고 서로 기분 좋은 대화를 하고 싶어한다. 그러나 때로 대화에서 오고가는 삭막한 감정으로 인해 동반자적 관계는 무너진다. 교사는 부모를 영유아 교육에 동참시켜야 한다는 것을 알지만, 관계 불편으로 야기되는 어려움을 피하고 싶어 부모에게 부모역할을 요구하지도 기대하지도 않은 채, 영유아에 대한 모든 과제를 떠안기도 한다.

그렇다면 과연 어떤 교사가 위 두 번째 제시된 예화처럼 대화할 수 있는 것일까? 위에 제시된 순서를 암기하면 잘 할 수 있는 것일까? 여러 부모를 만나다 보면 자연스레 터득되는 것일까? 그 많은 사례들을 외울 것인가?

다음 전화상담 시 부모와 교사의 대화를 살펴보자.

예화 1

부 모: (차갑게) 여보세요.
교 사: 네 안녕하세요. 수진이 어머님.
부 모: (차갑게) 선생님, 수진이 양말 왜 벗기셨어요?
교 사: 아, 네, 화장실 다녀오면서 수진이 양말이 약간 젖었기에 벗겼어요. 왜요. 어머니?
부 모: (한숨 쉬며) 선생님, 앞으로는 제가 아침에 아이 보낸 그대로 집에 보내주세요.
교 사: (기분이 상하고, 당황스럽다)...
부 모: 그럼 안녕히 계세요.

상기 예화에서 교사는 차가운 말투와 비하하는 듯한 어조에 눌려 당황한 채 전화를 끊게 되었다. 부모는 권위적이고 차가운 말투, 더 나아가 교사를 하대하는 언어 표현들을 사용하고 있다. 자녀의 모습이 아침에 자신이 준비해 준 상태가 아님을 확인하고 교사에게 전화를 했다.

예화에서 부모는 교사에게 인사도 없이 사실과 이유를 확인하고자 한다.

부 모 : 선생님, 수진이 양말 왜 벗기셨어요?

교사는 부모의 물음에 답을 한다. 그리고 반문을 한다.

교 사 : 왜요. 어머니?

이 말은 매우 쉽고 당연한 표현이다. 그러나 부모에게는 듣기에 따라서 '뭐가 문젠가요?'라는 의미로 전달될 수 있다. 그 후 이어지는 부모의 반응은 교사의 기분을 더욱 상하게 한다.

부 모 : 선생님, 앞으로는 제가 아침에 아이 보낸 그대로 집에 보내주세요.

교사도 사람이고, 감정이 있다. 전문성 있는 교사들도 때로는 부모의 말투와 언행에서 느끼는 감정 때문에 힘겨워한다. 교사의 성격과 성향에 따라 차이는 있겠지만,

이러한 전화를 받으면 교사는 불안하고 불쾌하다. '내가 무엇을 잘 못한 건가?' 하는 생각에 불안감이 커지고 교사로서의 자신감은 하락한다. 또한 '왜 전화를 받자마자 따지듯이 말하지?' 하는 생각에 무시당하고 존중받지 못했음을 느끼며 기분이 상한다. 예화는 일부의 부모와 교사에게 발생할 수 있는 일이지만, 만약 이러한 방식의 전화가 자주 걸려온다면, 교사는 엄청난 스트레스에 시달린다.

예화 2

부 모: (차갑게) 여보세요.

교 사: 네 안녕하세요. 수진이 어머님.

부 모: (차갑게) 선생님, 수진이 양말 왜 벗기셨어요?

교 사: 아, 네, 화장실 다녀오면서 수진이 양말이 약간 젖었기에 벗겼어요. 수진이가 불편해 했거든요.

부 모: 아 그래요? (수진이가 불편해 했다는 말에 약간 당황함)

교 사: 혹시 수진이가 어떤 이야기를 하던가요?

부 모: 아니요. 그건 아니고요.... 선생님, 앞으로는 제가 아침에 아이 보낸 그대로 집에 보내주세요.

교 사: 네, 되도록 그렇게 할게요.

부 모: 그럼 안녕히 계세요.

상기 예화에서도 부모는 권위적이고 차가운 말투를 사용하며 다짜고짜 용건만 밝히고 있다. 이때, 교사는 감정에 치우치지 않고 침착한 태도로 영유아를 부모와의 대화 중심부로 등장시키면서 대화를 풀어간다.

여기, 교사의 말에 담긴 의미와 부모의 반응을 통해 영유아 교사의 부모상담 방향성을 살펴보자.

1) 영유아 중심(center)의 원리

교사는 앞선 부모와 영유아 교사의 관계성에서 살펴본 바와 마찬가지로, 부모가 말한 '사실'에 수긍하고 영유아를 중심으로 이유를 설명한다.

교 사 : 아, 네, 화장실 다녀오면서 수진이 양말이 약간 젖었기에 벗겼어요. 수진이가 불편해 했거든요.

대부분의 교사들은 영유아의 불편 때문에 이에 대한 조치를 취한다. 양말을 벗긴 이유가 자신의 자녀의 불편을 해소해 주기 위한 방안이었다는 것을 알면 부모의 태도에 변화가 나타난다.

부 모 : 아 그래요?

또한 위 사례와 같은 경우, 부모는 영유아에게 상황과 정황을 듣기보다 자신의 생각과 짐작으로 전화를 하는 경우가 대부분이다. 그러므로 교사는 혹시 아이가 집에서 상황에 대한 불편함을 호소하였는지 확인하는 말을 건네야 한다.

교 사 : 혹시 수진이가 어떤 이야기를 하던가요?

그러면 부모는 잠깐이라도 자신이 아이에게 확인해 보지 않고 교사에게 결례를 범했음을 생각할 수 있다. 혹 그렇게 생각하지는 못하더라도, 처음 전화했을 때의 감정보다는 조금 누그러진 감정상태를 갖게 된다.

부 모 : 아니요. 그건 아니고요...선생님, 앞으로는 제가 아침에 아이 보낸 그대로 집에 보내주세요.

이러한 방식으로 대화할 때 교사는 '전문성 있는 교사'로서 부모와 대화하게 된다. 교사와 부모는 영유아를 중심축으로 관계를 맺게 된 사람들이다. 따라서 부모와 대화할 때는 영유아의 상황과 감정을 중심에 두고 이야기하는 것이 바람직하며, 이렇게 할 때 교사와 부모의 감정과 권위가 보호받는다.

2) 부모 이해(understand)의 원리

예화의 부모 반응과 대화 패턴이 흔한 유형은 아니다. 그러나 현장에서 만나는 부모 가운데 대하기 어려운 부모가 교사에게 부담과 불편을 줄 수 있다는 점에서 대화하기 어려운 부모의 유형을 살펴볼 필요가 있다.

이 부모는 왜 이러한 말투를 사용할까? 왜 극도로 예민하게 반응할까? 예화의 부모가 처한 상황은 어떠한 것일까? 어떠한 요인이 부모의 심리에 영향을 끼치고 있는 것일까?

예화의 부모는

- 45세에 쌍둥이 딸을 조산하였다.
- 쌍둥이 아이들은 약 두 달간 인큐베이터에서 지냈다.
- 체구가 다른 아이들에 비해 작은 편이다.
- 현재 부모는 직장에 다닌다.
- 항상 두 아이들의 준비물을 철저하게 챙겨 등원시킨다.

이 부모에 대해 조심스레 짐작하자면, 노산이라고 여겨지는 45세에 자녀를 출산하였다. 쌍둥이를 조산한 것이 자신의 나이 탓이라고 생각될 수 있는 지점이다. 쌍둥이는 어쩔 수 없이 인큐베이터에서 지내게 되었다. 생애 첫 출산이 정상적이지 않았다는 생각과 두 달간 쌍둥이를 지켜보며 건강을 기원하는 부모의 마음을 그려볼 수 있다.

직장 때문에 쌍둥이를 영유아 교육기관에 보냈지만, 아이들의 체구가 작다보니 다른 아이들보다 부족하지는 않을까, 아이들 틈에서 치이지는 않을까, 항상 신경이 쓰인다. 직장을 다니는 워킹맘이지만 남들보다 뒤처지거나 부족하지 않기 위해, 그리고 노산으로 아이들을 힘들게 했다는 죄책감 등으로 인해 완벽한 엄마의 역할을 하고 싶은 심리가 작용할 수 있다. 이에 항상 철저하게 준비물을 챙기거나, 자신이 원하는 모습으로 뭔가 이루어지지 않을 때는 극도로 예민해지는 스트레스 상황이 발생할 수 있다.

3) 부모지지(support)의 원리

예화의 부모는 또 다시 교사에게 전화를 했다. 교사는 영유아를 중심에 두고 하는 대화와 그렇지 않은 대화의 차이점, 부모의 모든 정황에 대해 인식한 후, 부모에게 상했었던 감정들을 추스를 수 있었다. 그리고 부모의 상황과 심리를 이해했다.

예화 3

부 모: (차갑게) 여보세요.

교 사: 네 안녕하세요. 수진이 어머님.

부 모: (차갑게) 선생님, 수진이 머리가 아침에 묶은 거랑 다른데요.

교 사: 아, 네, 오후에 언어영역에서 쉬다가 머리가 좀 엉클어졌는데요. (웃으면서) 수진이가 민정이처럼 머리를 땋고 싶다고 해서 그렇게 해 줬어요.

부 모: 아 그래요? (수진이가 원했다는 말에 조금 당황함)

교 사: 혹시 수진이가 어떤 이야기를 하던가요?

부 모: 아니요. 그건 아니고요. 혹시 무슨 일이 있었나 해서요.

교 사: 그러셨군요. 요즘에는 수진이랑 수민이가 원하는 것을 잘 표현해요. 잘 지내고 있어요.

부 모: 네 감사합니다.

(침묵)

교 사: 어머님, 일도 하시는데 아침마다 아이들을 참 잘 챙겨주시는 것 같아요.

부 모: 아… 많이 못 해줘요.

교 사: 아니에요. 그렇게 하시는 게 쉬운 일이 아니에요. 정말 대단하세요.

부 모: 아니예요. 선생님. (웃으면서) 감사해요.

교 사: (웃으면서) 아이들에 대해 궁금한 것 있으시면, 오늘처럼 이렇게 전화 주세요. 그러면 저도 수진이랑 수민이가 자라는데 도움 드릴 수 있는 부분이 있을 것 같아요.

부 모 : 네! 선생님. 감사합니다.

세 번째 예화에서 보듯이, 교사는 영유아 중심의 대화를 진행한다.

교 사 : 수민이가 민정이처럼 머리를 땋고 싶다고 해서 그렇게 해 줬어요. 혹시 수민이

가 어떤 이야기를 하던가요?

더 나아가 아이들에 대한 근황을 전하면서 부모의 마음을 안심시키고,

교 사 : 요즘에는 수진이랑 수민이가 원하는 것을 잘 표현해요. 잘지내고 있어요.

그 간 부모의 수고를 격려한다.

교 사 : 어머님, 일도 하시는데 아침마다 아이들을 참 잘 챙겨주시는 것 같아요. 그렇게 하시는 게 쉬운 일이 아니에요. 정말 대단하세요.

마지막으로, 수용적인 태도로 다음 대화나 전화 통화의 문을 열어둔다. 아이들에 대한 불안함과 염려에 대해 도움을 받을 수 있도록 배려하였다.

교 사 : 아이들에 대해 궁금한 것 있으시면, 오늘처럼 이렇게 전화 주세요. 그러면 저도 수진이랑 수민이가 자라는데 도움드릴 수 있는 부분이 있을 것 같아요.

부모의 반응이 앞선 예화들보다 부드러워진 것을 볼 수 있으며, 교사도 부모도 권위에 손상을 입지 않은 채로 대화가 마무리되었다. 이렇게 대화가 이루어지는 데는 부모에 따라, 교사에 따라, 사안에 따라, 교사와 부모의 소통에 따라 소요되는 시간이 다르다. 그러나 큰 틀을 보면 아래 내용을 따르고 있음을 알 수 있다.

☑ 부모와의 동반자적 관계를 위한 상호작용 절차

- 객관적 사실 수용을 표현 - 부모의 생각을 수용한다.
- 도움을 제공할 수 있는 영역 제시 - 교사로서 나의 생각을 밝힌다.
- 동반자적 관계성 설정 - 대화의 문을 열어둔다.

생각해 보세요.

예화의 교사는 부모에게서 이러한 전화방식과 말투를 경험하다보니, 전화벨 소리에도 깜짝 놀라고 긴장 상태를 유지하면서 거의 노이로제 증상에 시달리고 있었다. 이렇게 부모로부터 감정적인 어려움을 겪은 교사가 부모의 상황과 감정을 이해하기란 어려운 일이다. 왜냐하면 자신의 감정이 앞서있고, 자신의 상태도 복잡하고 혼란스럽기 때문이다.
교사는 이러한 스트레스를 자신의 멘토나 상급자에게 토로하고 위로받으며 조언을 얻을 필요가 있다. 교사는 이러한 상담과정에서 겪었을 심리적 고통과 정서적 어려움, 전문성의 손상 등의 감정을 쏟아놓고 난 후, 비로소 전문성 있는 교사의 안목과 태도를 회복하고 부모의 문제를 직면하여 올바른 방향으로 상담을 이끌 수 있다.
이처럼 부모상담 시에는 영유아의 욕구나 사건을 중심에 두고 대화를 진행해야 한다. 교사는 부모의 상황이나 입장을 충분히 이해하고 공감의 마음을 가져야 한다. 필요 시에는 상급 및 동료교사에게 지원을 받아 감정을 추스르고 스트레스를 관리해야 한다. 이 때 부모를 지지하는 대화가 가능하며 부모와의 동반자적 관계가 유지된다.

CHAPTER

14

PARENT EDUCATION

부모상담 절차와 사례

contents

"좋은 부모상담은 아이의 부모와 함께
아이에게 징검다리는 놓아주는 과정이다."

\- 저자 생각 -

부모상담 사전준비를 통해 영유아를 깊이 이해하고 부모상담을 안정감있게 진행할 수 있다. 공식적이고 정기적인 부모상담은 유아의 일반적이고 전인적인 발달이나 기관 내 일상생활에 대한 내용으로 이루어진다. 그러나 대체로 부모와 교사의 논의와 정보교환이 필요한 경우에 상담절차와 준비과정이 복잡하므로 이를 중심으로 부모상담 절차와 사례를 살펴보고자 한다.

◎ 부모상담 준비하기

1. 주요 상담사례 파악
   : 현재 영유아의 예상 상담사례나 문제 알기
2. 기록문서 검토
   : 영유아의 선천적 배경 및 요인, 과거 이력 등 검토
3. 가족 관계망 탐색
   : 가족 환경 및 인적 요인 탐색
4. 이론적 배경 검토
   : 사례 관련 이론적 기초를 찾고, 상담준비과정에서 예측되는 원인 탐색
5. 사례에 대한 관찰기록
   : 장점, 잘하는 것, 부족한 점을 포함한 사례에 대한 관찰
6. 부모에게 질문해야 하는 내용 작성
   : 영유아의 사례원인을 찾기 위한 과정, 일상생활에 대한 질문
7. 사례의 동기나 원인 파악
   : 상담준비과정에서 예측할 수 있는 원인 탐색
8. 상담 시 유의사항 작성하기
   : 부모 환경 및 특성을 고려하기

◎ 부모 상담하기

- 준비한 내용을 토대로 차분하게 대화한다.

◎ 부모 상담 마무리하기

- 상담보고서를 작성하여 향후 교육에 반영하고, 자료로 보관한다.

1. 만3세 : 착한 아이 & 나쁜 아이 – 선생님 앞에서만 착한 아이

만3세 남아 김지석 (가명)

- 부모상담 준비하기 -

1) 주요 상담사례 파악

지석이는 선생님을 의식하며 사회적으로 착한 아이라고 칭찬받는 행동을 나타낸다. 하지만, 선생님이 눈에 보이지 않는 상황이나 조건에서 공격적인 행동을 보인다.

2) 기록문서 검토

기관에 보관된 이전 상담일지 및 영유아 관련 기록을 살펴보고 유아의 기질, 성격, 선천적인 건강 및 유전적인 환경을 검토한다.

3) 가족관계망 탐색

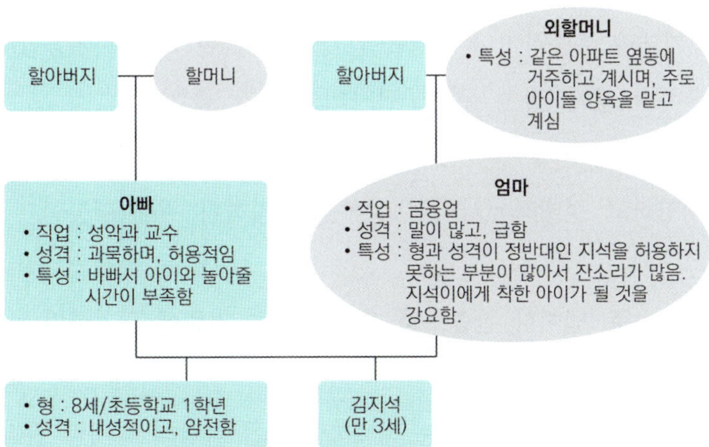

[그림 14-1] 영유아를 둘러싼 가족관계망

4) 이론적 배경 검토

(1) kohlberg의 정의지향적 도덕성 발달이론

kohlberg는 '하인츠의 딜레마' 상황을 제시하여 그에 대한 반응에 따라 여섯 단계로 도덕성의 발달수준을 구분하였다. 도덕성 발달 단계에서는 각각 다른 인지능력이 필요하다는 것이다.

① **전 인습적 수준: 자신의 욕구충족과 타인들의 규칙에 근거한다.**

- 1단계: 벌과 복종 지향
  - 벌이나 고통을 피하기 위해서 도덕적 행위를 하는 단계
- 2단계: 수단적 쾌락 지향
  - 자신의 욕구를 만족시켜 주는 것은 옳은 것, 그렇지 않는 것은 그른 것이라고 판단

② **인습적 수준: 타인의 입장, 사회관습, 전통적 가치 등에 근거한다.**

- 3단계: 착한 아이 지향
  - 타인의 기대에 부응하거나 인정을 받기 위해 착한 아이로 행동함. 동기나 의도가 중요하며 신뢰, 충성, 존경, 감사의 의미가 중요함
- 4단계: 법과 질서 지향
  - 법을 지향하고 절대적 · 사회적 질서를 유지하기 위해 행동함

③ **후 인습적 수준: 법이나 관습보다 개인의 가치 기준에 근거한다.**

- 5단계: 사회계약 지향
  - '최대 다수의 최대 행복'이라는 전제하에 모든 사람의 복지와 권리를 보호하기 위해 법을 준수하고 도덕적 판단을 하게 됨

- 6단계: 보편적 도덕원리 지향
  - 법과 사회계약은 정당하지만, 원칙에 위배될 때는 관습이나 법보다 보편적 원리(인간의 존엄성, 평등성, 정의)에 따라 행동함

(2) gilligan의 배려지향적 도덕성 발달이론

다른 사람들과의 관계에서 도덕문제를 판단하고 자신을 평가한다는 특징을 갖는다. 타인과의 관계를 고려하는 도덕적 사고를 중시하고, 추상적인 도덕적 원리보다 인간에 대한 책임을 강조하며, 자신을 희생하더라도 인간관계를 유지하고자 하는 강한 대인 간 배려지향이 나타난다.

① 1수준: **자기중심적 단계**

자기중심적이며 타인에 대한 관심이나 배려가 결여되어 있음

② 1.5수준: **이기심에서 책임감으로의 변화**

자신의 욕구와 책임감이 구별되기 시작함

③ 2수준: **책임감과 자기희생의 단계**

자신 욕구 억제, 타인에 대한 배려, 책임감, 자기 희생 지향

④ 2.5수준: **선에 대한 관심에서 진실에 대한 관심으로의 변화**

자신의 욕구와 타인의 배려가 함께 고려됨

⑤ 3수준: **자신과 타인에 대한 배려의 단계**

자신의 권리 주장과 타인에 대한 책임이 조화됨

5) 사례에 대한 관찰기록

- 자신이 싫어하는 반찬이 나왔을 때 "선생님 저는 ○○도 먹을 수 있어요!"라고 얘기한 뒤에 교사가 안 보는 것 같을 때 교구장 뒤에 몰래 버림
- 친구가 빌려달라는 말도 하지 않았는데, 블록을 양보하고선 혼자 속상해하는 모습을 보임
- 자신이 원하는 긴 블록을 친구에게 빌려달라고 말했지만 친구가 빌려주지 않았을 때 지나치게 화를 내며 블록을 집어던지는 행동을 함
- 지석이가 친구가 만든 블록을 무너뜨려 친구가 선생님께 이르려고 하자 친구 입을 막으며 "미안해 미안해 말하지마"라는 말을 반복함
- 선생님이나 친구에게 자신이 원하는 대답을 들을 때까지 똑같은 말을 되풀이 함
- 친구가 자신에게 조금만 좋지 않은 표현을 하면 친구가 말할 때까지 예쁘게 말할 것을 강요함

6) 부모에게 질문해야 하는 내용 작성

- 하원 후에는 어떤 놀이를 하면서 어떻게 지내나요?
- 형과는 어떤 놀이를 주로 하나요?
- 가장 중요하게 가르치시는 부분이 없나요?
- 거짓말을 했을 때 어떻게 반응하시나요?
- 요즘 어머니의 고민이나 힘든 점에는 무엇이 있나요?

7) 사례의 동기나 원인 파악

- 할머니, 엄마가 아이에게 착하게 행동해야 한다는 것을 과하게 강요

- 집에서와 달리 장난감을 친구들과 공유해야 하기 때문에 욕구와 착한 행동 사이에 갈등상황이 발생함

8) 상담 시 유의사항 작성

- 아이의 문제점만 인식하고 속상한 마음이 들지 않도록 육아에서 잘하고 있는 점, 아이가 잘 하는 점, 잘 발달하고 있는 점 등을 찾아 격려하고 칭찬한다.
- 도덕성 발달을 위한 구체적인 방법을 의논하고, 가정에서 실천할 수 있는 방법으로 계획한다.
- 엄마가 가지고 있는 양육의 어려움이나 그럴 수밖에 없었던 심리적인 면에 대해 공감한다.
- 가정과 기관에서 아이의 특정 행동에 일관된 반응을 할 수 있도록 계획하고, 목표를 설정한다.

- 부모 상담하기 -

T: 안녕하세요. 지석이 어머님 들어오세요.

P: 안녕하세요. 선생님.

T: 이쪽으로 앉으세요. 어머니 지석이 형은 잘 있나요? 원에서 지석이가 종종 형 이야기를 많이 해요.

P: 네. 잘 있어요. 지석이가 워낙 형을 잘 따라요.

T: 아 그렇군요. 어머니 지석이는 요즘 집에서 어떻게 지내나요?

P: 아무래도 저랑 지석이 아빠가 바쁘다보니까 집에서 할머니랑 형이랑 지내는 시간이 많아요. 같이 못 놀아주는 것 같아서 미안하고, 안쓰럽기도 해요.

T: 네 어머님. 어머니가 바쁘신 와중에도 지석이를 많이 신경 쓰고 챙겨주셔서 지금처럼 밝게 유치원 생활도 잘 하고 있는 것 같아요. 지석이는 주로 집에서 무슨 놀이를 하나요?

P: 집에서는 주로 블록놀이라던가, 장난감 칼을 가지고 놀고, 남자아이들이 많이 하는 놀이들을 좋아해요.

T: 아 그렇군요. 지석이 형이랑 같이 놀이를 하는 편인가요?

P: 평소에 지석이 형은 조용한 편이라서 활동적인 놀이보다는 책을 읽는다거나 혼자 하는 놀이를 좋아하는 편이예요. 그래서 지석이가 주로 혼자 노는 편이에요. 형이랑 같이 놀면 좋을텐데, 형이 지석이의 활동적인 면을 받아주지 않아서 혼자 노는 것을 보면 안타까운 마음이 들어요.

T: 네 어머님. 혼자 노는 지석이 모습을 보면서 안타까운 마음이 드실 것 같아요. 그러면 어머님과 아버님은 주로 어떻게 놀아주시나요?

P: 지석이 아빠도 그렇고 저도 바쁘다 보니까 자주 못 놀아주는 편이예요. 집에서 주로 할머니와 시간을 보내는 경우가 많아요. 쉬는 날에는 지석이와 시간을 많이 보내려고 하는 편인데, 몸이 힘들다 보니까 활동적인 걸 하기는 조금 힘들어서 주저하는 경우가 많아요.

T: 아 그랬군요. 지석이가 항상 엄마 쉬는 날이면 너무 좋다고 이야기하곤 했어요. 같이 집에 있는 것만으로도 지석이에게 많이 위안이 되는 것 같아요. 어머님도 지석이의 유치원 생활에서 궁금하신 점이나 염려되시는 부분이 있나요?

P: 아무래도 지석이가 집에서 혼자 노는 경우가 많다 보니까 또래 친구 관계가 걱정이 되더라구요. 유치원에서 친구들과 잘 놀이하는 편인가요?

T: 네 어머니. 지석이가 밝고 적극적인 편이라 친구들과 두루두루 잘 어울리는 편이예요. 하지만 친구와의 갈등상황이나 분쟁상황에서 친구가 선생님께 이르려고 하면 많이 불안해하고, 못 하게 하는 모습들이 있어요.

P: 아 정말요? 아무래도 선생님에게 잘 보이고 싶은 것 같아요. 지석이가 워낙 활발하다 보니까 제가 집에서도 자주 선생님 말씀 잘 듣고, 친구들에게 소리 지르지 말고 차분히 이야기하라고 많이 잔소리를 해요. 그래서 지석이가 그런 행동들을 보이는 것 같아요. 저도 어렸을 때 선생님께 인정받고 싶고, 잘 보이고 싶어서 그런 행동들을 했었는데, 어느 새 지석이에게 그런 행동들을 강요하고 있었던 것 같아요.

T: 어머님의 마음이 충분히 이해가 되요. 그런데 지석이가 먹기 힘든 반찬을 몰래 버리려다가 들켰을 때나 친구와의 분쟁상황에서 블록을 집어 던지다가 제가 봤을 때 거짓말을 하는 모습을 보이곤 해요. 혹시 집에서도 이러한 상황들이 있었나요?

P: 네. 유치원에서도 그런 일이 있었군요. 형과의 갈등 상황 이후에 지석이가 상황을 모면하려고 거짓말을 하는 경우가 종종 있었어요.

T: 그럴 때 어머니께서는 어떻게 하시나요?

P: 저는 거짓말을 하는 지석이를 많이 다그치고, 혼냈던 것 같아요.

T: 네 지석이가 거짓말을 하면 어머니도 놀라시고 그래서 혼내실 수 있어요. 지석이가 거짓말을 해서라도 선생님이나 친구들, 가족들의 사랑과 관심을 받고 싶었는지도 몰라요.

P: 그럼 어떻게 해야 하나요?

T: 우선 사랑의 표현과 격려와 인정해주는 말을 자주 해주고 인정받고자하는 욕구를 채워 주는 것이 좋을 것 같아요. “이게 갖고 싶었어?”, “속상했구나.”이런 말들이요. 그러고 나서 지석이의 잘못된 점과 고쳐야 할 점을 명확히 구분해 주면 좋을 것 같아요,

P: 네 그럴게요. 선생님

T: 저도 유치원에서 지석이에게 사랑의 표현과 격려를 아끼지 않고 더 많은 관심 기울이겠습니다.

P: 감사합니다. 선생님. 선생님 말씀 들으니까 마음이 조금 놓이네요.

T: 네. 상담 시간이 20분이라 짧지요? 나중에 더 궁금한 것이 생기면 언제든지 연락주세요.

P: 그럴게요. 선생님 지석이 잘 부탁드려요.

T: 네 어머님 조심히 들어가세요. 감사합니다.

상담 당일 교사가 관찰했던 유아에 대한 모든 것이 이야기 되지 않을 수 있다. 유아에 대한 상담거리를 차분히 하나씩 부모와 논의하다보면 문제 시 되었던 행동들이 사라지는 경우도 많다.

- 부모 상담 마무리 하기 -

• 상담 보고서 작성하기

<table>
<tr><td rowspan="3">유아이름</td><td rowspan="3">김지석</td><td>생년월일</td><td>상 담 일</td><td>4월 17일 월요일</td></tr>
<tr><td rowspan="2">20XX. . .
XX개월</td><td>상담장소</td><td>아름반 교실</td></tr>
<tr><td>유아반명</td><td>아름반</td></tr>
<tr><td colspan="5">면 담 내 용</td></tr>
<tr><td colspan="3">가정에서의 유아 행동</td><td colspan="2">유치원에서의 유아행동</td></tr>
<tr><td colspan="3">• 주로 혼자 블록을 가지고 활동적으로 놀이함
• 형과의 갈등상황 이후에 엄마에게 거짓말을 하는 경우가 종종 있음</td><td colspan="2">• 친구에게 장난감을 양보하고 혼자 속상해하는 모습을 보임
• 친구와의 분쟁상황에서 친구가 자신을 선생님께 이르는 것을 지나치게 싫어하고 불안해함
• 친구가 자신에게 안 좋은 말을 할 때면 예쁘게 얘기할 때까지 예쁘게 말하라며 강요함
• 자신이 원하는 장난감을 친구가 양보해주지 않으면 블록을 던지거나, 친구에게 소리 지르는 행동을 보임</td></tr>
<tr><td>향후 교육계획</td><td colspan="4">• 사랑한다는 표현을 자주 해주는 것이 필요
• 잘못된 점과 고쳐야 할 점을 명확히 구분해 주는 것이 필요
• 적절한 규칙과 질서를 가르쳐야 함</td></tr>
</table>

지석이의 사례에서 부모 상담 시 보충되면 좋은 내용

부모가 가정에서 사용해야 하는 언어를 구체적으로 알려주는 것이 좋다. "사랑의 표현이나 격려와 인정해주는 말을 해 주세요"는 포괄적이고 추상적이어서 어려울 수 있다.

ex) 부모에게 아침 등원 차량을 탈 때 '선생님 말 잘 듣고, 친구와 사이좋게 지내.' 라는 말 대신 '잘 놀다 와.' 라는 말을 해주는 것이 좋을 것 같다고 이야기 해주는 것이 좋다.

'선생님 말 잘 듣고, 친구와 사이좋게 지내.'라는 말은 아이를 믿지 못한다는 말, 부모의 염려가 느껴지는 말이기 때문에 지석이에게는 부담감이다. 대부분의 아이들은 엄마가 염려하는 만큼 그에 맞는 아이가 되어야 한다는 생각을 갖게 되어 자신의 욕구나 바람과는 달리 착한 행동 및 나쁜 행동에만 집중하게 된다.

그러므로 염려의 말을 아이에게 하는 것보다는 잘 놀다 오라는 한 마디의 말이 아이에게 더 큰 격려가 될 수 있다는 것을 부모에게 이야기해 주는 것이 좋다.

2. 만3세 : 얼른 해야지! - 느린 아이

만3세 여아 최지우 (가명)

- 부모상담 준비하기 -

1) 주요 상담사례 파악

아침 등원 시 다른 친구들은 혼자서 신발을 벗고 교실로 들어가나, 천천히 앉아서 행동하며 신발을 벗는 지우의 모습을 보는 엄마는 항상 '지우야 얼른 해야지, 얼른해' 라는 재촉의 말을 하며 어떤 일이든 느리고 천천히 하며 적극적이지 못한 지우의 행동에 걱정을 하면서 느리게 행동하다보니 모든 일을 엄마가 먼저 해결해주려고 한다.

2) 기록문서 검토

기관에 보관된 이전 상담일지 및 영유아 관련 기록을 살펴보고 유아의 기질, 성격, 선천적인 건강 및 유전적인 환경을 검토한다.

3) 가족관계망 탐색

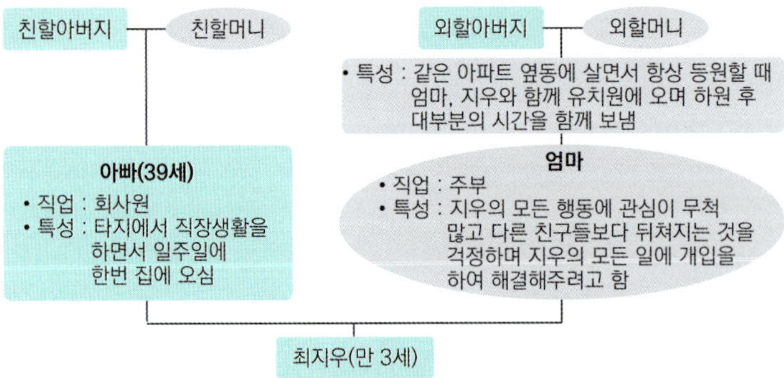

[그림 14-2] 영유아를 둘러싼 가족관계망

4) 이론적 배경 검토

(1) 만3세 영유아 발달

- 자율성과 독립심이 싹튼다.
- 자신의 주장이 점점 더 강해진다.
- '싫어', '아니야'라는 단어사용으로 강력한 의사표시를 한다.

(2) 만3세 자녀를 둔 부모의 심리적 상태

- 첫 번째 양육경험일 경우, 자녀의 미숙한 부분을 부모가 다시 해주거나 대신 해준다.
- 자녀 스스로 할 수 있을 것이라는 심리와 아직 미숙하여 부모가 모두 해 주어야 한다는 심리가 교차하며, 자녀의 부족함을 자신의 능력부족으로 전이 및 동일시 한다.

(3) 영유아의 기질

① 순한 기질

- 일상생활에서 규칙적인 생리적 리듬을 갖고 있으며 순하고 명랑하다.
- 비교적 잠이 쉽게 들며, 또한 깨어날 때에도 기분 좋게 일어난다.
- 새로운 환경이나 사람에게도 따뜻하게 접근하며 새로운 경험도 쉽고 즐겁게 받아들인다.

② 까다로운 기질

- 생리적 리듬이 불규칙적이며 새로운 상황에 적응하기가 어려워한다.
- 조금만 불편해도 강하게 반응을 하고 부적정서 상태를 나타낸다.
- 환경의 조그만 변화에도 상당히 민감하고 예민하여 때로는 적대적으로 반응을 보인다.

③ 적응이 느린 기질

- 환경적 자극에 대하여 활발한 반응을 보이지 않는다.
- 활동성이 떨어져 무기력함과 동시에 다소 성미가 까다로워 보인다.
- 환경반응에 대한 반응 수준이 낮아 새로운 상황에 적응하는 데 많은 시간이 필요하다.
- 생소한 환경에 대해 신중하다.

5) 사례에 대한 관찰기록

- 친구들의 놀이나 행동을 유심히 지켜보는 경우가 많음.
- 동적인 활동보다 정적인 활동을 즐겨함.
- 느린 행동으로 인해 친구들에게 순위를 밀려 무엇이든 마지막 순서에 함.
- 혼자서 기본적인 행동(신발 벗기, 잠바 입기, 정리하기)을 수행하는 능력은 있으나 행동이 느림

6) 부모에게 질문해야 하는 내용 작성

- 집에서 주로 어떤 놀이를 하면서 지내나요?
- 어머님과 지우는 주로 어떤 대화를 나누시나요?
- 지우가 스스로 할 수 있는 기회를 많이 주시나요?
- 어머니가 지우를 도와주면 지우가 어떻게 반응 하던가요?

7) 사례의 동기나 원인 파악

- 기질의 특성에 따라서 시간이 필요한 유아로 생각되어짐.

• 전 유치원에서의 부정적인 기억과 생각 때문에 지금 유치원에 적응하는데 더 많은 시간이 필요하다고 생각되어짐(전 유치원에서 느린 행동으로 인해 교사에게 많은 훈육을 받았고 유치원을 부모가 유치원을 옮기는 계기가 되었음).

8) 상담 시 유의사항 작성

• 지우 부모님과 지우의 상황과 마음을 고려하여 전 유치원에 대한 내용을 먼저 물어보지 않도록 한다.
• 지우의 문제점만 생각하여 속상한 마음이 들지 않도록 격려하고 유치원에서 잘하고 있는 점, 잘 발달하고 있는 점에 대해서도 이야기하며 칭찬한다.
• 유치원을 옮긴지 얼마 안 된 점을 고려하여 기다림의 필요성에 대해 이야기한다.
• 다른 유아와 비교하는 말을 하지 않는다.
• 정서적으로 안정을 찾고 유치원에서의 생활이 즐거울 수 있도록 가정과 연계하여 계획하고 방법을 마련한다.

- 부모 상담하기 -

T: 안녕하세요 지우 어머님 들어오세요.

P: 네, 안녕하세요. 선생님

T: 오시는데 불편하시지는 않으셨어요?

P: 네 괜찮았어요.

T: 이쪽으로 앉으세요. 커피 괜찮으세요? 아니면 다른 차 종류도 있어요.

P: 아니예요. 괜찮아요 잘 마시겠습니다.

T: 이쪽으로 앉으세요. 지우는 집에 있나요?

P: 네, 오랜만에 아빠가 와서 같이 놀고 있어요.

T: 아빠와 노는 것도 좋아하나보네요. 요즘 지우가 집에서는 어떻게 지내나요?

P: 지우는 저를 친구처럼 생각해요. 유치원에서 했던 놀이나 있었던 일을 잘 이야기하고, 주로 그림을 그리거나 만드는 것을 좋아해요.

T: 유치원에서도 여러 가지 작품 활동하는 것을 좋아해요. 그래서 미술영역에 머무는 시간이 많더라구요. 지우가 만든 작품을 친구들이 항상 관심있게 보고 있어요. 지우가 친구들 이야기도 하나요? (지우랑은 어떤 내용의 대화를 주로 나누시나요?)

P: 요즘에는 유치원 이야기를 많이 해요. 아시다시피 전 유치원이 처음으로 다닌 유치원인데 안 좋은 일들이 있었잖아요. 그래서 지우가 유치원 다니는 것을 힘들어 할까 걱정했는데 잘 다니는 것 같아서 걱정을 덜었어요.

T: 네 어머니 지우도 어머님도 힘든 시간이었을 것 같아요. 요즘 지우는 유치원에서 하루가 다르게 잘 적응하고 있어요.

P: 정말 다행이예요. 친구들과 잘 어울려서 노나요?

T: 처음에는 친구들이 노는 것을 지켜보고 관찰하며 웃거나 했는데 친구들의 이름과 얼굴을 익힌 요즘에는 친구에게 다가가서 말도 건네고 친구가 놀 때 다가가기도 해요. 지우는 밝고 긍정적인 아이라서 시간이 좀 더 지나면 다른 친구들과 스스럼없이 잘 어울릴 거예요.

P: 그렇겠죠? 아직 한 달 밖에 안 지났으니 더 지나면 좋아지겠죠? 지우는 시간이 많이 필요한 애 같아요.

T: 낯선 환경에 처음 와서 적응하는 일이 쉽지 않은 일이예요. 또 지우는 먼저 관찰하고 지켜 본 후에 행동을 하는 편이라서 시간이 더 필요한 것뿐이라고 생각해요.

P: 사실은 전 유치원에서 양치를 하라고 했는데 가만히 앉아서 친구들을 보고 있다고 교사한테 머리를 맞았어요. 지우 낳을 때 시간이 지체되어 뇌출혈이 왔었

거든요 그래서 머리는 특히 위험한데.. 교사한데 맞은 장면을 확인하니 정말 하늘이 무너지더라구요.

T: 그런 일이 있었군요. 어머니 마음이 어떠하셨는지 .... 출산 때의 기억과 겹쳐 정말 힘드셨겠어요. 지우가 행복하게 유치원 생활을 할 수 있도록 더 관심을 가질게요.

P: 너무 감사해요 선생님. 지우가 워낙 행동이 느린 아이라서 다른 아이들 보다 뒤쳐질까 걱정이예요. 그러다보니 지우가 할 수 있는 일도 제가 답답하니까 빨리하라고 재촉하고 그래도 느리니까 그냥 제가 도와주게 되더라구요. 그러고 있으면 속이 터져요.

T: 그럴 수 있어요. 대부분 부모님들의 마음이 그렇지요. 아침에 등원 했을 때 도와주시는 모습을 많이 뵈었어요. 지우를 도와주면 지우가 어떻게 반응 하던가요?

P: 저를 계속 쳐다보더라구요. 저번에는 '휴'하면서 한숨을 쉰 적도 있어서 제가 깜짝 놀랐던 적이 있어요.

T: (미소) 그래요? 지우 표정을 알 것 같아요. 지우가 느린 아이이지 발달이 늦은 것은 아니예요. 지우도 자율성과 독립심이 형성되고 있기 때문에 스스로 경험해보는 것이 반드시 필요해요. 기다려 준다면 지우는 혼자서도 잘 할 거예요.

P: 기다려준 다는 게 참 어려운 일 같아요.

T: 네 맞아요. 쉽지 않은 것 같아요. 저는 밥 먹고 나서 양치를 하러 가거나 할 때 지금 시계의 긴 바늘 숫자를 지우와 같이 확인하고 긴 바늘이 어디까지 갔을 때 지우가 할 일을 다 마칠 수 있는지 함께 약속을 정해서 하고 있어요. 그랬더니 지우도 시계를 확인하면서 행동을 하려고 노력을 하더라구요.

P: 아, 그런 방법이 있었군요. 집에서도 그렇게 해봐야겠어요.

T: 네, 가정과 유치원에서 함께 한다면 지우가 더욱 좋아질 거라고 생각해요. 약속을 지키거나 수행을 마쳤을 때 꼭 칭찬과 격려도 해주시고요.

P: 네 선생님 저도 기다리는 것도 연습하고 지우에게 더욱 기회를 주도록 해야겠어요. 오늘 이렇게 시간 내 주시고 이야기해 주셔서 너무 감사해요.

T: 아니에요, 어머님께서 지우에 대해서 자세히 이야기해 주시고 말하기 어려운 부분까지 이야기해주셔서 너무 감사했어요.

P: 네 선생님. 저야말로 너무 감사해요. 앞으로도 지우 잘 부탁드립니다.

T: 지우는 어머님 덕분에 정말 밝고 긍정적인 아이로 잘 자라고 있어서 앞으로도 더 건강하고 씩씩하게 성장할 거예요. 나중에 더 궁금한 것이 생기시면 언제든지 유치원으로 전화주세요.

P: 네 선생님 얼른 퇴근하세요. 감사합니다.

- 부모 상담 마무리 하기 -

• 상담 보고서 작성하기

상담일자	20xx년 xx월 xx일 금요일	상담교사	정OO
유 아 명	최지우 (여)	생년월일	20xx년 x월 x5일 xx개월
상담장소	햇살반 교실	상담방법	방문
상담내용	• 지우를 낳을 때 시간이 지체되어 약간의 뇌출혈이 있어서 머리에 대한 충격을 조심해야하는데 전 교사로부터 머리를 맞은 적이 있음. • 지우가 느리게 행동하는 것에 대해 엄마가 답답하게 생각하고 있으며 스스로 하는 기회를 주기보다는 먼저 문제를 해결해주는 상황이 많다고 함. • 지우는 가정에서 유치원에 대한 긍정적인 이야기를 많이하며 유치원을 좋아하고 있음. • 지우의 느린 행동 때문에 다른 아이들보다 뒤쳐질까봐 염려하고 계심.		
지도방향 및 건의사항	• 머리 부분이 다치지 않도록 유의함. • 시계의 긴 바늘을 보며 다음 행동에 대한 시간 약속을 하면서 스스로 행동을 조절할 수 있도록 지도하기로 함. • 약속시간이 다되어 갈 때는 지우가 시간이 다 되감을 알 수 있도록 말로 표현으로 지도하기로 함. • 수행을 마쳤을 때 지우에게 충분한 칭찬과 격려로 지도하기로 함.		

지우 사례에서 부모 상담 시 보충되면 좋은 내용

에릭슨에 의하면 만 3세 유아는 '자율성 대 수치심', '주도성 대 죄책감' 발달과업을 지나게 된다. 이 때 부모가 지나치게 통제하고 혼내거나 겁을 주면 수치심이 형성되고 수동적인 성향이 강화된다. 특히 느린 기질의 유아인 경우 노력과 주의를 더욱 기울여야 한다. 부모와 교사의 비판적이지 않는 태도로 인내하며 기다려 주어야 한다.

교사는 유치원에서 느린 기질의 유아와 자주 상호작용하면서 스스로 수행에 걸리는 시간을 정해보도록 하는 방법을 사용할 수 있다. 해당 시간에 수행을 하고 못하고 이전에 유아는 스스로가 정한 규칙에 교사가 동참하여 함께 기다려준다고 생각하며 만족감을 얻을 수 있으며, 이는 수행 속도에 영향을 준다.

3. 만4세 : 내가 일등 할 거야!
– 과도한 학습욕구를 보이는 아이

만4세 남아 이민철 (가명)

- 부모상담 준비하기 -

1) 주요 상담사례 파악

민철이는 만 4세 남아로 학습욕구가 다른 아이들보다 높다. 가정에서의 학습지 학습은 물론 교실에서의 읽기와 쓰기에 적극적인 모습을 보이고 친구나 교사에게 초등학교 진학 후 일등을 할 것이라는 자신감 넘치는 말을 자주 한다. 하지만 교사의 작은 주의에도 위축되어 손톱을 물어뜯거나 교사의 눈을 마주치지 못하며 어쩔 줄 몰라 불안해한다.

2) 기록문서 검토

기관에 보관된 이전 상담일지 및 영유아 관련 기록을 살펴보고 유아의 기질, 성격, 선천적인 건강 및 유전적인 환경을 검토한다.

3) 가족관계망 탐색

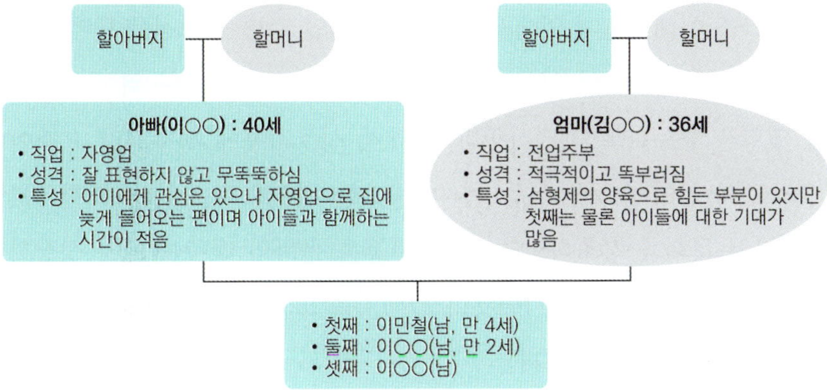

[그림 14-3] 영유아를 둘러싼 가족관계망

4) 이론적 배경 검토

(1) 영유아 발달 관련 이론

① Piajet의 인지발달이론

Piajet는 인지이론을 외부세계를 이해하고 파악하는 바탕인 인지적 구조가 형성되는 과정으로 설명한다. Piajet에 의하면 인간의 인지발달은 자연적인 성숙과 환경의 상호작용에 의해 발달하며 '도식, 적응, 동화, 조절, 평형'의 개념은 중요한 의미를 가진다. 인지발달은 '감각 운동기(출생~2세), 전 조작기(2~7세), 구체적 조작기(7~12세), 형식적 조작기(12세 이후)'의 단계를 거친다.

전조작기(2~7세)에는 아동의 언어가 급격히 발달하고 상징적으로 사고하는 능력도 증가한다. 논리적인 조작이 가능하지 않기 때문에 전조작기라 부른다. '조작'이란 과거에 일어났던 사건들을 내면화시켜 서로 관련지을 수 있는 즉 논리적인 관계를 지을 수 있는 것을 뜻한다. 전조작기 사고의 특징은 상징놀이, 자기중심적 사고, 물활론, 직관적 사고를 한다.

② Vygotsky의 사회문화적 인지발달이론

Vygotsky는 아동이 타인과의 관계에서 영향을 받으며 성장하는 사회적 존재임을 강조하여 인간을 이해하는데 있어서 사회, 문화적인 측면에 초점을 맞추었다. 인간의 정신은 사회학습의 결과이며 일상생활에서 문제해결은 성인이나 뛰어난 동료와의 대화로부터 영향을 받는다고 제시하였다. 그래서 상호작용에 필수적인 요소이며 문제해결의 도구로서 언어 습득을 아동발달의 중요한 변인으로 보았다. 도한 아동발달의 결정요인으로서 문화를 강조하였다. 모든 아동은 문화의 맥락 속에서 성장하고 발달하므로 아동이 성장하고 있는 사회문화적 배경을 고려하지 않고서는 아동발달을 제대로 이해할 수 없다는 주장이다.

- 근접발달영역

  아동이 스스로의 힘으로 문제를 해결할 수 있는 수준인 실제적 발달수준과 성인이나 유능한 또래로부터 도움을 받아 문제를 해결할 수 있는 수준인 잠재적 발달수준의 중간영역을 의미한다. 근접발달영역에 위치한 아동에게는 조력, 격려, 도움이 필요하고 성인과 유능한 또래는 아동이 지적으로 성장하는데 필요한 요소를 지원하는 안내 혹은 교사의 역할을 할 수 있다.

- 비계

  아동이 스스로의 힘으로 문제를 해결할 수 있도록 성인이나 또래가 도움을 제공하는 것을 의미한다. 아동의 인지발달은 성숙한 구성원과의 상호작용을 통해 이루어진다고 보고 아동의 인지발달을 위해 비계를 설정하여 아동이 성장할 수 있도록 도와준다.

- 사고와 언어

  언어는 아동의 사고발달에 필수적이며 문제해결의 중요한 도구로 보았다. 언어가 사고발달에 도움이 되는 것은 사회적 상호작용의 매개역할을 하며, 타인과의 언어적 상호작용은 아동의 이해수준을 확장시킨다.

③ 유아의 문식성

인간의 일상적인 언어생활은 음성언어와 문자언어로 이루어진다. 음성언어는 말하는 사람과 듣는 사람이 말소리를 통해 같은 시간과 공간 내에서 의사소통하는 것, 문자언어는: '글'이라는 매체를 통해 의사소통을 하는 것이다.

문식성이란 이 두 언어 중 '문자언어'의 표상체계를 사용하는 것을 말하며 읽기와 쓰기 활동이 이에 해당된다. 즉 의사소통을 목적으로 하는 문자 언어의 사용 능력을 말한다. 흔히 우리가 말하는 문자교육이 바로 이 문식성을 뜻한다.

발생적 문식성은 유아가 문맹이 아니라 '문식의 과정' 즉 글을 읽고 쓸 수 있는 사람이 되어 가는 과정에 있다. 발생이라는 말속에는 형식적인 지도의 필요성을 포함하지 않는다. 발생적 문식성은 형식 교육 이전에 가정이나 사회에서 비형식적으로 이루어지는 활동을 통해 자연스럽게 문식성이 생겨난다고 본다.

음성 언어가 출생 직후부터 시작하여 계속적이고 점진적으로 발달해 가듯 문자 언어도 음성 언어와 함께 출생 직후부터 점진적으로 발달해 간다. 이것이 뿌리가 되어 유아의 문자 언어 학습을 가능하게 해 주는 것이다. 따라서 유아의 문식 발달은 출생 직후인 영아 때부터 양육자의 비형식적인 많은 자극과 활동을 통해 꾸준히 발달해 나간다.

④ 문식성 지도 이론

• 발음 중심 문식성 지도 방법

장 점	단 점
• 자음과 모음이 결합하여 하나의 글자를 이루는 한글의 구조를 체계적이고 논리적으로 지도할 수 있다. • 자음과 모음의 글자 요소와 그 글자 요소의 음가를 대응시켜 발음의 규칙성을 지도할 수 있다. • 철자에 유의하게 되므로 맞춤법 학습과 정서법 지도에도 유용하게 도움이 된다.	• 너무 분석적이고 논리적이어서 학생에게 이해시키는데 어려움이 따른다. • 추상적이고 무의미한 낱짜 단위까지 다루므로 아동의 학습 흥미유발 지속이 곤란하다. • 지나치게 문자 자체에 더 큰 관심을 갖게 되므로 독해 지도와 밀착되지 않는다.

발음 중심 문식성 지도 방법은 우리가 주변에서 많이 볼 수 있는 방법으로 학습지를 이용한 문자교육에서 가장 많이 사용되고 있다. 집중적인 반복 학습으로 단기간에 아이들이 글자를 알게 될 수는있으나, 글의 의미 파악보다는 글자 자체를 익히는 것에 중점을 두게 되므로 아이들이 쉽게 흥미를 읽게 되거나 지겨워 할 수 있다. 이렇게 해서 글자를 습득한 아이들이 책을 읽는 경우 책의 의미를 파악하기보다는 글자를 읽는 수준에 머물게 되는 경우가 많다.

• 의미 중심 문식성 지도방법

장 점	단 점
• 단어나 문장을 하나의 단위로 읽어 나가기 때문에 발음보다는 의미 파악에 초점을 둘 수 있다. • 제한된 단어, 문장으로 반복지도 하므로 학습이 쉽다. • 실생활에서 익숙한 단어나 문장을 중심으로 지도하므로 학습의 흥미 유발, 지속적인 관심을 유지할 수 있다. • 문자 읽기에 그치지 않고 읽은 내용을 생활과 연결시켜 말해 보는 방법을 곁들여 읽기와 말하기 지도를 병행할 수 있다.	• 너무 의미 파악에 지도의 초점을 맞추게 되므로 정확한 발음 지도가 어렵다. • 제한된 단어, 문장만 지도하므로 학습량이 많지 않다. • 일단 배운 글자는 그 형태 또는 기억에 의해 쉽게 읽을 수 있으나 배우지 않은 단어나 문장은 거의 읽을 수 없다. 즉, 학습의 전이가 매우 낮다. • 기억나지 않는 단어는 추측하여 읽게 된다. (추측하여 읽는 것은 독해에 대한 관심이므로 권장되어야 한다고 보는 사람들도 있다.)

이 방법으로 문식지도를 하는 경우의 어려움은 발음 중심 지도방법과 달리 효과 즉, 보여지는 성과가 빨리 나타나지 않는다.

• 총체적 문식성 지도방법

총체적 문식 지도 이론은 발음 중심지도 이론과 의미 중심 지도 이론을 포괄하면서 절충적인 측면을 보여 주고 있는 지도 방법이다. 총체적 언어 지도는 유아의 문식 행동에 미치는 배경지식을 중요하게 여긴다. 유아들에게 친숙한 자료와 방법으로 접근하면 훨씬 쉽게 이해하고 읽기 기능을 습득할 수 있다고 본다. 유아의 문식성 발달은 자신보다 더 유능한 문식자의 도움이 절대적으로 필요하다. 그렇기 때문에 주변에 어른이나 또래 중에서 발달이 빠른 또래는 유아의 문식 발달에 아주 큰 영향을 준다. 유아기 때는 형식적인 문식 활동보다 비형식적인 문식 활동이 더 좋다. 잠자리에 들기 전 부모님이 책을 읽어 주는 것, 일상적인 생활 속에서 아동과 성인이 여러 가지 메시지를 주고 받는 것 등이다. 또 놀이 속에서 주고 받는 편지나 읽기, 쓰기의 흉내 내기도 좋다.

⑤ 뇌 발달 단계

- 0~3세(영아기) : 태어날 때 성인 뇌의 25%에 불과하던 뇌가 생후 1년 만에 1,000g 에 도달할 정도로 전체적으로 급성장하므로 이 시기에는 다양한 영역의 정보를 왕성하게 전달받을 수 있도록 오감을 골고루 자극시키는 종합 교육을 하는 것이 두뇌발달의 기초가 된다.
- 4~7세(유아기) : 고도의 종합적인 사고기능과 인간성을 담당하는 전두엽이 발달하는 시기로 이 시기에 예절교육과 사고기능, 창의성교육 등이 다양하게 이루어져야 한다.
- 8~13세(초등기) : 언어담당 측두엽, 수학 물리적 사고 담당 두정엽이 발달하는 시기이다. 측두엽은 언어기능을 담당하는 곳으로 외국어 교육을 비롯해 말하기 · 듣기 · 읽기 · 쓰기 교육이 효과적으로 이루어질 수 있다.(특히 영어, 외국어 교육의 적기) 이 시기의 아이는 자신의 의사표현을 제대로 할 수 있고, 논리적으로 따지기를 좋아하는 특성이 있는데, 이런 측면도 뇌 발달과 관계가 있다.
- 14세 후(청소년기) : 시각적인 기능을 담당하는 후두엽 발달이 발달하는 시기로 보는 기능이 발달해서 자신의 주위를 훑어보고 자신과 타인의 차이를 선명하게 알며, 자신의 외모를 꾸미려고 노력을 한다. 보기에 화려하고 멋진 연예계 스타나 스포츠맨들에 빠져서 열광하는 것도 시각적인 기능이 유난히 발달한 이 시기의 뇌 발달 특징과 관련이 있다. 따라서 이 시기에 나타나는 이런 특징들을 나무라고 못하게 하는 것보다 자연스럽게 느끼게 행동하도록 허용해주고 자기 발전

을 위한 성찰의 계기가 되도록 격려해주고 이끌어 줄 필요가 있다.

5) 사례에 대한 관찰기록

- 민철이는 만 3세 현 유치원에 입학하여 유치원 생활에 전반적으로 즐거워한다. 또래보다 지나치게 강한 학습 욕구를 보여 언어, 숫자쓰기 활동 부분에 적극적이며 친구보다 무엇이 든 빨리하려 하고 자신이 알고 있는 단어와 수 세기, 연산 등을 친구가 모를 경우 친구를 무시하는 모습을 보이기도 한다.
- '일등 할거야'라는 말을 자주 사용한다.
- 친구를 무시하는 행동 때문인지 친구들과 잘 어울리지 못한다.
- 활동 시 말이 많고 빠르다
- 교사의 작은 주의에 손톱을 물어뜯거나 위축되고 불안한 모습을 보인다.
- 놀이를 스스로 선택하지 못하고 선생님에게 물어보거나 친구가 하는 놀이를 따라하는 모습을 보인다.

6) 부모에게 질문해야 하는 내용 작성

- 민철이의 아침에 일어나서 잠들기까지의 일과가 어떻게 되나요?
  (하원 후의 일과 파악하기)
- 민철이는 어떤 놀이를 좋아하나요?, 누구와 함께 놀이하나요?
- 엄마, 아빠와 있을 때 주로 무엇을 하며 놀이하나요?
- 양육에 있어 가장 중요하다고 생각하시는 것은 무엇인가요?
  (아이에게 많은 것을 제공하고자 하는 의도 파악하기)
- 요즘 어머니의 고민이나 힘든 점에는 어떤 것이 있나요?

7) 사례의 동기나 원인 파악

- 민철이의 강한 학습욕구가 언제부터 어떻게 형성되었는지 알 수 없지만 민철이의 놀이 상황을 관찰해보면 친구들과 잘 노는 것처럼 보이지만 어느 순간 혼자 놀이하는 모습을 보이고 혼자 놀이가 가장 많은 언어 영역에서 활동하는 경우가 많다. 때로는 언어활동이 아니면 놀이를 잘 선택하지 못하고 놀이 시 교사의 눈치를 보거나 의존하는 경우가 많다. 항상 이야기의 주제가 한글, 수, 구구단, 한자 등에 대한 것이 대부분이고 가정에서도 학습지를 많이 하는 것으로 보인다.
- 민철이 어머니와의 전화통화에서도 민철이가 학습하는 것을 좋아하고 한글, 수에 대한 민철이의 인지적 수준을 자랑스러워하는 모습을 보이므로 인지발달의 과정이나 놀이의 중요성을 설명할 필요가 있다.

8) 상담 시 유의사항 작성

- 어린 자녀에게 과외활동을 많이 제공하려는 의도를 듣고 불안한 마음을 공감하고 이해한다.
- 아이의 문제점만 인식하고 속상한 마음이 들지 않도록, 엄마가 육아에서 잘하고 있는 점, 아이가 잘 발달하고 있는 점을 찾아 격려하고 칭찬한다.
- 민철이에게 놀이가 왜 중요한지 사회성과 관련하여 엄마에게 전달한다.
- 민철이에게 도움이 되는 구체적인 방법을 엄마와 함께 의논하고 찾아본다.
- 가정과 기관에서 민철이의 특정 행동에 일관된 반응할 수 있도록 계획하고, 목표를 설정한다.
- 세 자녀를 양육하는 어머니의 수고와 노력을 격려하고 지지한다.

- 부모 상담하기 -

(문을 열고 미소로 반긴다.)

T: 안녕하세요? 민철이 어머님. 들어오세요.

P: 아 네, 안녕하세요? 선생님

T: 오시는 데 불편한 점은 없으셨어요.?

P: 네, 괜찮았어요.

T: 이쪽으로 앉으세요. 어머님. 민철이와 동생들은 어디 있나요?

P: 민철이는 지금 태권도 학원에 있어요. 동생들은 잠깐 친정엄마께 부탁을 드렸어요.

T: 세 자녀를 돌보시느라 많이 힘드시죠?

P: 네 다 남자아이들이고 어려서 체력적으로도 힘이 드네요(웃음) 민철이는 태권도를 해요.

T: 네 민철이가 유치원에서도 태권도 이야기를 많이 해요. 태권도 띠의 색을 말하기도 하고 제가 시범을 보여 달라고 하면 수줍어해요. 민철이가 태권도하는 것을 좋아하고 자랑스러워 하는 것 같아요.

P: 네.. 제가 보기에도 좋아하는 것 같아요.

T: 태권도 다녀오면 민철이는 집에서 어떻게 지내나요?

P: 민철이는 유치원에서 돌아오면 태권도 학원을 다녀온 후 거의 학습지를 하거나 책을 읽는데 시간을 보내요. 민철이가 한글과 수 학습지 선생님께서 오시는 날을 많이 기다리기도 하고 민철이가 스스로 좋아하고 잘 하는 것 같아요.

T: 네.. 어머님. 민철이가 유치원에서도 읽기, 쓰기 활동에 많은 관심을 보이고 있어요. 이야기 나누기 시간에 자신의 의견을 잘 표현하기도 하고 여섯 살이 되다보니 한글. 수 활동에도 자신감을 보여요. 그럼, 민철이가 학습하는 시간 외에는 무슨 놀이를 하고 지내나요? 집에서 좋아하는 놀이가 있나요?

P: 동생 인철이랑 놀기도 하는데 인철이는 수줍고 차분한 편이고 민철이는자기 주장과 경쟁심이 강한 편이여서 동생이랑 놀이하다 보면 동생이 자주 울어 민철이가 많이 혼나는 편이에요. 동생이나 친구랑 놀이하는 것보다 제가 보기엔 학습지 하는 것을 더 좋아하는 것 같아요. 제가 하지 말라고 해도 민철이가 스스로 하는 경우가 많아요. 그래서 차라리 학습지를 하는편이 제가 편하더라고요. 제가 보기엔 민철이가 스스로 학습하고자 하는 욕구가 많은 것 같아요. 어릴 때부터 제가 책을 자주 읽어주어서인지 한글을 일찍 깨우친 편이에요. 한글을 일찍 깨우치다보니 주위의 권유도 있고 아이의 욕구도 많은 것 같아 이것 저것 학습지를 하다 보니 지금은 한글, 수 뿐 아니라 영어, 한자도 하고 있어요.

T: 민철이가 학습지 하는 것에 힘들어 하지는 않나요?

P: 아니요.. 제가 시키지 않아도 스스로 하는 것을 보면 민철이가 욕심도 많고 좋아하는 것 같아요.

T: 네. 어머님 말씀을 들어보니, 민철이가 학습을 좋아하는 것 같아요. 스스로 자부심과 성취감도 느끼고요. 민철이가 유치원이나 친구에 대한 이야기도 하나요?

P: 요즘 제가 민철이에게 유치원 생활에 대해 물어보면 잘 말을 안 하려고 해요. 이야기를 하더라도 혼자 논다는 이야기를 많이 해요. 그래서 친구들이랑 잘 노는지, 싸우지는 않는지, 사회성이 어떤지 사실 궁금해요.

T: 네..어머님 민철이가 혼자 논다고 말하니 궁금하시고 염려 되셨을 것 같아요. 민철이가 한글, 수, 한자에도 관심이 많다보니 친구들이 민철이에게 물어보기도 하고 정보를 많이 얻어요.

그런데 유아들이다보니 대부분 놀이상황이 많은데 친구와 의견이 다를 때 민철이가 주장을 강하게 해서 친구를 무시하거나 친구의 마음을 속상하게 하기도해요. 친구에게'내가 일등할거야'라는 말을 자주하기도 하고요.

P: 집에서도 일등 한다는 말을 자주해요. 저는 그냥 아이가 욕심이 많고 나중에 학습할 때도 그런 욕심이 도움이 될 것 같아 특별히 신경 쓰지 않았는데..

T: 아이가 열심히 잘 하는 건 좋은 거지요. 민철이가 일등할거야 혹은 더 많이 학습지를 하려고 할 때 어머님은 어떻게 하세요?

P: 잘했어.., 훌륭해.., 똑똑해.. 음.. 아이가 원할 경우 선물을 사주기도 하고.., 정말 초등학교가면 일등 하겠네.. 라고 했던 것 같아요. 좋으면 더 하라고도 하고요. 잘 하지 않거나 하더라도 그냥 건성으로'잘했어'라고 제가 말하는 것 같아요.

T: 네. 어머님. 높은 학습욕구와 칭찬은 학령기에 많은 동기부여가 될 거라 생각해요. 그런데 민철이가 학습결과에 관심을 많이 보이고 있기 때문에 놀이를 다양하게 하면서 여러 가지를 경험하면 더 좋을 것 같아요.

P: 그렇군요. 뭐부터 어떻게 해야 할까요?

T: 민철이가 학습하는 것 외에 다른 행동을 하였을 때 칭찬을 아끼지 않는 것도 좋은 방법이라 생각해요. 예를 들어 학습지가 아닌 동생이랑 잘 놀아주는 모습을 보인다거나 부모님의 심부름을 해주거나 가정에서 작은 역할을 주어 수행했을 때에도 칭찬을 해주면 분명 좋아하리라 생각해요.

잘했어. 훌륭해라는 말보다 도와 줘서 고맙다는 표현이 더 좋아요. 민철이가 정이 많아서 인지 제가 해주는 작은 칭찬에도 베시시 미소를 짓기도 해요. 남자아이니까 아빠랑 몸으로 놀이하는 것도 좋은 방법이고요.

P: 네.. 아빠가 많이 바쁘지만 아이를 위한 것이니 한 번 이야기 해볼게요. 저는 민철이가 스스로 공부하는 것을 좋아한다고 생각했는데 제가 공부만 하도록 만든 것 같아요. 이제부터 민철이가 공부하는 것 외에 다른 행동에도 칭찬을 아끼지 말아야겠어요.

T: 어머님께서 민철이의 가정에서의 생활을 자세히 이야기 해 주시고 원인을함께 찾아주셔서 민철이를 이해하는데 도움이 많이 됐어요. 유치원에서도 민철이의

작은 말과 행동에도 칭찬하고 격려하며 친구들과 어울려 놀이할 수 있는 기회를 많이 제공하도록 할게요.

P: 네. 저도 민철이의 다른 모습을 들어서 놀라긴 했지만, 선생님께서 잘 이야기해주셔서 도움이 되었어요.

T: 네. 가장 중요한 것은 어머님 건강이예요. 늘 건강하시고요. 민철이에 대해 상의하실 일이 있으면 언제든지 연락주세요.

P: 네.. 그럴게요. 민철이 잘 부탁드립니다.

T: 어머님. 조심히 들어가세요.

- 부모 상담 마무리 하기 -

• 상담 보고서 작성하기

희 망 반	이민철(만 4세/남)	2학기
상담일자	20xx 년 x월 x일	방법 : ☑ 직접, 전화상담

*새로 알게 된 정보
• 유치원 하원 후 태권도 학원을 다녀온 후 한문, 영어, 한글, 수와 관련된 학습지 활동을 함
• 엄마의 강요에 의해 학습을 하는 것이 아닌 민철이가 스스로 학습을 원함
• 민철이가 스스로 학습을 원하는 것은 엄마의 사회적, 물리적 보상에 의해 강화된 것으로 보임

*부모와 세운 계획
• 가정과 유치원에서 윤덕이가 친구와 놀이하는 경험을 갖도록 기회를 많이 제공하기로 함
• 가정과 유치원에서 학습하는 것 외에 다른 놀이와 행동을 하는 경우 칭찬과 지지적인 자세로 자존감을 키우도록 함
• 점차적으로 윤덕이가 학습 외의 다른 활동에 관심을 갖게 되면 학습양 줄기

*교사의 교육계획
• 민철이는 교사의 작은 주의에도 위축되거나 불안한 행동을 보이므로 자신감을 갖도록 칭찬과 격려하는 언어사용하기
• 손톱을 물어뜯는 행동에 대해 조금 더 관찰하기(언제, 어떤 상황에서 물어뜯는지)
• 부모에게 영유아시기의 놀이 중요성에 대해 지속적인 부모교육 자료 보내기
• 학부모가 학습행위와 결과에만 칭찬하여 유아가 학습 활동하는 것에 (읽기, 쓰기) 더욱 강화 된 것으로 보이므로 총체적 문식성 지도법에서처럼 결과가 아닌 학습행위(과정)에서 칭찬 하는 방법을 학부모에게 제시하기(예를 들어 이야기 줄거리를 들려 준 후 아이의 기분 물어보기, 공감하기 등)

민철이 사례에서 부모 상담 시 보충되면 좋은 내용

학습 결과에 대한 칭찬으로 강화된 부분이 있으므로 학습 과정을 격려하는 방법을 부모에게 구체적으로 제시하면 좋다.

예를 들어 그림책을 보고 기분이나 생각을 물어보고, 민철이의 생각에 공감하는 방법, 생활에서 비슷한 일이 있었는지 물어보고, 그 때의 감정이 어떠했는지 질문할 수 있다.

4. 만4세 : 더러운 건 싫어! – 결벽과 강박을 보이는 아이

만4세 남아 노석현 (가명)

- 부모상담 준비하기 -

1) 주요 상담사례 파악

석현이는 지나치게 깔끔한 탓에 일상생활에서 불편함을 겪는다. 옷에 적은 양의 물이 묻으면 마를 때까지 다른 활동을 하지 않는다. 음악 시간에 옆 친구와 손을 잡아야 하는데 친구에게 손이 깨끗한지 아닌지 보여 달라고 이야기를 하여 친구에게 상처를 주기도 하였다.

2) 기록문서 검토

기관에 보관된 이전 상담일지 및 영유아 관련 기록을 살펴보고 유아의 기질, 성격, 선천적인 건강 및 유전적인 환경을 검토한다.

3) 가족관계망 탐색

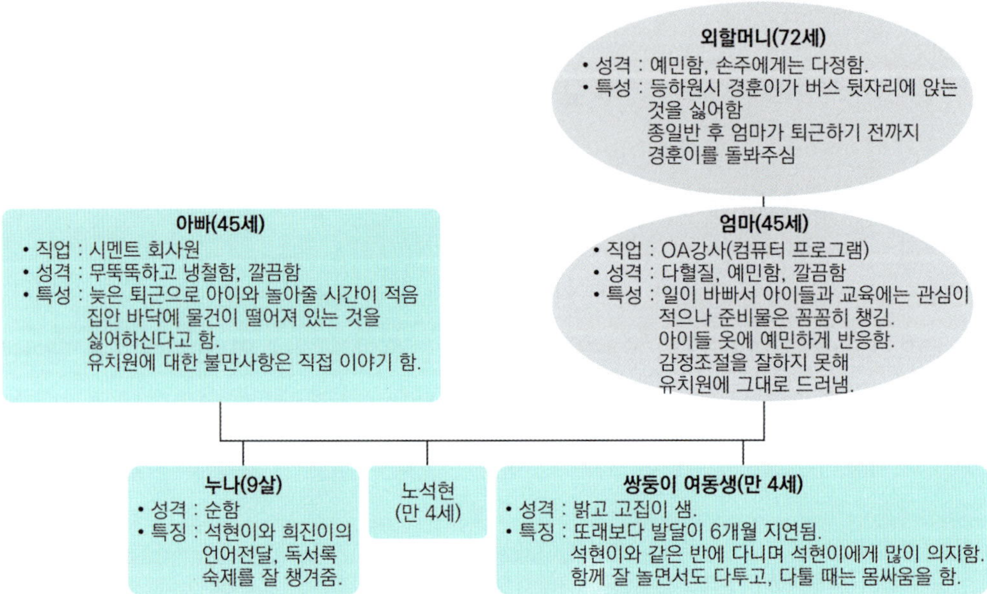

[그림 14-4] 영유아를 둘러싼 가족관계망

4) 이론적 배경 검토

(1) 반두라(Bandura)의 사회학습이론 (모델링)

사회학습이론은 사람의 행동은 다른 사람의 행동이나 어떤 주어진 상황을 관찰하고 모방함으로써 이루어진다고 본다.

- 적극적인 학습자로서의 인간을 강조.
- 모델링은 직접적인 강화나 벌 없이도 적극적으로 사고하고 학습하는 방식임.
- 관찰학습 : 타인의 행동을 관찰하고 대리경험 함으로써 새로운 행동을 학습.

• 관찰학습의 4단계

- 과정

  모델에게 관심을 집중해야 한다. 상대 모델에 대해 얼마나 집중을 하는지는 모델의 특성과 관찰자의 개인적 특성에 따라 결정됨.

- 파지 과정

  관찰에서 얻은 정보를 이후에 사용하기 위해서는 본 것을 언어 혹은 심상 등을 통해 머릿속에 기억해야 함.

- 운동재생 과정

  관찰을 통해 기억해 두었던 정보를 직접행동으로 나타내기 위해서 운동 능력이 필요. 행동을 실행하기 위해서는 자신의 행동을 모델의 행동과 비교하면서 계속 자신의 행동을 수정하는 과정이 필요함.

- 동기화 과정

  모델의 행동을 관찰하고 기억하여 능숙하게 수행할 수 있는 능력을 가지고 있어도 행동으로 옮기고 싶은 마음이 없다면, 즉 동기화되지 않으면 행동으로 나타나지 않음.

(2) Frued 심리성적 이론

항문기는 약 1~3세까지의 시기로 배설물을 보유하거나 배출함으로써 쾌감과 만족을 얻는다. 주요 발달 과제인 배변훈련을 통해 이러한 욕구를 조절하도록 요구받는데 이 과정에서의 조절 경험을 통해 생애 처음으로 신체의 자율성을 시험한다.

대소변 훈련 과정에서 부모의 훈련 방법과 태도가 성격 형성에 많은 영향을 주는데, 부모가 일방적으로 벌을 준다거나 지나치게 강압적인 방식으로 배변 훈련을 하면 부모에 대한 분노와 공포가 생긴다. 이 시기 동안 지나친 강요나 방임을 경험할 경우 고착되어 항문기적 성격을 가질 수 있다. 이때 부모에 대한 두려움 때문에 복종의 길을 선택하면 정돈, 청결, 질서 등의 항문기적 강박적 성격으로 발달하게 되며, 반대로 부모에 대한 반항을 선택한 경우 물건을 낭비하고 어지럽히며 지저분한 항문기적 폭발적 성격을 띠게 된다.

(3) 바움린드(Baumrind)의 부모의 자녀 양육 유형

적대적 · 통제적 유형의 양육태도를 가진 부모는 아이를 대할 때 강압적이며 모든 것을 독자적으로 판단한다. 아이의 잘못을 용납하거나 허용하지 않고 심하면 체벌까지 하면서 통제하려고 한다. 부모의 성향 자체가 정서적으로 미성숙하고 불안정하여 일관성이 없기 때문에 자기 기준에 어긋나면 감정적으로 폭발하고 아이를 심하게 훈육하는 것이다.

5) 사례에 대한 관찰기록

- 의자에 스크래치가 나 있기 때문에 무릎을 꿇고 의자에 앉고, 옷에 묻지 않으니 바르게 앉자고 이야기를 하면 휴지로 의자를 닦아본 후에야 앉음.
- 선생님이 '옷에 묻어도 괜찮아. 나쁜 일이 생기지 않을 거야.'라고 이야기를 해주면'옷에 묻잖아요.'라고 이야기를 하고, 묻지 않는 것을 확인해주면 의자 끝에 엉덩이를 걸쳐서 앉거나 마지못해 바르게 앉음.
- 유치원 차량 버스에서 등받이에 기대앉지 않고 손잡이를 잡고 있음. 이유를 물어보니 등받이에 뭐가 묻어서 더럽다고 이야기 함.
- 양치를 하다가 옷이 젖은 경우 옷을 갈아입혀 달라고 함.
- 음악 시간에 친구와 손을 잡기 전에 친구에게'손 보여 줘봐. 깨끗한지 보게.'라고 말함.
- 놀이 중 친구가 입을 가리지 않고 기침을 하자 친구의 침이 튀었다고 닦아야 한다고 이야기 하고, 친구의 기침이 나한테 튀면 자신도 감기에 걸려서 안 된다고 이야기 하며 화를 냄.

• 식사를 하다가 국물이 바깥에 조금 흐르면 바로 닦는 모습을 보임.

6) 부모에게 질문해야 하는 내용 작성

• 하원 후 어떤 놀이를 하면서 어떻게 지내나요?
• 어머님이 퇴근하신 후에는 석현이는 어떻게 지내나요?
• 석현이가 물건에 묻어있는 것에 대해 불편해하기도 하나요?
• 불편해하면 어떻게 이야기 해주시나요?
• 석현이의 반응은 어떤가요?
• 요즘 어머님의 고민이나 힘든 점에는 무엇이 있나요?

7) 사례의 동기나 원인 파악

• 만4세 아이의 기질적 특성보다는 환경적으로 부모님의 평소 생활 습관을 보고 영향을 받은 것으로 예상된다.

8) 상담 시 유의사항 작성

• 아이가 지나치게 깔끔한 생활을 하는 것은 부모의 양육행동과 관련이 있으므로 죄책감이 들지 않도록 이야기한다.
• 구체적인 질문을 통해 가정에서의 행동을 파악하고, 부모 스스로 깔끔한 양육태도의 장면을 찾아낼 수 있도록 한다.
• 엄마가 아이의 문제점만 인식하고 속상한 마음이 들지 않도록, 엄마가 육아에서 잘하고 있는 점, 아이가 잘 발달하고 있는 점을 찾아 격려하고 칭찬한다.
• 아이의 행동을 조금씩 수정할 수 있도록 구체적인 방법을 마련한다.

• 가정과 기관에서 경훈이의 특정 행동에 일관된 반응을 할 수 있도록 계획하고, 목표를 설정한다.

- 부모 상담하기 (전화 상담) -

T: 안녕하세요. 어머니. 약속된 전화상담시간인데 통화 괜찮으세요?

P: 네 통화할 수 있어요.

T: <u>일하시면서 중간에 저와 통화하시니까 업무에 방해되는 건 아닌지요?</u>

P: 아니요. 제가 가서 하면 좋은데, 요즘 통 바빠서 시간을 낼 수가 없어서 죄송하네요.

T: 퇴근하시면 시간이 저녁인데, <u>요즘 석현이랑 어떤 이야기를 나누시나요?</u>

P: 친구들이랑 잘 놀았다고 이야기 하고, 제가 늦게 들어가는 날이 많아서 많이 이야기 하지는 않아요. 저녁 챙겨주고 집안일 하느라 아이들끼리 노는 편이에요.

T: 일 하시고 아이들 챙겨주시느라 바쁘시겠어요. 석현이는 교실에서 친구들과 잘 지내는 편이에요. 요즘 배우고 있는 세계 여러 나라 국기카드를 이용해서 기억력 게임을 하거나, 돌림판을 이용한 게임을 즐겨 해요. 워낙 기억력이 좋아서 이야기 나누기 시간에 했던 내용을 놀이시간에 잘 활용하는 편이에요. 또 유니트 블록을 이용해서 세계의 건축물을 창의적으로 구성해 내서 친구들의 관심을 끌기도 해요. <u>집에서는 어떤 놀이를 좋아하나요?</u>

P: 희진이랑 놀이하는 시간이 많아요. 같이 장난감을 갖고 놀다가 싸우기를 반복해요. 둘이 잘 놀다가도 왜 이렇게 서로 싸우는지. 그래서 혼나기도 많이 해요.

T: 쌍둥이여서 놀이친구이기도 하지만 경쟁상대가 되기도 하는 것 같아요. <u>석현이는 유치원에서는 희진이를 잘 챙겨요.</u> 그런데 물건에 물이 튀거나 흠집이 있으면 심하게 거부할 때가 있어요. <u>집에서는 불편해하지 않나요?</u>

P: 밥그릇에 뭐 하나 묻어 있다고 그릇을 바꿔달라고 해요.

T: 그럴 때 어머님께서 어떻게 하시나요?

P: 안 바꿔주고 그냥 먹으라고 하는데, 애가 고집을 부려서 바꿔줘야 돼요. 엄청 징징대면서 짜증을 내서.

T: 그렇군요. 유치원에서도 의자에 앉을 때 의자를 확인한다던가, 친구와 손을 잡을 때 친구 손을 확인하기도 하더라고요. 석현이가 왜 뭔가 묻어 있는 것을 불편하게 생각할까요?

P: 애 아빠가 깔끔해서.... 집에 바닥에 뭐가 떨어져 있는 걸 못 봐요. 저도 깨끗한 편인데 남편이 좀 그런 모습이 심해요. 아빠를 닮았나 봐요.

T: 아빠 성향으로 그럴 수 있겠군요. 그런데 석현이가 주변의 청결에 크게 집중하다보면 다른 활동에 어려움을 겪을 때도 있어요.

P: 유치원에서도 많이 그러는군요.

T: 깨끗한 게 좋은 거지요. 하지만 더 중요한 것들을 놓치고 가게 되니 저도 아쉬운 마음이 있어요.

P: 네.. 근데 하도 징징대고 떼를 쓰는 일이 많아서...

T: 맞아요. 어려우시죠. 어머님이라도 약간 더럽혀 지는 것에 대해 괜찮아하는 모습을 보여주시는 것도 도움이 될 거예요. '옷에 먼지가 묻어도 털면 괜찮아. 나쁜 일이 생기지 않을 거야.' 라고 이야기 해 주시고 어머님께서 시범적으로 무언가 묻어있는 옷을 아무렇지 않게 입어보는 것도 좋은 방법이 될 수 있을 것 같아요.

P: 네. 제가 옷은 좀 깔끔하게 입히는 편이라 묻으면 잘 갈아입히고 했었어요.

T: 네 그럴 수 있어요. 기회가 되신다면 함께 밀가루나 모래놀이처럼 몸에 묻는 것이 자연스러운 놀이를 해 보면 좋을 거예요.

P: 네, 아빠랑 같이 이야기 나눠 볼게요.

T: 네. 저도 교실에서 다양한 재료를 이용하여 미술활동을 하면서 묻는 것에 대해 불편함을 줄여나갈 수 있는 시간을 계획해 볼게요.

T: 얼굴을 뵙고 이야기 나누었으면 더 좋았을 텐데, 제가 일방적으로 이야기를 하지 않았나 싶어요. 나중에 궁금한 점이 생기시면 언제든지 연락 주시구요.

P: 아니예요. 이렇게라도 들으니...힘들긴 해도 제가 알아야죠.

T: 어머님께서 바쁘신 데도 아이들 유치원 생활에 관심 많이 가져주시고 신경 써 주셔서 석현이랑 희진이가 잘 자라고 있어요.

P: 네 감사합니다. 제가 여쭐 것이 있을 때 전화 드려도 될까요?

T: 오후 5시 이후에 교무실로 전화 주시면 저와 통화하실 수 있어요. 그럼 다음에 뵙겠습니다. 어머니.

- 부모 상담 마무리 하기 -

• 상담 보고서 작성하기

아동명	노석현	생년월일	20xx. xx. xx
상담일자	20xx. xx. xx	소속학급	민들레반
상담방법	전화상담		
상담내용	• 석현이의 깔끔한 행동으로 일상생활에서 보이는 모습.		
새로 알게 된 정보	• 가정에서도 깔끔한 행동을 보임. • 자신의 마음대로 되지 않을 경우 떼를 써서 해결함. • 훈육은 어머님께서 많이 담당하심. • 아이들 옷에 뭔가가 묻으면 자주 갈아 입혀주신다고 함. • 깔끔한 행동이 엄마, 아빠의 영향이 큼.		
부모와 세운 계획	• 우리 신체는 튼튼해서 나쁜 병균이 들어와도 전혀 걱정하지 않아도 된다는 이야기 나눠주기. • 석현이 앞에서 의도적으로 무언가 묻어있는 옷을 입고 의연한 모습을 보이기. • 떼를 쓰는 모습을 보이면 고집을 억지로 꺾으려고 하지 않고 안심시키기. • 가족과 함께 밀가루나 모래를 이용하여 놀이하기.		
교육 계획	• 친구와 함께 몸을 이용한 신체활동이나 게임 활동 계획. • 점토, 물감놀이 등 다양한 미술재료를 이용한 활동 계획. • 무언가 묻어있는 것에 대해 의연한 모습을 보이기. • 튼튼한 우리의 신체에 대해 이야기나누기.		

석현이 사례에서 부모 상담 시 보충되면 좋은 내용

엄마와 아빠가 같은 모델을 보여주기 때문에 아이가 다른 것을 모델 할 경험이 없었다. 청결은 중요하고 필요한 것이지만 과도한 강박은 성격적인 문제로 연관이 될 수 있다. 아빠의 직업이 시멘트를 다루는 분야에 종사하고 있으므로 아빠의 지식과 경험을 이용한 흙 놀이가 아빠에게도 흥미로울 수 있다. 강박은 주변 사람들을 불편하게 한다. 당사자도 강박에서 나오면 더 편안해 질 수 있는데 그 방법을 모르고 있으므로 상황을 수용해주고 인내심있게 안내할 필요가 있다.

5. 만5세 : 꺼져! 저리 가! – 거친 말과 행동을 하는 아이

만5세 남아 김인수 (가명)

- 부모상담 준비하기 -

1) 주요 상담사례 파악

만 5세 인수는 활동적이며 놀이를 좋아하고 친구들과 노는 것을 좋아하지만 자신이 원하는 바를 이루지 못하면 억울한 듯 눈물을 보이며 친구, 동생, 선생님 등 가리지 않고 거친 말을 사용하여 물건을 던지는 등 갈등상황이 자주 생긴다. 교실에서 많이 뛰어다니며 누군가를 다치게 하며 같이 노는 친구들도 공격적인 인수의 모습에 같이 놀기 싫다고 표현한다.

2) 기록문서 검토

기관에 보관된 이전 상담일지 및 영유아 관련 기록을 살펴보고 유아의 기질, 성격, 선천적인 건강 및 유전적인 환경을 검토한다.

3) 가족관계망 탐색

아빠(김○○) : 47세
- 직업 : 자영업
- 성격 : 아이의 무리한 요구에는 단호한 모습을 보인다.
- 특성 : 시간에 맞춰 항상 인수를 공부방에 데려다 주고 아침에 등원시켜 줄 정도로 인수의 유치원 생활에 어머님보다 많은 관심을 보이고 잘 챙겨준다. 또한 예의를 지키며 말을 하고자 하시지만 때로는 약간 흥분한 모습이 보인다. 인수가 문제상황을 만들었을 때 선생님 앞에서와 아이 앞에서 다른 모습을 보인다.
집에서는 핸드폰 게임으로 인수와 많은 대화를 못 나눈다.

엄마(김○○) : 42세
- 직업 : 서비스업
- 성격 : 특별히 밝거나 어둡지 않고 차분히 말을 하신다. 잘못된 행동에 대해서는 단호하게 다시 하라고 한다.
- 특성 : 차분하며 인수가 친구들에게 불편을 주거나 문제상황을 만들었을 경우 큰 반응 없이 넘어가는 편이다. 유치원 어머님들과 친하면 종종 놀러 다니기도 한다.

김인수(만 5세)

[그림 14-5] 영유아를 둘러싼 가족관계망

4) 이론적 배경 검토

(1) 공격성 이론 : patterson의 보상이론

공격성은 인간에게 내재되어 있는 욕구로 아이가 성장하면서 공격성을 표출하는 것은 당연하다. 아이에게 공격성이 보인다고 해서 무조건 문제 되는 것은 아니며, 문제가 되는지는 얼마나 공격성이 자주 나타나느냐에 달렸다. 그러나 일상생활을 방해할 만큼 공격성이 표출된다면 전문가에게 도움을 받아야 할 문제행동이 될 수 있다.

또한 유아기는 연령이 증가함에 따라 신체적 공격에서 점차 언어적 공격이 증가한다. 유아의 공격성 행동의 결과 피해를 받은 유아는 양보하거나 피하거나 원하는 장난감을 빼앗기고 우는 반응을 보였으며 이러한 반응은 피해 아동에 대한 공격적 행동을 되풀이하는 계기가 된다.

(2) 부모의 양육행동 유형 : 적대적-자율적 유형

아이의 행동을 마음으로 받아들이고 편하게 허용하지 못하면서도 아이의 마음대로 행동하게 놔둔다. 아이에게 무관심하고 거리감을 두는 부모에게서 많이 보이는 유형이다. 유아는 문제행동을 해서라고 관심을 끌려고 하며, 이런 신호를 알아채지 못하는 엄마는 아이와 심리적 거리를 주면서 문제를 악화시킨다.

5) 사례에 대한 관찰기록

- 위험한 행동을 자주하며 다른 또래들이 따라한다. 예를 들어 높은 곳에 올라가거나 책상을 밀거나 뒤집기도 하며 놀잇감을 뺏거나 던진다.
- 놀이 중에도 자신의 마음에 들지 않을 경우 억울한 듯 눈물을 보이고 구석에 숨는다.
- 교사의 제지에도 불구하고 계속 위험 행동을 한다.
- 거친 말을 친구, 동생, 교사에게 서슴없이 사용한다. 예를 들어'짜증나' '이거 안 가지고 오면 너 싸다구 (싸대기)','너 3초 안에 가지고 와', '아 씨'등의 말을 사용한다.
- 돌아다니거나 잘 뛰어다니며 본인은 안 다치는데 누군가를 다치게 한다.

6) 부모에게 질문해야 하는 내용 작성

- 하원 후에 어떤 놀이를 하면서 지내나요?
- 혹시 즐겨보는 영상이 있나요?
- 주로 함께 놀이라는 사람은 누구인가요?
- 집에서 험한 말이나 행동을 할 때 어떻게 하시나요?

7) 사례의 동기나 원인 파악

놀이를 좋아하나 집에서 유아의 요구에 맞춰 놀이해 줄 사람이 없으며, 놀이하고자 하는 욕구를 유치원에서 올바르지 못한 방법으로 방출한다. 유치원 친구들 말고도 주변 형들이 많이 있으며 놀이터나 태권도 등 밖에서 거친 언어나 행동을 모방한다. 문제행동을 보일경우 부모님께서 심각성을 깨닫지 못하고 무관심하거나'네가 먼저 때렸어? 잘했어'등의 반응으로 원과 가정에서의 일관된 교육이 이루어지지 않는다. 애정 있는 말투나 칭찬을 해 주면 행동이 호전되는 것으로 보아 가정에서의 애정이 부족하거나 무관심하다.

8) 상담 시 유의사항 작성

- 공격적인 행동은 부모의 무관심과 주의를 기울이지 않는 육아행동과 관련이 있으나 이것에 대해 죄책감이나 기분이 상하지 않도록 이야기 한다.
- 아이의 문제행동만 인지시켜 속상해 하지 않도록 유아에 대한 칭찬이나 부모님이 잘 하고 있는 육아 방법에 대해 격려하며 이야기 한다.
- 부모의 양육 어려움을 공감한다.
- 유아의 공격적인 행동을 하는 이유를 직접 찾아볼 수 있도록 교사가 사용한 방법이나 모델을 제시하는 등 구체적인 방법을 마련한다(애정으로 인한 공격성인지, 모방행동인지 직접 찾아보는 것이 좋다).
- 문제행동에 대해 가정과 원에서 일관된 반응을 할 수 있도록 계획하여 알려준다.

- 부모 상담하기 -

T: 안녕하세요. 인수 어머님. 오시는 데 불편함은 없으셨나요?

P: 네 괜찮았어요.

T: 이쪽으로 앉으세요. 요즘 인수가 색종이 접기에 관심을 가지고 있어요. 놀이시간에 색종이를 친구들에게도 나누어주고요. 미니카 접은 것도 동생들에게 나누어 주고 그래요.

P: 아 그렇군요. 집에서 미니카 접는 법을 맨 날 알려달라고 해요.

T: 집에서 연습해 오는 거군요. 항상 새로운 것을 접어 와서 궁금했어요. 인수는 배우는 걸 좋아하는 것 같아요. 인수가 새롭게 배우는 게 또 있나요?

P: 요즘에 태권도 다녀요. 놀이터에 가면 형들도 있고 친구들도 있으니까 밖에서도 잘 놀아요.

T: 놀이터에서 노는군요. 활발하게 잘 놀고 있는 것 같아요.

P: 밖에서 잘 노는데 집에서 많이 못 놀아줘서 미안해요.

T: 그런 마음 드실 수 있어요. 그래도 아버님이 쉬시는 날 인수와 함께 시간을 보내시는 것 같아요. 아버님과는 주로 어떤 놀이를 하나요?

P: 아빠와 사실 많이 놀지는 않아요. 같이 TV 보는 정도? 아빠도 쉬고 싶으니까요.

T: 그렇군요. 인수가 유치원에서 몸으로 놀이하려고 해요. 그러다 보니 거친 행동과 말들을 하기도 해요.

P: 아 그래요? 유치원에서는 안 그러는 줄 알았어요. 사실 집에서도 씨~ 이런 말을 써서 혼냈거든요. 말대답을 하기도 하고요.

T: 집에서도 보신 적이 있네요. 인수 딴에는 감정 표현을 하는 거예요. 화나고 속상한 표현하는 것을 모방하는 것일 수도 있고요.

P: 전에는 잘 표현 안했던 것 같은데 요즘 부쩍 늘은 것이 태권도 다니면서 형들에게 배웠나봐요, 태권도를 보내지 말까봐요.

T: 자꾸 그런 말을 사용하면 어머님도 걱정이 되시겠어요. 음... 어디서 모방을 했을 수 있지만, 인수가 신체 에너지가 많은 아이라 태권도를 하는 건 나쁘지 않아 보여요. 단 그런 말을 사용할 때, 잘 알려주시고, 화나거나 속상한 기분과 상황을 물어봐 주시면 좋을 것 같아요.

P: 저도 일하고 오면 힘드니깐 안 하게 되더라고요. 그냥 태권도 다녀왔냐, 유치원 잘 다녀왔냐 그런 말만 하고...

T: 일하시면서 아이 돌보는 게 쉽지 않은 일이죠. 그래도 어머님이 신경 써 주시는 덕분에 인수가 밝잖아요. 유아기 아이들은 뭐든 잘 따라하니까 모방력이나 습득력이 좋아서 이러한 일도 생기는 거예요.

P: 그렇군요. 혼내게 되요. 말을 못하게 했던 것 같아요.

T: 네 단호하게 훈육하는 것이 필요하죠. 그리고 이유도 말해주고, 엄마 마음이나 아빠 마음을 전달하는 것도 좋을 것 같아요.

P: 네 이제 인수와 말 할 때 조심해야겠어요.

T: 지금처럼 하시면서 안아주거나 애정표현을 조금 더 해 주시면 많이 안정될 거예요. 제가 칭찬을 해주면 더 좋은 모습을 보여 주려고 노력하는 게 예뻐요. 저는 인수가 잘 지내는 걸 보니 선생님도 기분이 좋다고 말해줘요.

P: 감사합니다. 선생님 저도 그렇게 해 봐야겠네요.

T: 어머님께서 바쁘신데도 인수에게 관심을 많이 갖고 계시니 잘 하실 수 있을거예요. 인수가 잘 자라는데 필요하고 궁금한 것은 언제나 말씀하셔도 괜찮아요.

P: 네 선생님 감사합니다.

- 부모 상담 마무리 하기 -

• 상담 보고서 작성

유아명	김 인 수	생년월일	20xx년 xx월 xx일
반 명	초롱반	상담장소	부모상담실
상담일자	20xx년 xx월 xx일 (월)		
상담방법	☑ 방문 ☐ 전화 ☐ 기타		

새로 알게 된 정보
- 집에서도 부모님께 거친 말과 행동을 보이며 부모님은 적절한 훈육 방법에 대해 고민하고 계신다.
- 놀이터에서 형들과 보내는 시간이 종종 있다.
- 인수가 유치원에서 친구들에게 거친 행동을 하는 것에 대해 부모님은 잘 모른다.

부모와 세운 계획
- 갈등 상황이 생긴 날에는 부모님과 교사만의 약속을 정해 훈육하기로 한다.
- 원과 가정에서 일관된 교육을 할 수 있도록 돕는다.
- 가정에서 바른말의 모범을 보이도록 하며 거친 말을 대신해서 사용할 수 있는 언어를 알려준다.
- 사소한 일이라도 긍정적인 행동을 찾아 칭찬이나 보상을 한다.
- 가정에서 인수가 안정을 느낄 수 있도록 애정이나 관심을 많이 표현해 준다.

교사의 계획
- 원에서 강산이의 행동을 관찰하고 긍정적인 행동에 대한 칭찬이나 보상을 적절히 한다.
- 거친 언어를 사용한 경우 사용하면 그 자리에서 사용하면 안 되는 이유를 이해시키고 순화하여 사용할 수 있는 언어를 알려준다.

인수 사례에서 부모 상담 시 보충되면 좋은 내용

단호하게 훈육하는 부모님의 육아방법에 대해 격려하며 공감해준다. 그러나 구체적인 훈육을 어려워하기 때문에 감정 읽어주기부터 구체적인 행동과 격려의 말을 알려주면 좋다. 대답하는데 어려움을 느끼는 부모라면 질문하는 유형의 상담을 줄이고, 유치원 생활에서의 장점과 어려운 점을 번갈아 이야기하며 자녀에 대한 이해를 제공한다.

6. 만5세 : 동생처럼 되고 싶어. – 퇴행을 보이는 아이

만5세 여아 김미연 (가명)

- 부모상담 준비하기 -

1) 주요 상담사례 파악

성향이 정반대인 두 살 터울 동생을 둔 미연이는 최근 들어 퇴행 행동을 보이고 있다. 미연이는 느린 기질의 아이이고 섬세하고 신중하게 행동한다. 평소에도 친구들에게 잘 양보하고 자기주장이 강하지 않은 아이이다.

2) 기록문서 검토

기관에 보관된 이전 상담일지 및 영유아 관련 기록을 살펴보고 유아의 기질, 성격, 선천적인 건강 및 유전적인 환경을 검토한다.

3) 가족관계망 탐색

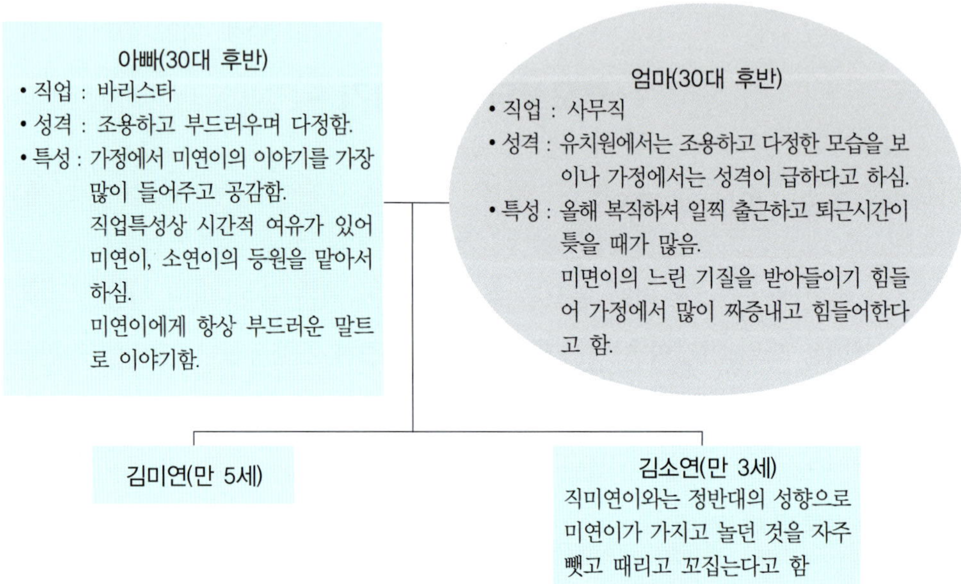

[그림 14-6] 영유아를 둘러싼 가족관계망

4) 이론적 배경 검토

(1) 프로이드의 방어기제 - 원시적 방어기제

• 퇴행
- 욕구좌절을 경험하게 되면 어린 시절의 수준으로 후퇴해 적응하고자 하는 행동양식
- 현재 맞닥뜨린 갈등이나 긴장을 피하기 위해 이전 발달 단계 수준으로 되돌아가는 것

(2) Thomas와 Chess 기질 특성 이론

- 순한 기질: 일상이 규칙적이고 규칙적인 생활 속에서 행복한 정서를 가지고 있음. 새로운 환경이나 낯선 사람들에게도 반응을 잘한다.
- 까다로운 기질: 환경에 민감해서 새로운 환경에 대한 적응이 쉽지 않고 울거나 저항하는 등의 부정적인 감정을 표출한다.
- 반응이 느린 기질: 새로운 환경에 적응하는데 오래 걸리고 활동성이 다소 떨어진다.

5) 사례에 대한 관찰기록

- 학기 초부터 탐색하는 시간이 길어 교구를 쉽게 선택하지 못하고 활동에 참여하는 시간도 오래 걸림
- 친구들이 놀이하는 모습을 지켜보고 관찰하지만 먼저 다가가서 놀이하지는 않음. 미연이에게 친구가 먼저 다가오면 놀이에 참여함.
- 여름방학이 끝난 후부터 눈을 동그랗게 뜨고 교사의 질문에 "네", "아니요"하고 짧게 대답함.
- 교사의 질문이나 이야기를 따라함. (T: 미연아, 오늘 뭐 먹었어? /C: 뭐 먹었어?)
- "미연이는 나중에 크면 뭐가 되고 싶어?" 라고 물었을 때, "소연이" 라고 대답함.(소연이가 되면 다 뺏을 수 있다고 생각함)
- 그림을 그리거나 미술 활동을 할 때, 꼭 소연이를 그림. ("소연이는 너무 귀여워요.")
- 대그룹 활동에 흥미를 보이지 않고 무기력하거나 위축된 모습 보일 때가 많음(좋아하는 노래, 율동하는 시간은 좋아함)
- 교사가 훈계할 때, 교사의 이야기를 듣지 않고 바로 울어버림

6) 부모에게 질문해야 하는 내용 작성

- 가정에서 미연이와 어떻게 시간을 보내시나요?
- 하원 후에 미연이와 소연이는 어떤 놀이를 주로 하나요?
- 미연이와 소연이는 어떤 상황에서 갈등을 일으키나요?
- 갈등이 일어날 때, 부모님은 어떻게 하시는 편인가요?

7) 사례의 동기나 원인 파악

- 느린 기질의 아이를 이해해지 못하고 답답해하며 재촉하는 부모의 모습.
- 가정에서 종종 소연이가 미연이의 물건 등을 자주 뺏고 힘들게 함.
- 미연이에게 종종 '언니니까' 라는 말을 하며 소연이를 이해해주라는 이야기를 많이 하심.

8) 상담 시 유의사항 작성

- 동생에게 느끼는 미연이의 감정을 엄마가 이해하고 퇴행행동의 원인을 생각해 볼 수 있도록 한다.
- 미연이의 유치원 상황에 대해 전달하나 맞벌이를 하면서 두 아이를 키우고 있는 엄마를 응원하고 격려한다.
- 가정에서 부모님의 행동을 파악하고 그럴 수밖에 없었던 상황을 이해하고 공감한다.

- 부모 상담하기 -

T: 안녕하세요. 어머님!

P: 안녕하세요. 선생님

T: 오랜만에 뵙게 되어서 정말 좋아요. 요즘 일이 많이 바쁘시죠?

P: 네, 올해 복직을 하게 되어서 적응하는 데 시간이 좀 걸리는 것 같아요.

T: 어머님께는 또 다른 새로운 도전이셨을 텐데 정말 대단하세요.

P: 미연이에게 요즘 많이 신경을 못써주는 것 같아 미안하죠.

T: 아녜요, 어머님. 일을 하시면서도 매일 아침마다 미연이 신경써주셔서 머리도 예쁘게 묶어주시고...참 대단하시다는 생각이 들어요.

P: 그렇게 생각해주시니 감사해요.

T: 어머님, 요즘 미연이가 소연이 이야기를 많이 해요. 소연이가 참 좋다고도 하고 갑자기 활동을 하다가도 소연이가 보고 싶다고 해요. 동생을 사랑하는 마음이 참 예쁜데 가정에서 미연이가 동생과 어떻게 지내나요?

P: 미연이가 소연이를 참 좋아해요. 그래서 밖에 나갈 때 소연이를 꼭 챙기고 집에서 놀이할 때도 소연이를 안아주기도 하고 울면 다독여줘요.

T: 역시 가정에서도 미연이가 소연이를 많이 아껴주네요. 혹시, 미연이가 소연이와 놀이하다가 혹은 일상생활 속에서 힘들어 하는 상황이 있었나요?

P: 사실, 그것 때문에 안 그래도 걱정이 많아요. 미연이는 조용하고 차분한 성격인데 소연이는 정반대 성격이거든요. 그래서 다투거나 싸우는 상황은 많이 없지만 소연이가 하고 싶은 대로만 하려고 해서 미연이가 많이 힘들어해요.

T: 주로 어떤 상황에서 미연이가 힘들어 하나요?

P: 미연이가 가지고 놀고 있는 장난감을 빼앗거나 유치원에서 만들어온 것을 부시거나 해요. 미연이는 그걸 가만히 보고 있다가 울어버리는데 가끔 마음이 아파요.

T: 그런 상황에서 어머님은 어떻게 하시는 편이세요?

P: 미연이 편을 들어주면 좋은데..... 저도 그 상황에서 아이 둘을 다그치기만 해요. 소연이가 워낙 세다 보니까 미연이 편을 들어줘야 하는데도 둘을 떼어놓고 나서 미연이한테 '미연아~ 소연이가 가지고 싶었나봐.' 하는 정도로만 이야기 해요. 아니면 오히려 미연이한테 '동생한테 그냥 줘.'라고 말할 때도 있구요. 저도 그러면 안 되는 걸 알면서 소연이가 그러지 않으면 계속 짜증을 내니 가끔 그러기도 해요. 그러면 미연이가 안겨서 계속 울기만 하고.....

T: 어머님도 힘드시고, 미연이도 많이 속상했겠어요. 유치원에서도 소연이가 때리거나 꼬집거나 물건을 빼앗아서 속상했다는 이야기를 하곤 했어요. 저번에 전화 통화로 그랬듯이 요즘 미연이가 '나는 소연이야.'라고 이야기 하거나 '소연이가 되고 싶어요.'라는 이야기를 종종 해요.

P: 아...... 지금도 그런가요?

T: 역할 놀이를 할 때도 엄마나 언니 역할은 친구들을 시키고 미연이는 소연이처럼 아기를 하고 싶다고 할 때도 있어요. 그래서 미연이에게 왜 소연이가 되고 싶은지 물어보니 "소연이는 다 가질 수 있고 내 물건도 뺏어요. 엄마는 소연이가 예쁘대요."라고 이야기를 하더라구요.

P: 아..... 그렇군요.

T: 이런 행동은 동생이 태어나면 겪는 일반적인 현상이라고 하니 너무 걱정하지 마세요. 동생에 대한 마음이 편안해지고 부모님께 사랑을 받는 것을 느낀다면 자연스럽게 사라지는 행동이에요. 물론, 저는 어머님께서 미연이와 소연이를 똑같이 사랑해주시는 것을 알지만 미연이 눈에는 어린 동생을 챙기는 모습이 속상하기도 하고 서운하기도 했던 것 같아요. 혹시, 가정에서 어머님이 미연이와 보내는 시간에는 무엇을 하시나요?

P: 선생님 말씀처럼 아무래도 소연이가 아기라고 생각이 들어서 그런지 미연이보

다는 소연이에게 집중을 할 때도 많아요. 그리고 직장을 다녀오고 나서 집안일을 하느라 미연이와 둘만의 시간을 보내기가 어렵기도 하구요. 선생님 말씀을 들어보니 미연이에게 더 신경을 써줘야겠다는 생각이 드네요.

T: 어머님뿐만이 아니라 직장을 다니는 모든 어머님들이 그런 부분에서 고민을 하고 계실 거예요. 평일에 직장을 다니시느라 힘드실 텐데 어머님께서 주말마다 미연이와 재미있게 놀아주셔서 월요일마다 주말 지낸 이야기를 할 때, 미연이 얼굴이 참 밝아요. 아버님이 퇴근이 유동적이신 편이시죠?

P: 네, 아무래도 저보다는 그런 편이에요.

T: 가끔 아버님께 소연이를 맡기고 미연이와 둘만의 시간을 가져보는 건 어떨까 해요. 그리고 소연이와 미연이가 갈등 상황이 생겼을 때, 그 상황에서 속상했던 미연이의 마음을 공감해주시고 미연이의 이야기를 들어주시는 것도 좋을 것 같아요.

P: 그렇게 해야겠어요. 항상 제가 어리다는 것 때문에 소연이 편을 더 많이 들어준 것 같아요. 제가 성격이 급해서 태연이가 말하는 것을 기다리지 못하고 재촉한 것도 있는 것 같아요.

T: 지금까지 미연이에게 해주신 것처럼 더 사랑을 표현해주시고 미연이를 조금 더 기다려주시고 마음을 공감해주신다면 소연이에 대한 마음이 더 편안해지고 어머님의 사랑을 더 느낄 수 있을 거예요.

P: 감사합니다, 선생님.

T: 혹시 더 궁금하신 점 있으신가요?

P: 아니요.

T: 궁금하신 점이 생기시면 언제든지 유치원으로 연락해주세요. 오늘 짧은 시간이지만 어머님 뵐 수 있어서 너무 좋은 시간이었습니다.

P: 제가 많이 도움을 받았어요. 감사합니다, 선생님.

- 부모 상담 마무리 하기 -

• 상담 보고서 작성하기

상담일자	20xx년 xx월 xx일	반	긍정반
이름	김미연	연령	만 3세
상담을 통해 알게 된 정보	• 가정에서 동생과의 관계 - 미연이를 대하는 엄마의 태도 - 느린 기질의 미연이를 이해하거나 기다리지 못하고 재촉함) - 동생과의 갈등상황에서 동생 편을 쉽게 들어버림		
향후계획	• 가족 간의 사랑이 담긴 동화 읽어주며 가족의 사랑 느끼게 하기(동생 관련된 동화) • 미연이에게 자신을 방어할 수 있는 말, 행동 알려주기 • 유치원에서도 미연이의 마음을 공감해주고 이해해주기 • 미연이의 느린 기질을 인정하고 기다려주기		

사례에서 부모 상담 시 보충되면 좋은 내용

출생서열에 의해 언니나 오빠인 유아들은 자연스럽게 동생을 예뻐하면서도 미워하는 양극의 감정을 갖게 된다. 자연스럽게 유발되는 감정을 유아에게 강요하지 않아야 한다. 또한 언니나 오빠라고 해서 의젓한 모습을 강요해서도 안 된다. 동생에 대한 긍정적인 마음과 행동을 보일 때 부모의 진심어린 마음‘ 동생에게 ~~했구나. 엄마가 ○○의 행동을 보니 참 대견하다’등의 표현으로 격려하는 것이 좋다. 또한 부모의 사랑은 말과 행동, 그리고 시간을 함께 보내는 것으로 표현하여 충분히 사랑받고 있음을 알도록 하는 것이 좋다.

참고문헌

강갑원 (2004). 알기 쉬운 상담 이론과 실제. 서울: 교육과학사.

강진령 (2009) 상담과 심리치료. 서울: 양서원.

교육과학기술부 (2006). OECD 영유아교육 · 보육정책Ⅱ. 육아정책개발센터.

교육과학기술부 (2006). 다문화가정의 자녀교육실태조사.

김미경, 나유미, 박수진, 이혜정, 정경미 (2018). 유아교육과정. 경기: 양성원.

김미경, 나유미, 이혜정 (2016). 부모교육. 경기: 양성원.

김애란, 유경숙, 유혜자, 이병래 (2015). 부모교육. 정민사.

김영옥 (2016). 부모교육. 경기: 공동체.

김종운 (2013). 상담심리학의 이론과 실제. 동문사.

김충기, 강봉규 (2001) 현대 상담이론과 실제. 서울: 교육과학사.

김효순, 하춘광 (2011). 청소년 자녀가 있는 재혼가족의 새부모 역할 경험에 관한 연구. 가족과 문화, 23(11), 137-168.

노안영 (2005). 상담심리학의 이론과 실제. 학지사.

박성희 (2007). 동화로 열어가는 상담이야기. 학지사.

스기다 미네야스(2000). 교류분석. 김현수 역. 서울 : 민지사.

신성철 (2018). 부모교육. 정민사.

여성가족부 (2007). 조손가족 실태조사.

여성가족부 (2010). 조손가족 실태조사.

여성가족부 (2018). 한부모가족 지원사업.

유안진 (1990). 아동양육. 서울 : 문음사.

이선형 (2015). 서울시 3040 워킹대디의 일 가족양립 지원방안 연구. 서울시여성가족재단.

이숙, 우희정, 최진아, 이춘아 (2009). 훈련중심 부모교육 서울: 학지사.

이순형, 민하영, 권혜진, 정윤주, 한유진, 최윤경, 권기남 (2010). 부모교육, 학지사.

이윤화 (2010). 발달단계 구분에 다른 조손가족 손자녀의 우울과 학교생활적응 영향 요인. 인문사회과학연구, 29.

정경미 (2018). 영유아 교과교재연구 및 지도법. 양성원.

정옥분, 정순화 (2016). 부모교육(2판). 서울: 학지사.

천성문, 박명숙, 박순득, 박원모, 이영순, 전은주, 정봉희 (2006). 상담심리학의 이론과 실제. 학지사.

최영희 (2017). 부모다움. 경기: 공동체.

최혜순, 이미현 (2019). 부모교육. 어가.

통계청 (2016). 여성의 경제활동 참가율.

통계청 (2018). 인구주택총조사 - 한부모 가족.

통계청 (2019). 인구주택총조사 - 다문화 가족.

통계청 (2019). 인구주택총조사 - 맞벌이 가족 2018년 기준 자료.

통계청 (2019). 인구주택총조사 - 재혼 가족 2017년 기준 자료.

Egan (1994). The skilled helper : A problem-management approach to helping(5th ed.). Pacific Grove, CA: Brooks/Cole.

Gordon, T. (2000) 부모역할훈련. 이훈구 역. 서울: 양철북.

Les Parrott Ⅲ (2003). Counseling and Psychotherapy(2th ed.). 신우철 역. 카운슬링과 심리치료. 창지사.

Peterson, J. J., & Nienholz, B. (1999). Orientation to counseling(4th ed.). Boston: Allyn

<<참고사이트>>

더푸룻교육연구 : https://www.the-fruit.kr

통계청 사이트 : http://www.nso.go.kr/ http://www.kostar.go.kr/portal/korea

법제처 사이트 : http://www.moleg.go.kr/

네이버 지식백과 :

QR코드 - 정사각형 코드 (용어로 보는 IT, 이문규, IT 동아)

증강현실(AR) - 현실과 가상의 절묘하고 신기한 조화 (용어로 보는 IT, 이문규, IT 동아)

한국전기안전공사 블로그 : https://blog.naver.com/kescomiri

<<인터넷 뉴스>>

강원경제신문 2019.5.28. 속초시 60플러스 교육센터 개소

http://www.gwbiz.kr/sub_read.html?uid=63387

중부뉴스통신 2019.4.2. 울산시, 2019년 '60 플러스 교육센터' 공모사업선정

http://www.jungbunews.com/news/articleView.html?idxno=454683#0AEA

찾아보기

(인명)

(ㄱ)

(ㅅ)

(ㅇ)

저자소개

▌정경미 | 총신대학교 기독교 유아교육전공 철학박사(Ph. D.)

현 (주) 제이스팟 대표 | 더푸릇교육연구 대표
(주) 한솔교육 한솔미래교육원 전임교수

동남보건대 유아교육과 겸임교수 역임
총신대 유아교육과 겸임교수 역임
장안대 유아교육과 겸임교수 역임
대원대 유아교육과 겸임교수 역임

더푸릇교육연구

[개정판]

관계중심으로 이해하는 **부모교육**

1판 1쇄 발행 – 2019년 9월 2일
2판 1쇄 발행 – 2023년 8월 10일

저 자 - 정경미
발 행 인 - 강철원
발 행 처 - 양성원
주 소 - 경기도 파주시 검산로 173번길 29-20
전 화 - 031-946-3861(代)
팩 스 - 031-946-3864
이 메 일 - tnwpub@naver.com
출판등록 - 2015년 8월 31일 제 2015-000211 호

ISBN 979-11-6126-527-8

정가 21,000원